KB184354

부동산
경매
특수물건의
기적

부동산 경매 특수물건의 기적

수익 실현 사례로
보는 부동산 특수물건
경매의 기술

박쌤(박대원) 지음

아라크네

특수물건을 알아야
앞선 경매 투자자가 될 수 있다

　자본 소득만으로 부자가 되기 힘든 요즘은 재테크를 당연하게 여기는 분위기다. 그중에서도 부동산은 많은 사람이 관심을 갖는 투자 수단이다. 이러한 부동산을 취득하는 방법에는 여러 가지가 있다. 보통 공인중개사를 통해서 원하는 매물을 소개받고 매매하는 것이 대표적이다. 하지만 매도자는 높은 가격에 팔고 싶어 하고 매수자는 낮은 가격에 사고 싶어 하기 때문에 원하는 매물을 원하는 가격에 사는 일은 쉽지 않다.

　청약이나 분양권 등으로 새로 지어질 아파트에 입주할 권리를 얻을 수도 있다. 하지만 기준 조건을 충족해야 하거나 복잡한 거래 과정을 거쳐야 하는 문제가 있다. 이밖에 부동산 투자자들은 주로 갭투자를 이용해서 부동산을 취득하고 거래한다. 갭투자도 일반 매매 방식과 동일한 거래 방법이지만, 전세를 끼고 구입해서 시세 차익을 노린다는 특징이 있다.

　그리고 경매('경쟁 매각'의 줄임말)로 부동산을 취득하는 방법이 있다. 경매는 여러 가지 이유로 시장 가격보다 저렴하게 나온 매물을 서로 경쟁해서 취득하는 것이다. 매수를 원하는 이들 중 가장 높은 가격을 제시한 사람에게 매각되지만, 애초에 판매 시작가가 낮기 때문에 기본적으로 일반 매매보다 저렴하게 부동산을 살 기회가 많다. 따라서 필자는 부동산 투자를 한다면 경매는 선택이 아닌 필수라고 생각한다. 부동산을 가장 싸게 살 수 있는 방법의 하나이기 때문이다.

그런데 간혹 경매 자체를 위험하게 여기거나 투자 고수들의 전유물이라고 여기는 시선이 있다. 복잡한 권리관계가 얽혀 있으면 추후에 문제가 생길 수도 있다고 지레 겁을 먹는 것이다. 하지만 이것은 경매를 잘 모르는 사람들의 섣부른 걱정이다. 경매로도 얼마든지 안전하게 투자할 수 있다. 애초에 원금을 잃지 않을 수 있는 물건을 찾아내는 훈련을 하면 될 일이다.

경매 중에서도 필자가 추천하고 싶은 것은 '특수물건'이라고 부르는 분야다. 특수물건의 범위가 법적으로 정해진 것은 아니다. 경매를 하는 사람들은 보통 가장임차인, 지분 경매, 법정지상권, 선순위 가처분·가등기, 유치권, NPL 등을 특수물건으로 분류한다. 경매 사건 공고를 보면 특별히 주의하라는 의미로 빨갛게 토지 및 건물 지분 매각, 토지만 매각, 인수 또는 제외 등의 문구가 기재되어 있다. 이게 바로 특수물건이라고 생각하면 된다. 입찰을 하려다가도 이러한 문구를 보면 어쩐지 위험해 보여서 외면하게 되는 것이 사람의 심리다. 그래서 특수물건 분야를 '그들만의 리그'라고 하기도 한다. 하지만 필자는 바로 이 '그들만의 리그'에 기회가 있다고 생각한다.

특수물건에 집중하면 경쟁에서 자유로워질 수 있다. 모두가 알 수 있는 정보를 가지고 경쟁하는 것이 경매이기 때문에 권리관계가 복잡하지 않고 물건도 좋아 보이면 경쟁이 심할 수밖에 없다. 하지만 특수물건은 다르다. 어렵다는 선입견 때문에 꺼리는 사람이 많아서 경쟁률이 현저하게 낮다. 비슷한 입지, 비슷한 연식, 비슷한 평수의 매물도 특수물건이라면 경쟁 없이 좀 더 저렴하게 살 수 있다. 게다가 막상 들여다보면 의외로 쉽고 간단한 사건일 때도 많다. 복잡해 보인다고 외면하지 말고 도전해 보겠다는 마음으로 특수물건 사건을 하나씩 접하다 보면 어느 순간 다른 경매 투자자보다 훨씬 앞서 나가 있을 것이다.

많은 경매 초보자가 특수물건을 어렵게 여겨서 도전조차 하지 않는다. 아마도 전문가 수준의 지식이 있어야 한다고 여기고, 자칫하면 손해를 볼 가능성이 크다고 생각하기 때문일 것이다. 경매를 이론으로 먼저 접하다 보니, 민사집행법의 법조문처럼 생소한 어휘가 특수물건의 진입 장벽을 더욱 높게 만드는 듯하다. 필자 역시 처음부터 특수물건의 매력을 알아보았던 것은 아니다.

필자가 진로를 결정해야 했던 시기에는 부동산이니 투자니 하는 것에는 관심도 없었다. 마침 부모님이 운수업을 하고 있었기에 자연스럽게 그 길을 가야겠다고 생각했다. 착실하게 취업을 준비하면서 관련된 면허란 면허는 죄다 취득했고, 추가로 중장비 자격증도 세 개나 취득했다. 하지만 막상 일을 해 보니 적응하기가 힘들었다. 이렇게 재미없게 평생 누군가의 밑에서 일해야 하는 건가 싶은 생각이 들었다. 2006년이었던 당시 초봉이 4,300만 원이었으니 결코 적은 돈은 아니었지만, 불과 3개월도 되지 않아서 과감하게 일을 그만두었다.

그다음으로 향한 곳은 법률 사무소였다. 그때 경매와 관련된 송무를 접하면서 조금씩 부동산 경매에 눈을 뜨기 시작했다. 결정적으로 당시 소송 사건을 자주 의뢰하던 고객이 있었는데, 유치권이 걸린 사건을 해결하고 억 단위에 가까운 수익을 내는 모습을 보고 결심하게 되었다. 그렇게 2010년부터 부동산 경매업에 뛰어들었다. 이후 경매 전문 회사에서 일하면서 직접 투자 및 컨설팅 등으로 1,000여 건의 경매 물건을 낙찰받았다. 현재는 경매 투자자로 활동하는 동시에 특수물건 분야를 집중적으로 강의 및 컨설팅하고 있다.

필자도 처음에는 기본적인 권리분석과 지역 분석을 토대로 입찰했다. 하지만 경매는 입찰 가격이 높은 사람이 물건을 가져가는 구조이다 보니 인기 있는 주거용 부동산은 경쟁이 무척 치열했다. 어쩌다 응찰자 수가 적은 경매 사건에 입찰해서 운 좋게 낙찰되는 경우를 제외하고는 필자 역시 남들과 크게 다르지 않았다.

이후 수많은 낙찰 실패 사례를 복기하면서 문제점을 찾는 훈련을 거듭했다. 그러다 보니 유찰이 많은 물건들이 눈에 띄었다. 이러한 물건들은 대부분 남들이 꺼리는, 특수물건이라고 불리는 것들이었다. 그럼에도 결국 누군가는 낙찰을 받아 갔다. 해당 부동산의 등기부를 몇 개월 뒤에 열람해 보면 이익이 생길 만한 금액에 매도된 것을 확인할 수 있었다.

필자는 법률 사무소에서 일하던 때를 떠올려 보았다. 경매, 그중에서도 특수물건이 전문가의 영역이라면 경매 투자자보다 월등하게 많은 지식을 가진 법률 전문가들이 먼저 앞다퉈서 경매 시장에 참여하지 않았을까 하는 의문이 들었던 것이다. 깊은 고민 끝에 내린 결론은 간단했다. 이론과 실무는 항상 같지 않다는 점이었다.

투자의 관점에서 접하는 경매와 법률적으로 접하는 경매는 출발선부터 다르다. 경매 사건을 바라보는 시각 자체에 차이가 있다. 부동산 투자자가 경매를 하는 이유는 무엇인가? 간단히 말하면 낮은 가격에 매수해서 적정한 가격에 팔기 위해서다. 그렇다면 법률 전문가가 하는 일은 무엇인가? 법률 전문가는 주어진 사건에 대해 공격 또는 방어해서 이기는 것이 목표다. 하지만 경매를 하는 사람들의 목표는 이기고 지는 것이 아니라, 수익이다. 법률 전문가처럼 방대한 이론을 전부 숙지하지 않아도 충분히 수익을 낼 수 있다.

법률 전문가 수준으로 공부해야 특수물건 경매를 할 수 있다고 생각하는 사람이 많다. 일단 특수물건에 관해 알아보자는 마음으로 시중에 출판된 특수물건 관련 도서들을 살펴봐도 경매를 처음 시작하는 초보자가 읽기에는 어렵게 느껴지는 책이 대다수이기에 이러한 생각은 더욱 확고해진다. 물론 모두 특수물건 경매에 도움이 되는 책이겠지만 법조문, 판례, 사례 순으로 집필한 경우가 많다 보니 당장 실무적으로 와닿지 않기 때문에 재미와 집중력이 생기지 않는다.

필자는 경매 투자는 무조건 재밌어야 한다고 생각한다. 특수물건도 예외는 아니다. 따라서 이론이나 법조문부터 살펴볼 것이 아니라 실전 사례부터 접하면서 다양한 관점을 키우는 것이 좋다. 이렇게 첫걸음을 시작한 다음 어떤 문제에 다다랐을 때 필요한 판례와 조문을 찾아보고 대입해서 풀어내는 것이다. 이렇게 하다 보면 특수물건은 더 이상 특수물건이 아니게 된다. 보통 경매 사건을 다루는 것과 마찬가지로 특수물건을 대할 수 있게 되고, 경매 사건을 분석하는 일 자체가 쉬워진다.

그래서 필자는 흥미로운 사례를 통해 많은 경매 초보자가 특수물건에 재미를 느낄 수 있게 하기 위해 이 책을 집필하기 시작했다. 이 책에는 39개의 특수물건 경매 사례가 등장한다. 모두 필자가 직접 응찰했거나 필자의 강의를 들었던 수강생들이 응찰한 사건을 핸들링한 것이다. 본문에서 이야기하는 실전 사례들을 다 읽고 나면 법적인 지식이 충분하지 않아도 얼마든지 수익을 낼 수 있다는 사실을 이해하게 될 것이라고 확신한다.

물론 적당한 실무 경험이 쌓인 다음 난도를 높여서 접근하면 더 많은 수익을 낼 수 있겠지만, 지레 겁부터 먹을 필요는 없다. 일부러 응찰자에게 함정을 만들어서 경매에 나오는 물건은 거의 없다. 경매를 신청한 채권자도 유찰 없이 빠르게 낙찰되기를 바란다.

경매를 대하는 일반적인 루틴은 '권리분석 → 시세 조사 → 입찰 → 명도 → 현금화' 순서다. 하지만 특수물건에서는 '사건 분석 → 전략 구상 → 협상'이 필수적인 루틴이라고 필자는 생각한다. 여기에 '시각을 달리해서 사건에 접근하는 태도'와 '소송 등의 방법으로 사건을 풀어내는 스킬'을 더하면 어떤 특수물건 사건도 어렵지 않게 다룰 수 있다. 이 책의 1장부터 5장은 바로 그 순서에 따른다. 책장을 넘기며 순차적으로 따라가다 보면 필자가 언급한 루틴을 자연스럽게 이해하는 동시에 경매 사건에 어떻게 접근해야 하는지 알게 될 것이다.

이와 더불어 입찰 전략을 세우는 방법, 낙찰 이후 수익을 만드는 과정, 어려운 사건에 쉽게 접근하는 요령 등도 익힐 수 있다.

안전하게 투자하고 싶다면, 경매 사건을 분석할 수 있는 시야를 기르면 될 일이다. 속독으로 읽어 내려갔던 경매 사건을 정독한다는 마음가짐으로 들여 다보면 누구든지 숨은 포인트를 발견할 수 있다. 이 책을 읽는 것은 바로 그 포 인트를 찾는 훈련과 다름없다.

이 책을 접한 모든 독자 여러분이 경매 분야의 블루오션이나 다름없는 특수 물건 사건에 재미를 느끼고, 결국에는 원하는 수익을 실현하는 투자를 할 수 있기를 바란다.

2025년 2월
박쌤

● Chapter 1 ●
모든 경매 사건에는 사연이 있다

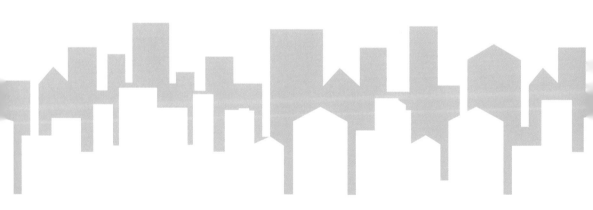

● Chapter 2 ●
전략이 없다면 차라리 포기하라

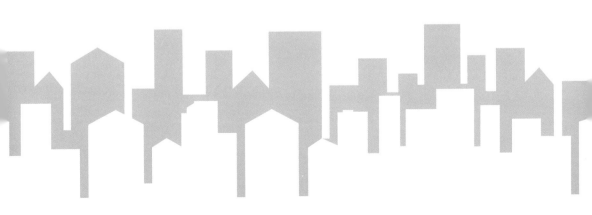

● Chapter 3 ●
특수물건의 꽃은 협상, 협상이 곧 수익이다

Chapter 4
시각을 달리하면 블루오션이 보인다

● Chapter 5 ●
어려운 사건을 손쉽게 풀어내는 기술

Chapter 1

모든 경매 사건에는
사연이 있다

권리분석을 정리해 놓은 경매 사이트를 확인하는 순간, 더 이상 분석이 필요치 않다고 여기며 곧바로 시세를 찾아보는 사람이 많다. 주거용 부동산 중에서도 아파트는 인터넷 검색만으로 쉽게 시세를 파악할 수 있으니, 빠르게 입찰을 결정하고 경매를 시작한다. 하지만 결국 수많은 응찰자 중 한 명이 되어 낙찰에 실패하고 만다.

　누군가 괜찮게 본 물건은 다른 사람도 그렇게 봤을 확률이 높다. 당연하게도 무수히 많은 응찰자가 생길 수밖에 없고, 낙찰받기 위해 높은 입찰 가격을 적는 것 말고는 경쟁력이 없다. 그러나 응찰하기 전에 사건을 잘 들여다보면 높은 가격으로 입찰하는 것 외에도 수익을 만들 방법을 발견할 수 있다.

　모든 경매 사건의 이면에는 사연이 존재한다. 그 사연을 이해하고 접근 방향을 잡으면 수익이 보인다. 따라서 시세를 찾아보기에 앞서 경매 정보를 최대한 활용해야 한다. 문건 송달내역과 등기부등본을 꼼꼼하게 확인해야 한다. 나아가 사건 분석을 통해 경매가 어떻게 흘러갈지 파악하고, 입찰 전에 어디에서 수익을 낼 수 있을지 파악해야 한다. 이것이 경매에 임하는 기본자세가 되어야 한다. 그렇지 않다면 기초공사도 없이 건물을 올리는 것이나 다름없다.

입찰 보증금만으로
빠른 수익 실현

　대다수 사람은 어렵고 복잡한 물건에서 수익이 난다고 믿는다. 반은 맞고 반은 틀리다. 경매 공부를 시작하면 실전 권리관계를 요약해 놓은 유·무료 사설 사이트를 보게 되는데, 이때 반복적으로 언급되는 사례에 자연스럽게 익숙해진다. 그러다 보면 보이는 것만 보고 나머지는 잘 보지 못한다.

　아래 경매 정보지를 살펴보자.

매각물건현황(감정원 : 영동감정평가 / 가격시점 : 2017.07.06)

목록	구분	사용승인	면적	이용상태	감정가격	기타
건1	▇리 111 (15층중6층)	98.08.05	11.94㎡ (3.61평)	주거용	15,352,000원	☞ 전체면적 59.68 ㎡중 최 ○○ 지분 1/5 매각 * 가스보일러 난방
토1	대지권		27272㎡ 중 8.01㎡		4,848,000원	☞ 전체면적 40.064㎡중 최 ○○ 지분 1/5 매각

현황 위치	* "▇▇경찰서" 북동측 인근에 위치하고, 주위는 농경지, 주택, 임야 등이 혼재하는 국도주변 주택지대로서, 주위환경은 보통인편임. * 본건까지 차량접근이 가능하며, 인근 버스정류장과의 거리, 노선, 운행빈도 등으로 보아 대중교통사정은 보통인편임. * 인근 도로보다 다소 고지의 토지로서, 현황 아파트 부지로 이용중임. * 단지내 포장도로를 이용하여 출입가능하며, 주차장시설 등을 갖추었음.
참고사항	* 외필지▇▇리 ▇▇

임차인현황(말소기준권리 : 2017.07.04 / 배당요구종기일 : 2017.09.20)

===== 임차인이 없으며 전부를 소유자가 점유 사용합니다. =====
기타사항	☞ 이 사건 소유자 외에 주민등록전입자 아무도 없음*채무자(소유자)점유*에 체크 표시함 (전입세대열람의 정확성을 기하기 위해 각각 다른 주민쎈타에서 2회 열람함)

등기부현황

No	접수	권리종류	권리자	채권금액	비고	소멸여부
1(갑2)	2015.08.28	소유권이전(매매)	최○○		최○○ 1/5, 거래가액 금83,000,000원	
2(갑3)	2017.07.04	최○○지분강제경매	유한회사케이씨에이치자산 관리대부	청구금액: 2,999,923원	말소기준등기 2017타경▇▇▇	소멸

자료: 옥션원

보통 부동산 경매에 응찰하려는 사람들은 낮은 감정가격 또는 최저가격에 관심을 두고 클릭한다. 그다음 인수 사항 즉, 말소기준권리(경매에서 부동산이 낙찰되면 해당 부동산에 존재하는 권리 중에서 말소되는 것이 있고 매수인에게 인수되는 것이 있는데, 이러한 말소 혹은 인수 여부를 결정하는 기준이 되는 권리를 말한다. 예를 들어 근저당권·가압류 등은 경매 시 원칙적으로 말소되는데, 말소되는 권리보다 먼저 설정된 권리는 인수되고 그보다 나중에 설정된 권리는 말소된다)를 살펴본다. 이후 별다른 특이점이 없다면 곧바로 시세 조사에 착수하는 게 보편적이다. 시세 조사를 한 뒤에는 입찰 가격을 얼마로 적을지 고민에 빠진다.

대다수가 이러한 방식으로 경매에 응찰한다. 그리고 예상보다 많은 사람이 입찰한 것에 놀라고, 예상보다 높은 가격에 낙찰되는 것을 목격한다. 이러한 형태의 물건을 '일반물건'이라고 한다. 경매 절차상 인수되는 권리가 없으니 낙찰 이후 명도는 뒤로하더라도 결국 수많은 입찰 희망자와 경쟁해야 한다. 금액을 높게 쓰는 것 말고는 경쟁자들보다 유리한 조건은 없는 셈이다.

그런데 경매를 조금 오래 한 사람이라면 앞의 정보지에서 하나의 단서를 얻을 수 있다. 바로 청구된 경매 채권이 300만 원이 안 된다는 것이다. 왜 300만 원이 채 되지 않는 채권이 경매에 나오게 되었으며, 채무자는 어째서 이대로 방치했을까 의문이 든다.

채무자에게는 경매가 진행된다는 사실을 알리는 경매개시결정(먼저 설정된 말소기준권리가 없다면 경매 시작을 알리는 경매개시결정이 말소기준권리가 된다) 정본이 발송되는데, 이는 송달내역을 들여다보면 알 수 있다.

채권자는 채권의 만족을 위해 부동산 경매를 신청했을 것이다. 이에 법원은 채무자에게 경매가 시작된다는 것을 알리는 개시결정 정본을 우편으로 송달했다. 채무자가 사실을 인지하면 경매를 막을 수도 있기 때문이다. 하지만 채무

송달내역

송달일	송달내역	송달결과
2017.06.27	채권자 유한회사 케이씨에이치자산관리대부 보정명령등본 발송	2017.06.27 도달
2017.06.30	채권자 1 유한회사 케이씨에이치자산관리대부 보정명령등본 발송	2017.06.30 도달
2017.07.06	주무관서 고성군수(강원) 최고서 발송	2017.07.06 송달간주
2017.07.06	공유자 김■■ 통지서 발송	2017.07.06 송달간주
2017.07.06	주무관서 속초세무서 최고서 발송	2017.07.06 송달간주
2017.07.06	주무관서 국민건강보험공단 속초지사 최고서 발송	2017.07.06 송달간주
2017.07.06	공유자 최■■ 통지서 발송	2017.07.06 송달간주
2017.07.06	공유자 최■■ 통지서 발송	2017.07.06 송달간주
2017.07.06	공유자 최■■ 통지서 발송	2017.07.06 송달간주
2017.07.06	집행관 속초지원 집행관 조사명령 발송	2017.07.06 도달
2017.07.06	감정인 송■■ 평가명령 발송	2017.07.10 도달
2017.07.06	채권자 유한회사 케이씨에이치자산관리대부 개시결정정본 발송	2017.07.06 도달
2017.07.06	채무자겸소유자 최■■ 개시결정정본 발송	2017.07.11 폐문부재
2017.07.17	채권자 1 유한회사 케이씨에이치자산관리대부 주소보정명령등본 발송	2017.07.17 도달
2017.07.19	채무자겸소유자 1 최■■ 개시결정정본 발송	2017.07.25 폐문부재
2017.08.30	채무자겸소유자 1 최■■ 개시결정정본 발송	2017.10.24 폐문부재
2017.11.10	채권자 1 유한회사 케이씨에이치자산관리대부 주소보정명령등본 발송	2017.11.10 도달
2017.11.15	채무자겸소유자 1 최■■ 개시결정정본 발송	2017.12.26 폐문부재
2017.11.15	채권자 1 유한회사 케이씨에이치자산관리대부 주소보정명령등본 발송	2017.11.15 도달
2017.12.29	채권자 1 유한회사 케이씨에이치자산관리대부 주소보정명령등본 발송	2017.12.29 도달
2018.01.09	채무자겸소유자1 최■■ 개시결정정본 발송	2018.01.24 도달

자료: 옥션원, 문건/송달내역

자가 개시결정 정본을 받지 않아 법원에서는 주소보정명령(채무자에게 정본이 송달되지 않아 주소를 특정해서 내역을 제출하라고 명령하는 것)으로 송달할 수 있는 주소를 요구했다.

그런데도 계속해서 폐문부재(수령자가 부재중인 경우)가 발생해 송달되지 않았다. 결국 채권자는 법원에 공시송달(소송에 관한 서류를 전달하기 어려울 때, 그 서류를 법원 게시판 등에 게시하고 일정 기간이 지나면 송달한 것으로 간주하는 제도) 허가 신청을 한다. 채무자는 여전히 경매가 진행 중임을 모르고 있을 가능성이 높지만, 법원에서는 송달이 적법하게 도달된 걸로 간주해서 경매를 진행했다.

입찰 보증금만으로 빠른 수익 실현
———

이러한 사실이 수익과 어떤 연관이 있는지 궁금하다면, 다음 내용을 이어서 살펴보자.

2017타경

소 재 지	강원도 고성군						
새 주 소	강원도 고성군						
물건종별	아파트	감 정 가	20,200,000원	오늘조회: 1 2주누적: 0 2주평균: 0			
대 지 권	전체: 40.064㎡(12.12평) 지분: 8.01㎡(2.42평)	최 저 가	(70%) 14,140,000원	구분	매각기일	최저매각가격	결과
				1차	2018-02-26	20,200,000원	유찰
건물면적	전체: 59.68㎡(18.05평) 지분: 11.94㎡(3.61평)	보 증 금	(10%) 1,414,000원	2차	2018-04-02	14,140,000원	
매각물건	토지및건물 지분 매각	소 유 자	최○○				
개시결정	2017-07-04	채 무 자	최○○				
사 건 명	강제경매	채 권 자	유한회사 케이씨에이치자산 관리대부				

  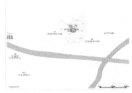

자료: 옥션원

당시 해당 부동산의 가치는 1억 2,500만 원 정도였고, 지분 경매가 나왔다. 지분 비율은 5분의 1이었기 때문에 가치는 2,500여만 원에 가까웠다. 등기부등본을 보면 최○○ 씨의 모친과 가족들이 공동명의로 매매해서 보유하고 있는 것을 알 수 있다.

2015년에 다섯 명이 공동명의로 매수한 부동산은 아무런 문제가 없었다. 그런데 불과 2년여 만에 공동소유자 중 한 명이 채무자가 되어 지분 경매되었다. 등기부상으로 살펴본 바에 따르면 다른 공유자들에게는 별다른 채무도 없었다. 채무자가 소액 채권을 변제하고 일반적인 방법으로 매매하거나, 공유자 중한 명이 채무자의 지분을 인수했다면 경매로 헐값에 낙찰되는 일은 방지할 수 있었을 것이다.

[집합건물] 강원도 고성군 ▓▓▓▓ ▓▓▓ ▓▓▓ ▓▓▓ ▓▓▓▓▓▓▓▓▓ ▓▓▓▓ ▓▓▓ ▓▓▓▓

순위번호	등 기 목 적	접 수	등 기 원 인	권 리 자 및 기 타 사 항
1-1	1번등기명의인표시변경	2013년4월18일 제3511호	2013년2월5일 도로명주소	노▓▓▓의 주소 강원도 고성군 ▓▓▓ ▓▓▓▓▓▓▓▓ ▓ ▓▓▓ ▓▓▓▓▓ ▓▓▓ ▓▓▓
2	소유권이전	2015년8월28일 제8494호	2015년7월24일 매매	공유자 지분 5분의 1 김▓▓ 67▓▓▓-******* 　강원도 고성군 ▓▓▓ ▓▓▓▓▓ ▓-1 지분 5분의 1 최▓▓ 91▓▓▓-******* 　강원도 고성군 ▓▓▓ ▓▓▓▓▓ ▓-1 지분 5분의 1 최▓▓ 94▓▓▓-******* 　강원도 고성군 ▓▓▓ ▓▓▓▓▓ ▓-1 지분 5분의 1 최▓▓ 96▓▓▓-******* 　강원도 고성군 ▓▓▓ ▓▓▓▓▓ ▓-1 지분 5분의 1 최▓▓ 99▓▓▓-******* 　강원도 고성군 ▓▓▓ ▓▓▓▓▓ ▓-1 ▓▓▓ ▓▓▓ ▓▓▓,▓▓▓,▓▓▓원
3	2번최▓▓지분강제경매개시결정	2017년7월4일 제6050호	2017년7월4일 춘천지방법원 속초지원의 강제경매개시결정(2017 타경▓▓▓▓)	채권자 유한회사케이씨에이치자산관리대부 ▓▓▓▓ ▓▓-▓▓▓▓▓▓ 서울특별시 마포구 ▓▓▓ ▓▓▓, ▓▓▓ ▓▓▓▓▓ ▓▓▓ ▓▓, ▓▓▓▓▓▓

자료: 등기부등본

　게다가 해당 사건은 강제경매라 임의경매와는 다르게 경매를 취하하기 위해서는 낙찰자의 동의가 있어야 한다.

　다시 정리하면, 가치 있는 주거용 부동산을 가족끼리 5분의 1씩 공동소유 중 채무자의 지분 5분의 1만 경매된 것이다. 300만 원가량의 소액 채권 경매를 알았다면 변제했을 텐데, 인지하지 못하는 상황에서 낙찰되어 버렸다. 이후 변제하려고 해도 강제경매라 낙찰자의 동의가 있어야 하는 상황이다.

임의경매	강제경매
• 물권에 의한 경매가 대다수	• 판결에 의한 채권이 대다수
• 주로 근저당권	• 주로 집행력 있는 판결문 또는 공증 증서
• 낙찰 이후 낙찰자의 동의 없이도 채권 변제 후 경매 취소 가능	• 낙찰 이후 채권을 변제하더라도 낙찰자의 동의가 필요(집행정지 등의 특별한 사유는 배제)

반면 응찰자 입장에서는 140여만 원의 입찰 보증금만으로 수익을 만들 수 있는 상황이었다. 5분의 1 지분 경매 중 변제 가능성이 있는 소액 채권이 채무자 모르게 공시송달 되었으니, 잔금을 납부하는 대신 취하 동의서를 써 주는 것으로 수익을 낼 수 있었다.

2017타경

소 재 지	강원도 고성군						
새 주 소	강원도 고성군						
물건종별	아파트	감 정 가	20,200,000원	오늘조회: 1 2주누적: 0 2주평균: 0			
대 지 권	전체: 40.064㎡(12.12평) 지분: 8.01㎡(2.42평)	최 저 가	(70%) 14,140,000원	구분	매각기일	최저매각가격	결과
				1차	2018-02-26	20,200,000원	유찰
건물면적	전체: 59.68㎡(18.05평) 지분: 11.94㎡(3.61평)	보 증 금	(10%) 1,414,000원	2차	2018-04-02	**14,140,000원**	
				매각 : 18,188,380원 (90.04%)			
매각물건	토지및건물 지분 매각	소 유 자	최○○	(입찰4명,매수인:서울 구○○)			
개시결정	2017-07-04	채 무 자	최○○	매각결정기일 : 2018.04.09 - 매각허가결정			
사 건 명	강제경매	채 권 자	유한회사 케이씨에이치자산 관리대부	2018-04-17		0원	취하
				본사건은 취하(으)로 경매절차가 종결되었습니다.			

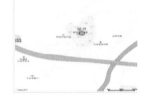

자료: 옥션원

낙찰받은 후 이 사실을 인지시켜 주었다. 아니나 다를까 채무자는 경매가 진행되고 있다는 사실을 전혀 모르고 있었다. 필자 측이 연락을 취하는 과정에서 신종 보이스피싱(?)으로 의심받아 경찰서에서 연락을 받는 일까지 일어났다.

결국 채무자와 공유자들도 해당 지분이 제삼자에게 가 버리면 다시 매입하기 위해 취득세 및 양도소득세 등의 비용을 추가로 지출해야 한다는 것을 알게 되었다. 협의 후 채권자는 경매 취하서를 제출했고, 필자는 경매 취하 동의서를 제출했다.

경매 취하 동의서

사건번호   춘천지방법원 속초지원 2017타경 ▓▓▓▓
채 권 자   유한회사 케이씨에이치자산관리대부
채 무 자   최▓▓
소 유 자   최▓▓

　　위 사건에 관하여 매수인은 채권자가 위 경매신청을 취하하는데 대하여 동의합니다.

첨 부 서 류

1. 매수인 인감증명   1부

2018년 4 월 16 일

매 수 인   주식회사 ▓▓ 대표이사 김▓▓   (인)
연 락 처   010-▓▓▓▓ ▓▓▓

춘천지방법원 속초지원 귀중

자료: 해당 경매 취하 동의서

　　필자는 경매 취하 동의서를 작성해 주는 대가로 보증금이 포함된 합의금 500만 원을 받고 해당 사건을 종결했다. 낙찰 후 잔금을 납부하지도 않고 단시간에 수익을 올린 것이다. 이처럼 사건을 꼼꼼하게 들여다보는 것만으로도 수익을 낼 수 있다. 이러한 방법은 지금도 경매 시장에서 하나의 수익 모델로 사용되고 있다.

일주일 만에
1,000만 원을 만드는 비법

　이번 사례도 앞의 사건과 비슷한 유형으로, 사건을 차분하게 들여다보는 과정에서 수익 포인트를 발견했다. 그리고 낙찰 후 잔금을 납입하기 전에 취하해서 수익을 만들었다. 적은 돈으로 안전하게 경매 투자를 하기 위해서는 이처럼 꼼꼼한 사건 분석으로 소소한 수익 포인트를 찾는 일이 무엇보다 중요하다.

　당시 일대일 PT 프로그램을 꾸준히 수강하던 회원이 해당 사건에 관해 질문한 것이 시작이었다. 오랫동안 수업을 들었던 회원이라 통찰력이 있었다.

2017타경

소 재 지	부산광역시 연제구							
새 주 소	부산광역시 연제구							
					오늘조회: 1　2주누적: 0　2주평균: 0			
물건종별	다세대(빌라)	감 정 가	33,000,000원	구분	매각기일	최저매각가격		결과
대 지 권	전체: 33.4㎡(10.1평) 지분: 16.7㎡(5.05평)	최 저 가	(80%) 26,400,000원	1차	2017-12-01	33,000,000원		유찰
					2018-01-05	26,400,000원		변경
					2018-01-25	26,400,000원		변경
건물면적	전체: 37.59㎡(11.37평) 지분: 18.8㎡(5.69평)	보 증 금	(10%) 2,640,000원	2차	2018-03-08	26,400,000원		
매각물건	토지및건물 지분 매각	소 유 자	최○○					
개시결정	2017-04-19	채 무 자	최○○					
사 건 명	강제경매	채 권 자	최○○					

매각물건현황(감정원 : 혜인감정평가 / 가격시점 : 2017.05.01)

목록	구분	사용승인	면적	이용상태	감정가격	기타
건1	██동 ██ (3층중1층)	82.01.19	18.8㎡ (5.69평)	주거용	19,800,000원	☞ 전체면적 37.59㎡중 공유 자 최○○ 지분 1/2 전부 매각
토1	대지권		699.8㎡ 중 16.7㎡		13,200,000원	☞ 전체면적 33.4㎡중 공유 자 최○○ 지분 1/2 전부 매각

현황 위치	* "██초등학교" 북측 인근에 위치하며, 본건의 주위 일대는 중·소규모의 공동주택 및 단독주택, 근린상가 등이 위치하여 주위환경 및 제반 입지조건 보통임. * 본건까지 차량 접근 가능하며, 인근에 시내버스정류장이 소재하여 제반 교통상황 보통임. * 세장형의 평지로서, 공동주택 건부지로 이용중임. * 단지내 진입로 및 가로망 정비되어 있음.
참고사항	* 본건의 집합건축물대장상 용도는'근린생활시설(소매점), 공동주택'이나, 현황 '공동주택'으로 사용중인 것으로 탐문조사 되었은 바, 본건은'공동주택'으로 상정하여 평가하였으며, 경매 응찰 및 업무에 유의하시기 바랍니다.

임차인현황 (말소기준권리 : 2017.03.03 / 배당요구종기일 : 2017.06.30)

===== 조사된 임차내역 없음 =====

기타사항	☞ 현장에 방문한 바 폐문되어 본건 경매와 관련한 내용이 기재된 통지서를 우편함에 넣어 두었으나 연락이 없어 점유 및 임대차 관계 알 수 없었음. ☞ 전입세대열람 내역에 최○○(소유자) 세대가 전입되어 있음.

등기부현황 (채권액합계 : 4,000,000원)

No	접수	권리종류	권리자	채권금액	비고	소멸여부
1(갑4)	2014.10.16	소유권이전(상속)	최○○		협의분할에 의한 상속	
2(갑5)	2014.10.27	소유권일부이전	최○○		매매, 1/2, 거래가액:2 5,000,000원	
3(을3)	2017.03.03	최○○지분전부근저당	정○○	4,000,000원	말소기준등기	소멸
4(갑6)	2017.04.19	최○○지분강제경매	최○○	청구금액: 5,004,540원	2017타경████	소멸

자료: 옥션원

해당 물건은 최초 감정가격에서 유찰됐음에도 최저가격이 2,640만 원이었다. 경매에 나온 2분의 1 지분의 적정 가치는 당시 3,500만 원이었는데, 선순위 채권 최고액 근저당권이 400만 원이고 강제경매된 금액은 500만 원 정도에 불과했다.

따라서 채무자 겸 소유자 입장에서는 경매를 통해 제삼자가 저가에 낙찰받는 것은 자기 지분이 저가에 매도되는 것이므로 탐탁지 않아 하지 않겠냐는 질문이었다. 필자도 그 생각에 100퍼센트 동의했다.

혹시 채무자가 경매 진행 중인 사실을 모르고 방치한 것인지 궁금해서 문건 송달내역을 들여다봤지만, 별다른 문제없이 적법하게 송달된 것으로 나와 있었다.

송달내역

송달일	송달내역	송달결과
2017.04.21	근저당권자 정■■ 최고서 발송	2017.04.21 송달간주
2017.04.21	주무관서 부산광역시 연제구청 최고서 발송	2017.04.21 송달간주
2017.04.21	주무관서 동래세무서 최고서 발송	2017.04.21 송달간주
2017.04.21	주무관서 국민건강보험공단 부산진구지사 최고서 발송	2017.04.21 송달간주
2017.04.21	공유자 최■ 통지서 발송	2017.04.21 송달간주
2017.04.21	채권자 최■■ 개시결정정본 발송	2017.04.24 도달
2017.04.21	감정인 이■■ 평가명령 발송	2017.04.24 도달
2017.04.21	채무자겸소유자 최■■ 개시결정정본 발송	2017.04.26 폐문부재
2017.04.28	채권자 최■■ 주소보정명령등본 발송	2017.05.04 도달
2017.05.11	채무자겸소유자 1 최■■ 개시결정정본 발송	2017.05.22 도달
2017.05.11	법원 부산지방법원 집행관 귀하 촉탁서 발송	

자료: 옥션원, 문건/송달내역

내심 부적법 송달이 아닐까 하는 의심이 들었지만, 심증만으로 입찰을 결정하기에는 무리수가 있어 보였다. 그래서 채무자의 입장에서 다각도로 방어할 만한 여력이 있는지, 이대로 자포자기한 건지 생각해 보았다. 채무자가 해당 물건에 더 이상 미련이 없다면 낙찰 후 공유자와 함께 부동산에 매각하거나, 장기적으로 공유물 분할까지 고려해야 하므로 신중할 필요가 있었다.

강제경매가 접수되면 민사집행법의 절차에 따라 감정평가가 이루어지는데, 보통 감정평가사가 현장에서 찍은 사진들이 경매 사건에 등록된다. 오른쪽 사진은 당시 감정평가서에 삽입된 것의 일부다.

최초 강제경매 접수일은 2017년 4월 19일이며, 감정평가가 이루어진 일자는 2017년 4월 28일부터 2017년 5월 1일까지였다. 이후 법원의 문건처리 기간이 지나고 이해관계인들에게 경매 시작을 알리는 송달 절차를 거쳐 경매 첫 기일이 2017년 12월 1일로 지정되었다.

입찰 날짜는 2018년 3월 8일이었다. 원칙적으로는 현장에 가 보는 게 좋지만, 우선 인터넷을 통해 로드뷰로 외관을 살펴보았다. 외관을 확인하는 순간,

(구분건물)감정평가표

이 감정평가서는 감정평가에 관한 법규를 준수하고 감정평가이론에 따라 성실하고
공정하게 작성하였기에 서명날인합니다.
　　　감 정 평 가 사
　　　이 ■■■　　　　　　　　　　　　　　　　　　　　　　(인)

감정평가액	一金삼천삼백만원整 (₩33,000,000.-)			
의 뢰 인	부산지방법원 사법보좌관 김■■	감정평가목적		법원경매
채 무 자	-	제 출 처		경매9계
소유자 (대상업체명)	최■■ (2017타경■■■)	기 준 가 치 감정평가조건		시장가치 -
목　　록 표시근거	귀 제시목록	기 준 시 점 2017.05.01	조 사 기 간 2017.04.28~2017.05.01	작 성 일 2017.05.02

감정평가	공 부 (의 뢰)		사　　　정		감 정 평 가 액	
	종 류	면적(㎡) 또는 수량	종 류	면적(㎡) 또는 수량	단 가	금 액
	구분건물	1세대x-2	구분건물	1세대x-2	—	33,000,000
		이　　　하		여　　　백		

[■■연립주택 ■■ 1층 호별배치도]

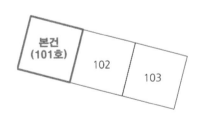

일주일 만에 1,000만 원을 만드는 비법

입찰해도 좋겠다는 확신이 들었다.

　이유는 간단했다. 누가 당장 경매될 부동산에 인테리어를 하겠는가. 필자는
입찰을 적극 추천했고, 수강생은 낙찰받는 데 성공했다.

자료: 카카오맵 로드뷰

　낙찰 당일 곧바로 사건 기록을 열람해서 필요한 정보를 얻은 다음, 현장에
가서 채무자를 만났다. 이때 채무자 측의 황당한 얘기를 듣게 되었다.

　"채무가 있는 건 인정하지만, 소멸시효(일정 기간 동안 권리를 행사하지 않으면
그 권리를 소멸하는 법률 제도)가 지나서 경매가 안 될 거라고……."

　참으로 안타까운 소리였다. 소멸시효를 얘기할 정도면 나름대로 전문가에게
자문을 얻었을 것이다. 하지만 그런 방어적인 방법은 경매 사건에서 사용할 것
이 아니라 최소한 판결받을 때 사용해야 했는데, 혼자만의 해석으로 놔두고 있
었던 모양이었다. 필자는 추후 일어날 일을 차근차근 설명했다.

　첫째, 지분일지라도 소유권을 잃으면 권원 없는 점유자에 해당해 인도명령

소 재 지	부산광역시 연제구 ▮▮▮▮▮▮▮						
새 주 소	부산광역시 연제구 ▮▮▮▮▮▮▮						
물건종별	다세대(빌라)	감 정 가	33,000,000원	오늘조회: 1 2주누적: 0 2주평균: 0			
				구분	매각기일	최저매각가격	결과
대 지 권	전체: 33.4㎡(10.1평) 지분: 16.7㎡(5.05평)	최 저 가	(80%) 26,400,000원	1차	2017-12-01	33,000,000원	유찰
					2018-01-05	26,400,000원	변경
건물면적	전체: 37.59㎡(11.37평) 지분: 18.8㎡(5.69평)	보 증 금	(10%) 2,640,000원		2018-01-25	26,400,000원	변경
				2차	2018-03-08	26,400,000원	
매각물건	토지및건물 지분 매각	소 유 자	최○○	매각: 30,883,800원 (93.59%)			
개시결정	2017-04-19	채 무 자	최○○	(입찰2명,매수인:경남 창원시 주○○ / 차순위금액 26,400,000원)			
사 건 명	강제경매	채 권 자	최○○	매각결정기일 : 2018.03.15 - 매각허가결정			
				2018-03-28		0원	취하
				본사건은 취하(으)로 경매절차가 종결되었습니다.			

자료: 옥션원

(법원이 경매가 집행된 부동산을 낙찰자에게 넘기라고 명령하는 것) 대상자가 된다. 만약 다른 공유자의 동의를 얻어 거주한다면, 그 공유자는 낙찰된 나머지 지분에 해당하는 부당이득(임료)에 대한 책임을 물어야 한다. 지분을 반반씩 공유하고 있는데, 공유자 중 한 명이 임료를 독식한다면 나머지 지분에 대한 부당이득이 된다.

둘째, 잉여금 말고는 아무것도 건질 수 없다. 이미 지출한 인테리어 비용은 누구에게도 청구할 수 없고, 부동산을 팔아도 매매 대금은 공유자들끼리만 지분율로 나눠 가지므로 채무자는 낙찰금에서 채권 금액을 빼고 남은 잉여금 말고는 건질 수 있는 것이 없다.

채무자는 이 사실을 인지한 후에도 필자의 말을 의심하며 주변에 자문을 구했다. 하지만 결국 취하에 따른 협상을 하게 되었고, 1주일 만에 보증금을 포함해서 1,000만 원 정도의 합의금으로 협상하고 취하동의서를 써 주었다.

일주일 만에 1,000만 원을 만드는 비법

최고가 매수인의 사건 기록 열람 가능 시점

부동산 경매 낙찰은 부동산 매매 계약서를 작성한 당일과 같은 상황이라고 생각해야 한다. 통상적으로 부동산을 매매 계약한 당일에는 집을 한 번 더 보러 가거나, 해당 부동산에 관해 빠뜨린 게 있는지 고민한다. 그런데 입찰 후 낙찰에 성공하면 기쁜 마음으로 빠르게 법원을 빠져나가며 지인들에게 자랑하는 모습을 종종 본다.

경매 낙찰자는 당일부터 경매 절차상의 이해관계인이 되기 때문에 일반물건이라면 명도 착수를 위한 한 걸음을 진행하고, 특수물건이라면 분석한 전략이 올바른지 확인해야 한다. 따라서 낙찰 당일 사건 열람하기를 추천한다.

간혹 법원 경매계의 직원이 낙찰 일주일 이후 오라고 할 때가 있는데, 그럴 경우 「부동산등에 대한 경매절차 처리지침(재민 2004-3) 제53조」를 확인해 달라고 요청하면 된다.

부동산등에 대한 경매절차 처리지침(재민 2004-3)
개정 2023. 6. 29. [재판예규 제1853호, 시행 2023. 6. 29.]

제53조(경매기록의 열람·복사)
① 경매절차상의 이해관계인(민사집행법 제90조, 제268조) 외의 사람으로서 경매기록에 대한 열람·복사를 신청할 수 있는 이해관계인의 범위는 다음과 같다.
  1. 파산관재인이 집행당사자가 된 경우의 파산자인 채무자와 소유자

2. 최고가매수신고인과 차순위매수신고인, 매수인, 자기가 적법한 최고가매수신고인 또는 차순위매수신고인임을 주장하는 사람으로서 매수신고시 제공한 보증을 찾아가지 아니한 매수신고인
3. 민법·상법, 그 밖의 법률에 의하여 우선변제청구권이 있는 배당요구채권자
4. 대항요건을 구비하지 못한 임차인으로서 현황조사보고서에 표시되어 있는 사람
5. 건물을 매각하는 경우의 그 대지 소유자, 대지를 매각하는 경우의 그 지상 건물 소유자
6. 가압류채권자, 가처분채권자(점유이전금지가처분 채권자를 포함한다)
7. 「부도공공건설임대주택 임차인 보호를 위한 특별법」의 규정에 의하여 부도임대주택의 임차인대표회의 또는 임차인 등으로부터 부도임대주택의 매입을 요청받은 주택매입사업시행자

② 경매기록에 대한 열람·복사를 신청하는 사람은 제1항 각호에 규정된 이해관계인에 해당된다는 사실을 소명하여야 한다. 다만, 이해관계인에 해당한다는 사실이 기록상 분명한 때에는 그러하지 아니하다.

③ 경매기록에 대한 복사청구를 하는 때에는 경매기록 전체에 대한 복사청구를 하여서는 아니되고 경매기록 중 복사할 부분을 특정하여야 한다.

자료: 대법원 종합법률정보

로드뷰를 활용해서
수익 만들기

특수물건의 특성상 대부분 일반 금융기관에서는 대출이 되지 않는다는 단점이 있다. 반면에 일반물건은 거의 대출이 되는 편이다. 2억~3억 원 정도의 주거용 부동산 경매는 자기 자본금이 최소 낙찰가의 30퍼센트 정도만 있어도 가능한 한편, 특수물건은 자기 자본금이 100퍼센트를 차지하는 일이 많다.

하지만 이러한 특징은 장점이 되기도 한다. 2억~3억 원 대비 10퍼센트의 수익이면 2,000만~3,000만 원이지만, 6,000만~9,000만 원 대비 10퍼센트 수익이면 600만~900만 원밖에 안 된다. 또한 눈에 보이는 금액이 다가 아니다.

대출받는 물건의 최종 수익은 마이너스가 될 가능성이 있다. 시간을 줄이는 능력이 없다면, 결국 시간이 지남에 따라 대출이자를 계속 지출하면서 매매 가격까지 낮춰야 할 수 있기 때문이다. 자기 자본금이 100퍼센트일 때도 시간이 흐르면서 수익률이 낮아질 수 있지만, 경제 시황 등의 특별한 변수가 없다면 마이너스가 될 확률은 극히 낮다.

대출받을 일이 없으면 낙찰 이후에도 시간에 쫓기지 않고 차분하게 다음 단계를 계획할 수 있어서 판단력을 키우는 훈련도 가능하다. 이러한 훈련은 입찰 전, 즉 경매 사건을 들여다보는 순간부터 시작점을 달리하게 만든다.

소 재 지	부산광역시 사하구 ■■■ ■■■ ■■■■■■■■ 2층 202호							
새 주 소	부산광역시 사하구 ■■■ ■■■■ ■■ ■■■■■■■■ 2층 202호							
물건종별	아파트	감정가	52,600,000원		오늘조회: 1 2주누적: 0 2주평균: 0			
대 지 권	전체: 46629㎡(14105.27평) 지분: 23.315㎡(7.05평)	최 저 가	(64%) 33,664,000원	구분	매각기일	최저매각가격		결과
				1차	2019-04-23	52,600,000원		유찰
건물면적	전체: 61.2㎡(18.51평) 지분: 30.6㎡(9.26평)	보 증 금	(10%) 3,366,400원	2차	2019-05-28	42,080,000원		유찰
매각물건	토지및건물 지분 매각	소 유 자	김○○	3차	2019-07-02	33,664,000원		
개시결정	2018-07-12	채 무 자	김○○					
사 건 명	강제경매	채 권 자	제네시스유동화전문 유한회사					

매각물건현황(감정원 : 태평양 감정평가 / 가격시점 : 2018.07.17)

목록	구분	사용승인	면적	이용상태	감정가격	기타
건1	■■■동 ■■■ (5층중 2층)	85.05.20	30.6㎡ (9.26평)	주거용	26,826,000원	* 전체면적 61.20㎡중 김○○ 지분 1/2 매각 * 도시가스 개별난방
토1	대지권		1309㎡ 중 23.3145㎡		25,774,000원	* 전체면적 46.629㎡중 김○○ 지분 1/2 매각

현황 위치	* ■■■중학교 남서측 인근에 위치, 주변은 아파트단지, 공동주택, 단독주택 및 점포 등으로 형성되어 있음. * 본건까지 차량접근 가능하며, 인근에 시내버스 정류장이 위치하고 있어 대중교통사정은 보통임. * 세장형에 유사한 토지로서 인근지세는 대체로 등고 평탄하며 공동주택 부지로 이용중임. * 북서측으로 소로, 북동측으로 세로에 접함.

임차인현황 (말소기준권리 : 2003.06.04 / 배당요구종기일 : 2018.10.04)

임차인	점유부분	전입/확정/배당	보증금/차임	대항력	배당예상금액	기타
김○○	주거용	전입일자: 2012.09.26 확정일자: 미상 배당요구: 없음	미상	없음	배당금 없음	점유자
기타사항	☞현장에서 거주자등을 만나지 못하여 점유 확인 할 수 없었음. ☞주민센터의 전입세대 열람한바 김■■ 세대가 전입되어 있었음. ☞김■■:권리신고없어 임대차관계 알 수 없음					

등기부현황 (채권액합계 : 14,000,000원)

No	접수	권리종류	권리자	채권금액	비고	소멸여부
1(갑3)	2003.01.22	공○○지분전부이전	김○○		증여	
2(을5)	2003.06.04	근저당	감천1동새마을금고	14,000,000원	말소기준등기	소멸
3(갑4)	2018.06.25	소유권이전(상속)	김○○		각 1/2	
4(갑6)	2018.07.12	김○○지분강제경매	제네시스유동화전문유한회사	청구금액: 31,910,363원	2018타경■■■	소멸

자료: 옥션원

　　2019년 무더운 여름이 시작되는 7월에 일대일 트레이닝 수강생과 마주했다. 일반물건에 오랫동안 투자해 왔던 수강생이었기에 수업을 시작한 지 몇 회 되지 않았을 때 해당 물건을 상담하게 되었다.

1985년에 사용승인된 것을 보면 꽤 오래된 아파트이며, 전체 5층 중 2층이었다. 보통 엘리베이터가 없는 부동산은 2층 내지 3층을 선호하기에 행여나 일반 매매로 진행해도 다른 층보다 거래가 잘될 수 있다는 점이 일단 눈에 띄었다. 2분의 1의 지분이 경매에 나왔는데, 등기부 현황에서 1순위 근저당권이 2003년인 것을 보고 경매 시점에는 피담보채권(남아 있는 채권 금액)이 소멸되었을 가능성도 열어 두었다. 이후 2018년 6월 25일 자로 상속이 이루어졌다. 그리고 이를 귀신같이 알아낸 채권자가 대위등기(채권자가 채무자를 대신해서 등기하는 일) 후 지분 경매를 신청한 사건이었다.

2회 유찰되어 가격 면에서는 메리트가 있을지 모르지만, 사건의 흐름상 별다른 수익 포인트를 찾아내기는 힘들었다. 소유자와 점유자가 다르다면 인도명령으로 명도한 뒤 나머지 공유자와 일반 매매를 하고, 점유자가 나머지 공유자의 동의하에 점유 권원을 얻으면 임료를 청구하는 것 말고는 딱히 접근 방향이 없는 사건이었다. 특별한 출구 방향 없이 시간이 오래 지나면 결국 낮은 수익률로 돌아온다. 이럴 때는 장기적인 계획으로 접근해야 한다.

다만 2018년 6월경에 채권자로부터 상속 대위등기가 된 후 경매 신청한 점을 미루어 보아 한 가지 사실을 추정할 수 있었다. 상속이 이루어진 시점을 기준으로 공유자 중 한 명이 거주하게 되었을 것이다. 그렇다면 1985년에 사용승인된 부동산이니 분위기 전환 겸 인테리어를 하지 않았을까 싶었다. 당장 인터넷으로 로드뷰를 확인하자 추정이 거의 확실해 보였다.

인테리어에서 새시의 비중은 매우 크다. 그런 새시를 교체했다면 집 내부 또한 어느 정도 수리했을 것으로 예측할 수 있다. 그렇지 않더라도 노후한 아파트는 새시 교체만으로도 가치가 상승한다. 잘살아 보기 위해 고친 집이 경매에 나오는 것을 바라는 사람은 없으리라는 결론이었다.

상속이 이루어지기 전 시점

2017년 01월

상속이 이루어질 당시 시점

2018년 02월

자료: 카카오맵 로드뷰

2018타경▇▇

소 재 지	부산광역시 사하구 ▇▇▇▇ ▇▇▇▇▇▇ 2층 202호			
새 주 소	부산광역시 사하구 ▇▇▇▇ ▇▇ ▇▇▇▇▇▇ 2층 202호			
물건종별	아파트	감 정 가	52,600,000원	

				오늘조회: 1 2주누적: 0 2주평균: 0			
대 지 권	전체: 46629㎡(14105.27평) 지분: 23.315㎡(7.05평)	최 저 가	(64%) 33,664,000원	구분	매각기일	최저매각가격	결과
				1차	2019-04-23	52,600,000원	유찰
				2차	2019-05-28	42,080,000원	유찰
건물면적	전체: 61.2㎡(18.51평) 지분: 30.6㎡(9.26평)	보 증 금	(10%) 3,366,400원	3차	2019-07-02	33,664,000원	
				매각 37,890,000원 (72.03%)			
매각물건	토지및건물 지분 매각	소 유 자	김○○	(입찰2명,매수인:대구수성구 박○○)			
개시결정	2018-07-12	채 무 자	김○○	매각결정기일 : 2019.07.09 - 매각허가결정			
사 건 명	강제경매	채 권 자	제네시스유동화전문 유한회사	대금지급기한 : 2019.08.14			
				대금납부 2019.07.29 / 배당기일 2019.09.05			
				배당종결 2019.09.05			

자료: 옥션원

로드뷰를 활용해서 수익 만들기

오래된 아파트에 지분 사건이라 그런지 응찰자는 우리 측을 포함해서 단 두 명에 불과했다. 그로 인해 저가에 매수할 수 있었다. 낙찰 이후 협상 과정은 단순했다. 앞서 필자가 추정한 내용과 정확히 일치했다.

채무자 입장에서는 잊었던 채무가 눈덩이처럼 불어나 갑자기 경매 신청이 된 것이다. 채권자와 다투는 동안 경매가 진행 중임을 놓쳤고, 그 와중에 낙찰되었다.

이런 사정을 하소연하며 오래된 25평형 아파트 인테리어에 2,000여만 원을 들였다는 황당한 얘기를 하기도 했다. 이때만 해도 원자재 가격이 상승하기 전이라 2,000여만 원은 상당한 거금이었기에 굳이 믿지는 않았다. 경매 정보지에 현관문 사진이 있었는데, 그렇게 거금을 들였다면 현관문과 도어락까지 바꾸었을 것이 분명했기 때문이다.

높은 인테리어 비용 지출을 강조하는 것은 필자 측이 낙찰받은 지분을 다시 사들이려고 하는 나머지 공유자에게 그다지 좋은 소식이 아니라는 사실을 인지하지 못하는 점이 안타까웠다. 실제로 인테리어가 잘됐다면 매도 가격을 더욱 높여서 팔았을 테니 말이다.

자료: 옥션원 물건 사진

앞서 소개한 다른 사건에서처럼 채권자로부터의 경매 취하를 권고한 다음 취하 동의서를 제출할 수도 있지만, 이는 낙찰자의 입장이다. 해당 사건에는 신청 채권자의 채무만 있는 것이 아니라 다른 채권자들이 더 있었다. 신청 채권자가 경매를 취하하면 또 다른 채권자가 경매를 신청할 수 있는 상황을 만들어 주는 꼴이 되는 것이다.

결국 적정한 금액으로 합의해서 공유자에게 매도했다. 개인 간 거래였기에 협의 과정에서 예상보다 긴 약 1개월 정도의 시간이 걸렸다. 하지만 처음부터 대출 없이 낙찰받았기에 대출이자나 중도상환수수료 같은 금융 비용이 발생하지 않았고, 개인 간 거래로 공인중개사에게 줄 수수료도 아꼈기 때문에 서로 윈윈 할 수 있는 거래였다. 게다가 필자 측은 임료까지 받을 수 있었다.

토지만 매각 사건도
서류 분석으로 해결

    특수물건 그룹 PT 수업 당시의 사건이다. GT로 불리는 그룹 PT 강의는 의지가 있는 수강생을 그룹으로 모아 수익을 목표로 지식과 경험을 쌓는 수업이다. 보통 경험이 많은 그룹이 높은 성과를 올릴 것 같지만, 그보다는 의지가 강하고 노력을 게을리하지 않는 그룹이 더 많은 수익을 얻어 간다. 이번 사건도 경매 지식이 많아서가 아닌, 오로지 분석을 통해 수익을 만들어 낸 사례다.

2019타경 █████

소 재 지	경상남도 거제시 ██████					
물건종별	대지	감 정 가	457,191,000원	구분	매각기일	최저매각가격	결과

소 재 지	경상남도 거제시 ██████ ██████			오늘조회: 1 2주누적: 0 2주평균: 0			
물건종별	대지	감 정 가	457,191,000원	구분 / 매각기일 / 최저매각가격 / 결과			
토지면적	2419㎡(731.75평)	최 저 가	(64%) 292,602,000원	1차 / 2019-10-10 / 457,191,000원 / 유찰			
건물면적	건물은 매각제외	보 증 금	(10%) 29,260,200원	2차 / 2019-11-14 / 365,753,000원 / 유찰			
매각물건	토지만 매각	소 유 자	농업회사법인 ██████ (주)	3차 / 2019-12-19 / 292,602,000원			
개시결정	2019-01-23	채 무 자	박○○				
사 건 명	임의경매	채 권 자	왕○○				

자료: 옥션원

경남 거제 소재의 '토지만 매각' 사건이었다. 토지만 매각이 나오면 필연적으로 따라오는 단어가 법정지상권(토지와 그 토지 위 건물 소유자가 달라서 다툼이 생길 때, 토지 주인이 건물을 함부로 철거하지 못하게 법원에서 정해 주는 권리)이다. 일정한 요건이 충족되면 토지 위 건물에 관해 법에서 정한 지상권(다른 사람의 토지에 있는 건물 등을 소유하기 위해 그 토지를 사용할 수 있는 권리)을 따르는 것이다.

해당 사건은 토지와 건물의 소유자가 같았지만 나대지였을 때 근저당권이 설정되었기에 법정지상권은 성립하지 않았다. 나대지 상태에서 근저당권이 설정되면 법원은 근저당권자를 보호하기 위해 법정지상권을 인정하지 않는다. 따라서 건물은 철거 대상이다.

부동산 경매를 공부하는 사람 중에는 이론으로 법정지상권을 접하면서 특수물건이 어렵다고 포기하는 경우가 많다. 이럴 때는 법정지상권의 요건만 대략 암기한 다음, 어떻게 수익이 나는지 실무 사례를 접하고 나서 더 큰 관심이 생길 때 제대로 이론 공부를 시작하면 훨씬 빠르게 이해할 수 있다.

매각토지.건물현황(감정원 : 다온감정평가 / 가격시점 : 2019.02.11)

목록	지번	용도/구조/면적/토지이용계획		㎡당 단가 (공시지가)❖	감정가	비고
토지	▧▧리 ▧▧▧▧	가축사육제한구역,농림지역, 농림지역	대 2419㎡ (731.75평)	270,000원 (147,400원)	653,130,000원	▶제시외건물로 인하여 영향받는 토지가격:457,191,000원
제시외 건물및기타	▧▧리 ▧▧▧▧ 일반철골구조 기타지붕	2층 제2종근린생활시설	498.78㎡(150.88 평)	712,000원	355,131,360원	매각제외 * 1층 328.68㎡, 2층 170.1㎡
감정가		토지:2419㎡(731.75평)		합계	457,191,000원	토지만 매각
현황 위치	* "▧▧마을" 북서측 인근에 위치하는 토지로서 주위는 마을취락, 농경지 등이 혼재하는 주거 및 농경지대로 제반 주위환경은 보통시 됨. * 본건까지 차량접근 가능하며 관내 대중교통 사정을 고려시 제반 교통상황은 보통시 됨. * 완경사 지세 내 사다리형에 유사한 토지로서 "건부지" 상태임. * 본건 북서측으로 아스콘 포장도로 소재함.					
참고사항	* 제시외 건물 제외 * 최저매각가격은 제시외 건물 소재로 인하여 제한받는 가격임 * 본건 지상에 자연생 입목 등은 토지와 일체로 거래되는 관행에 따라 토지가격에 포함하여 평가하였으니 참고하시기 바람.					

자료: 옥션원

법정지상권 문제가 발생하면 먼저 감정가격을 유심히 봐야 한다. 법원마다 상이하겠지만, 건부지 감가(건물이 들어선 땅을 뜻하는 건부지는 건축물이 없는 나대지에 비해 쓰임이 다양하지 않아서, 일반적으로 나대지보다 가치가 낮게 평가된다)를 이유로 최초 감정가격에서 30퍼센트 저감되어 경매가 진행되는 일이 상당히 많기 때문이다.

법정지상권 물건은 신건부터 조사하지 않으면 이미 낙찰되어 없어지는 일도 종종 일어난다. 법원 경매 신건의 경우 매각 기일 2주(14일) 전에 자료가 공개된다. 여차저차 시간이 흐르다 보면 2주가 지나 버리고, 유찰되어야만 그 뒤로 약 30일 정도의 시간이 주어진다. 괜찮은 법정지상권 물건은 이미 신건에서 낙찰되므로 2주 동안 미리 준비하지 않으면 놓쳐 버린다. 따라서 투자 관점에서 법정지상권을 검토할 때는 신건부터 유심히 볼 필요가 있다.

이 사건의 감정가격은 6억 5,000만 원 정도였지만, 관할 법원에서는 30퍼센트 저감한 가격을 최초 감정가격으로 진행했다. 이후 2회 유찰을 거듭해서 최저가격이 2억 9,260만 2,000원이 되었다. 공시지가는 제곱미터당 14만 7,400원이기에 2,419제곱미터(731.75평) 면적을 단순하게 공시가격으로만 곱해도 3억 5,656만 600원이다.

필자는 외진 곳의 경사로 임야 또는 농지 외에 공시지가로 일반 매매된 사례를 거의 본 적이 없다. 대부분 공시지가보다 비싸게 매매되는 것이 일반적이다. 게다가 해당 물건은 도로에 인접해 있었다. 감정가격만큼은 아니더라도 추후 손해날 구조가 아니었다.

토지등기부를 보면 2013년 9월 4일 자로 한 농업회사 법인이 해당 토지를 매수한 뒤 2015년에 금융기관에서 한 차례 대출을 받았다. 이후 2018년 8월 21일 자로 왕○○ 씨로부터 근저당이 설정되었는데, 자금을 융통한 왕○○ 씨에게 제때 이자를 지급하지 못했는지 5개월여 만에 경매로 나오게 된 사건이

토지등기부 (채권액합계 : 782,900,000원)

No	접수	권리종류	권리자	채권금액	비고	소멸여부
1(갑3)	2013.09.04	소유권이전(매매)	농업회사법인○○○(주)		거래가액:50,000,000	
2(을1)	2015.07.31	근저당	거제축협 (상동지점)	169,000,000원	말소기준등기	소멸
3(갑4)	2016.12.19	압류	국민건강보험공단			소멸
4(을6)	2018.08.21	근저당	왕○○	120,000,000원		소멸
5(갑5)	2018.08.28	가압류	박○○	493,900,000원	2018카단○○○	소멸
6(갑6)	2019.01.24	임의경매	왕○○	청구금액: 120,000,000원	2019타경○○○	소멸
7(갑7)	2019.02.07	압류	거제시			소멸
8(갑8)	2019.02.12	압류	통영세무서			소멸
9(갑9)	2019.03.12	압류	거제시			소멸
10(갑10)	2019.08.07	압류	거제시			소멸
건물등기부	※주의 : 건물은 매각제외			채권최고액	비고	소멸여부
☞ 건물등기부는 전산발급이 되지않아 등재하지 못함.						

자료: 옥션원

다. 여기서 왕○○ 씨의 근저당 설정 이후 2018년 8월 28일 자 가압류 기재를 보고, 채무자가 가압류를 인지하고 방어했을지 궁금했다. 하지만 그랬다면 왕○○ 씨의 근저당에 의한 임의경매는 실행되지 않았을 것이다.

이때까지도 별다른 수익 포인트를 발견하지 못했다. 실제 세워진 건물의 소유권을 살펴보고 싶었지만, 서류상에는 건물등기부가 없었다.

이 경우 난감해질 수 있다. 토지만 매각 사건일 때 토지 위에 건물이 있으면 법정지상권 성립을 따지는데, 이에 앞서 필연적으로 지료(지상권자가 토지 소유자에게 지급하는 대가) 청구가 수반된다. 하지만 이미 빈털터리인 채무자에게 지료 채권으로 다가가 봐야 실익이 없다. 따라서 건물에 관한 소유권 등기가 이루어지지 않았다면 낙찰받은 매수인이 지료를 근거로 채권자가 되어 대위등기를 해야 하는데, 그러려면 최소한 건물이 최초 건축 허가를 받았어야 한다. 미등기 상태의 건물은 어떻게든 등기할 수 있지만, 무허가 건물은 필자가 연구한 바로는 특별한 정책 또는 사정없이 제삼자가 등기할 방법이 없다. 이러지도 저

러지도 못하는 상황에 맞닥뜨리기 때문에 단기 투자의 관점에서는 실패로 볼 수 있다.

해당 사건도 건물등기가 없었기에 자연스럽게 토지에 대한 건축 허가 여부를 살펴보았다. 이는 〈세움터〉라는 사이트에서 손쉽게 조회할 수 있다.

자료: 건축행정시스템 세움터

만약 해당 토지에 건축 허가를 받은 적이 없는데 건물이 세워져 있었다면 필자는 입찰을 만류했을 것이다. 그런데 이 사건의 경매 정보 중 등기부등본을 들여다보면 다음과 같다.

해당 토지는 최초에 임야였다가 분할을 거치고, 2016년 8월 8일에서야 지목이 대지로 등록 전환이 되었다. 앞서 본 경매 정보에서 채무자가 매수했던 2013년에는 임야였으며, 이후 건물을 완성한 뒤 대지로 전환했다. 따라서 임야였던 당시의 건축 허가를 확인하거나 등기부등본을 떼어 보면 된다.

【 표 제 부 】 (토지의 표시)					
표시번호	접 수	소 재 지 번	지 목	면 적	등기원인 및 기타사항
~~1~~ ~~(전 2)~~	~~1991년8월9일~~	경상남도 거제군 ████ ████ 산██	임야	7240㎡	
					부동산등기법 제177조의 6 제1항의 규정에 의하여 2002년 09월 05일 전산이기
2		경상남도 거제시 ████ ████ 산████	임야	7240㎡	~~1995년5월1일~~ ~~행정구역변경으로 인하여~~ ~~2002년9월18일 등기~~
3	~~2008년9월1일~~	경상남도 거제시 ████ ████ 산██	임야	4216㎡	분할로 인하여 임야 1968㎡를 경상남도 거제시 ████ ████ 산██에; 임야 1056㎡를 동소 산██에 이가
4	~~2013년8월28일~~	경상남도 거제시 ████ ████ 산██	임야	2563㎡	분할로 인하여 임야 1653㎡를 경상남도 거제시 ████ ████ 산██에 이가
5	~~2016년2월24일~~	경상남도 거제시 ████ ████ 산██	임야	2512㎡	분할로 인하여 임야 51㎡를 경상남도 거제시 ████ ████ 산██에 이가
6	2016년8월8일	경상남도 거제시 ████ ████ ██	대	2419㎡	등록전환

자료: 등기부등본

① 경상남도 거제시 ████ ████ ████ ██			✕
허가신고번호	2015-건축과-신축허가-████		
허가구분	신축허가	허가/신고일	2015-07-24
대지면적(㎡)	2,419	건축면적(㎡)	328.68
연면적(㎡)	498.78		
주용도	제2종근린생활시설	기타용도	
착공구분	착공	착공예정	2015-09-10
실착공일	2015-09-10		
사용승인구분	전체사용승인	사용승인일	2016-04-12

자료: 건축행정시스템 세움터

토지만 매각 사건도 서류 분석으로 해결

허가받은 건물과 대지의 면적이 경매에 나온 내용과 일치한다는 것을 알 수 있다. 여기까지만 분석해도 이 사건의 투자 방향은 정해진 것이나 다름없다.

건물을 대상으로 지료를 청구해서 경매를 신청하면 '건물만 매각'으로 경매가 진행된다. 이러한 물건에 입찰을 희망하는 사람은 극히 드물다. 그러므로 토지를 매수한 다음 건물을 대위등기하고, 대위등기한 건물을 경매 신청해서 싸게 낙찰받을 수 있다. 받아야 할 지료 채권과 상계 처리된다면 사실상 건물을 거저 가져오는 것이다. 만약 건물 소유자가 토지 소유자에게 매달 지료를 지급해서 건물을 경매 신청할 수 없다고 해도 꽤 괜찮은 수익형 부동산이 된다 (당시 기대되는 지료는 감정가격 약 6억 5,000만 원 × 연 5퍼센트/12개월 = 매월 약 270만 원).

2019타경 ███

소 재 지	경상남도 거제시 ███ █████ █							
					오늘조회: 1 2주누적: 0 2주평균: 0			
물건종별	대지	감 정 가	457,191,000원	구분	매각기일	최저매각가격		결과
토지면적	2419㎡(731.75평)	최 저 가	(64%) 292,602,000원	1차	2019-10-10	457,191,000원		유찰
				2차	2019-11-14	365,753,000원		유찰
건물면적	건물은 매각제외	보 증 금	(10%) 29,260,200원	3차	2019-12-19	292,602,000원		
				매각 : 321,287,900원 (70.27%)				
매각물건	토지만 매각	소 유 자	농업회사법인 ████ (주)	(입찰1명,매수인:(주) █████)				
				매각결정기일 : 2019.12.26 - 매각허가결정				
개시결정	2019-01-23	채 무 자	박○○	대금지급기한 : 2020.02.06				
				대금납부 2020.02.04 / 배당기일 2020.03.11				
사 건 명	임의경매	채 권 자	왕○○	배당종결 2020.03.11				

  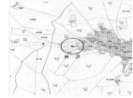

자료: 옥선원

이러한 절차를 진행하는 동시에 상대방 측에서 협상을 원한다면 적정한 가격에 토지를 매도하는 것이 투자 방향이다.

특수물건답게 단독으로 낙찰되었으며, 사전에 조사한 사건 분석을 토대로 절차를 밟으면 되는 상황에 놓였다. 반값으로 저렴하게 낙찰받다 보니 앞전 토지와 건물을 소유한 소유자 측에서 재매입을 원했으며, 필자 측도 그에 응해 단기에 매각할 수 있었다.

[토지] 경상남도 거제시 ███ ██ ███ ███

순위번호	등 기 목 적	접 수	등 기 원 인	권리자 및 기타사항
11	소유권이전	2020년2월4일 제4162호	2020년2월4일 임의경매로 인한 매각	소유자 ████주식회사 ██████ 부산광역시 강서구 ██████ ██ ███████ ██ ████ ███████
12	4번압류, 5번가압류, 6번임의경매개시결정, 7번압류, 8번압류, 9번압류, 10번압류등기말소	2020년2월4일 제4162호	2020년2월4일 임의경매로 인한 매각	
13	소유권이전	2020년3월16일 제10013호	2020년3월16일 매매	공유자 지분 2분의 1 손██ 80██-******* 대전광역시 동구 ██████ ███ █████ ████ 지분 2분의 1 손██ 82██-******* 대전광역시 동구 ███████ ██████ 거래가액 금390,000,000원

자료: 등기부등본

잔금 납입부터 매도까지 1개월 반 정도의 시간이 걸렸고, 세전 약 7,000만 원에 가까운 수익을 올렸다. 당시 토지를 담보로 시중 은행에서 2억 5,750만 원을 대출받을 수 있었던 탓에 원금 대비 수익률은 100퍼센트 이상이었다. 연간 수익률로 환산하면 800퍼센트 이상의 수익을 얻을 수 있게 되었는데, 이는 사건을 잘 들여다본 덕에 이루어진 것이다.

무조건 매도되는
지분 투자

다음 사례는 회원들에게 추천 물건으로 발행한 사건인데, 아무도 관심을 가지지 않아서 자체 투자로 진행했다.

특수물건을 접해 보지 않은 사람은 어려우리라 지레짐작하고 쉽게 투자 결정을 내리지 못한다. 하지만 사전에 해결 방안만 잘 설계한다면 남들이 쉽게 접근하지 않기에 유찰이 더 많이 되는 특수물건이 일반물건보다 훨씬 낫다. 특수물건 분야는 자기 자본을 100퍼센트 투자하기 때문에 대출을 받는 일반물건보다 낙찰가율(감정가 대비 낙찰된 금액의 비율)이 낮을 뿐만 아니라 더 안전한 투자처이기도 하다.

지분 공매 사건이었는데, 이미 수회 유찰되어 감정가격보다 30퍼센트 저감된 상태였다. 2분의 1 지분 공매였으며, 지분의 가치는 약 5,500만 원 정도였다.

단순히 저렴한 가격만 보고 접근하기에는 변수가 많기에 사건을 자세히 들여다보았다. 공매는 경매처럼 한눈에 드러나지 않기 때문에 재산 명세서와 등기부등본을 병행해서 살펴보면 권리분석과 사건 분석이 한결 쉽다.

2014-▒▒▒ ▒▒

소재지	경기도 평택시 ▒▒▒ ▒▒▒ ▒▒▒ ▒▒▒ ▒▒ ▒▒ ▒▒ (도로명주소 : 경기도 평택시 ▒▒▒ ▒▒▒ ▒▒▒ ▒▒▒ ▒▒▒ ▒▒▒ ▒▒)				
물건용도	주거용건물	감정가	**53,300,000 원**	재산종류	압류재산(캠코)
세부용도	다세대주택	최저입찰가	(70%) 37,310,000 원	처분방식	매각
물건상태	낙찰	집행기관	한국자산관리공사	담당부서	경기지역본부
토지면적	14.75㎡ ㎡ (4.462평)	건물면적	29.885㎡ ㎡ (9.04평)	배분요구종기	2017-05-15
물건상세	건물 29.885 ㎡ 지분(총면적 59.77㎡), 대 14.75 ㎡ 지분(총면적 295㎡)				
위임기관	평택세무서	명도책임	매수인	조사일자	0000-00-00
부대조건	본 건 집합건물의 일부 '지분'만의 매각이므로, 관련 제반사항은 매수자 책임 하에 사전조사 後 입찰바람 2017/05/15				

입찰 정보(인터넷 입찰)

입찰번호	회/차	대금납부(기한)	입찰시작 일시~입찰마감 일시	개찰일시 / 매각결정일시	최저입찰가
046	022/001	일시불(30일)	17.05.29 10:00 ~ 17.05.31 17:00	17.06.01 11:00 / 17.06.05 10:00	53,300,000
046	023/001	일시불(30일)	17.06.05 10:00 ~ 17.06.07 17:00	17.06.08 11:00 / 17.06.12 10:00	47,970,000
046	024/001	일시불(30일)	17.06.12 10:00 ~ 17.06.14 17:00	17.06.15 11:00 / 17.06.19 10:00	42,640,000
046	025/001	일시불(30일)	17.06.19 10:00 ~ 17.06.21 17:00	17.06.22 11:00 / 17.06.26 10:00	37,310,000
				낙찰 : **38,838,000원** (104.1%)	
046	026/001	일시불(30일)	17.06.26 10:00 ~ 17.06.28 17:00	17.06.29 11:00 / 17.07.03 10:00	31,980,000
046	027/001	일시불(30일)	17.07.03 10:00 ~ 17.07.05 17:00	17.07.06 11:00 / 17.07.10 10:00	26,650,000

자료: 옥션원

무조건 매도되는 지분 투자

압류재산 공매재산 명세

처 분 청	평택세무서	관 리 번 호	2014-▮▮▮▮▮
공매공고일	2017-03-29	배분요구의 종기	2017-05-15
압류재산의 표시	경기도 평택시 ▮▮▮ ▮▮-▮▮ ▮▮▮▮▮ ▮▮▮ ▮▮▮ ▮▮▮▮▮ 대 지분 14.75 ㎡ 건물 지분 29.885 ㎡		
매각예정가격/입찰기간/개찰일자/매각결정기일		온비드 입찰정보 참조	
공 매 보 증 금		매각예정가격의 100분의 10 이상	

■ 점유관계   [조사일시: 2017-03-21   /정보출처: 현황조사서 및 감정평가서]

점유관계	성 명	계약일자	전입일자 (사업자등록신청일자)	확정일자	보증금(원)	차임(원)	임차부분
	김▮▮	미상	2010-06-17	미상	미상	미상	미상

공매재산의 현황 이용현황(감정평가서)	다세대

위치 및 부근현황
(감정평가서)
공매재산기타
	1. 본건 개요 및 현황
	- 본건은 경기도 평택시 ▮▮▮동 소재 "▮▮▮▮▮초교" 남서측 인근에
	  위치하며, 다세대주택으로 이용중이므로 정확한 용도 및 이용상태는 별도 재확인
	  을 요함.
	2. 관공서 열람내역
	- ▮▮▮▮주민센터 : 전입세대주 김 ▮▮(체납자) 등록됨(전입일자:2010.06.17.)
	3. 점유관계 현황
	- 본건은 체납자가 사용중인 것으로 탐문조사되었으나, 정확한 점유관계
	  및 임차내역은 별도 확인을 요함.

자료: 옥션원 재산명세서

재산 명세서상 체납자 외에는 전입된 사람이 없었으므로, 체납자가 거주하고 있는 상태였다. 하지만 전체 지분의 경매가 나온 것이 아니었기에 누구와 지분을 공유하는지 등기부등본을 확인했다.

2010년 5월 20일 매매로 인해 등기한 이력과 더불어 2분의 1씩 지분을 공유한 김○○ 씨와 심○○ 씨의 주소가 같은 것을 알 수 있다. 부부가 공동명의로 해당 부동산을 매수했고, 전입 세대주는 김○○ 씨인 것을 추정할 수 있는 대목이었다.

[집합건물] 경기도 평택시 ▒▒▒▒ ▒▒▒▒ ▒▒▒▒▒▒ ▒▒▒ ▒▒ 제▒▒호

순위번호	등 기 목 적	접 수	등 기 원 인	권 리 자 및 기 타 사 항
4	소유권이전	2010년5월20일 제16396호	2010년4월5일 매매	공유자 지분 2분의 1 김▒▒ 62▒▒▒-******* 　경기도 평택시 ▒▒▒ ▒▒ ▒▒ ▒▒▒ ▒▒▒ ▒▒▒-▒▒▒ 지분 2분의 1 심▒▒ 66▒▒-******* 　경기도 평택시 ▒▒▒ ▒▒ ▒▒ ▒▒▒ ▒▒▒ ▒▒▒-▒▒▒ 거래가액 금87,000,000원
5	4번김▒▒지분압류	2010년12월15일 제42544호	2010년12월15일 압류(부가소득세과-2100 3)	권리자 국 처분청 평택세무서
5-1	공매공고	2017년3월30일 제11013호	2017년3월29일 공매공고(한국자산관리 공사201412899001)	
6	4번김▒▒지분압류	2015년5월15일 제15673호	2015년5월12일 압류(송출세무과-4722호 .)	권리자 평택시송탄출장소

자료: 등기부등본

　부부 공동명의 중 한 명의 지분만 공매가 진행되었으니 낙찰 후에는 필연적으로 다른 공유자에게 임료를 청구할 수 있었다. 그러나 임료만으로 입찰을 결정하는 것은 무리다. 그러던 중 근저당권 설정 부분이 눈에 띄었다.

【　　을　　　구　　】		(소유권 이외의 권리에 관한 사항)		
순위번호	등 기 목 적	접 수	등 기 원 인	권 리 자 및 기 타 사 항
1	근저당권설정	2010년5월20일 제16397호	2010년5월19일 설정계약	채권최고액 금70,200,000원 채무자 심▒▒ 　경기도 평택시 ▒▒▒ ▒▒ ▒▒ ▒▒▒ ▒▒▒ ▒▒▒-▒▒▒ 근저당권자 삼성화재해상보험주식회사 ▒▒▒▒ ▒-▒▒▒▒▒ 　서울특별시 중구 ▒▒▒▒▒ ▒

자료: 등기부등본

　김○○ 씨와 심○○ 씨 공동명의로 해당 부동산을 매매할 당시, 채무자를 심○○ 씨로 지정해서 목적물 전부를 담보로 대출받은 것이다. 이에 필자는 입찰을 결정했다. 낙찰 이후 일어날 일이 예상되었기 때문이다.

공매 사건에서 체납자는 김○○ 씨이며, 심○○ 씨는 채무자가 아니다. 하지만 근저당권자에게는 심○○ 씨가 채무자다. 해당 공매 사건에서는 김○○ 씨의 지분에 한해서만 배당받고, 심○○ 씨의 근저당권은 그대로 남는 것이다(배당 절차는 자산관리공사 및 각 법원마다 상이할 수 있음에 유의).

【 을 구 】			(소유권 이외의 권리에 관한 사항)	
순위번호	등 기 목 적	접 수	등 기 원 인	권 리 자 및 기 타 사 항
1	근저당권설정	2010년5월20일 제16397호	2010년5월19일 설정계약	채권최고액 금70,200,000원 채무자 심■■ 　경기도 평택시 ■■■■ ■■ ■■■■■■ ■■■ ■■■ 근저당권자 삼성화재해상보험주식회사 ■■■ ■-■■■■■ 　서울특별시 중구 ■■■■■■ ■
1-1	1번근저당권변경	2017년7월24일 제25034호	2017년7월12일 공매	목적 갑구4번심■■지분전부근저당권설정 말소한지분 갑구4번 김■■ 지분 2분의1

자료: 등기부등본

낙찰 이후 근저당권은 체납자가 아니라 심○○ 씨에게 지분 형태로 남는다. 온전한 부동산이 아닌 지분 형태로 근저당권이 전환된다는 것은 담보가 불완전해진다는 의미이기도 하다. 당연하게도 근저당권자는 지분 형태로 근저당이 남아 있기를 원치 않을 테니 '기한이익(각종 법률 행위가 진행되는 기한 동안 얻게 되는 이익으로, 대출을 예로 들면 채권자는 돈을 빌려준 대가로 이자라는 이익을 얻고 채무자는 빌린 돈을 만기일 전까지 자유롭게 쓸 수 있는 이익을 얻음)의 상실(어떠한 사유로 기한이익이 상실되어 빌려준 대출금을 만기 전에 회수하는 것)'에 의해 심○○ 씨에게 전액 변제를 요구할 것으로 확신했다.

아니나 다를까. 낙찰 이후 두 달이 채 되지 않아 남은 심○○ 씨의 지분에 경매 신청이 되었다.

입찰 전부터 예상했던 터라 다른 공유자의 지분이 경매에 나오면 공유자우선매수(두 명 이상의 공유자가 있는 부동산에서 한 사람의 지분이 경매로 매각되었을

순위번호	등 기 목 적	접 수	등 기 원 인	권 리 자 및 기 타 사 항
7	4번김▩▩지분전부이전	2017년7월24일 제25034호	2017년7월12일 공매	공유자 지분 2분의 1 엠제이옥션주식회사 ▩▩▩-▩▩▩▩▩ 부산광역시 연제구 ▩▩▩▩▩▩▩▩ ▩▩▩▩▩▩▩-▩▩▩▩▩
8	5번압류, 6번압류 등기말소	2017년7월24일 제25034호	2017년7월12일 공매	
9	4번심▩▩지분임의경매개시결 정	2017년9월13일 제31408호	2017년9월13일 수원지방법원 평택지원의 임의경매개시결정(2017	채권자 삼성화재해상보험주식회사 ▩▩▩-▩▩▩▩▩ 서울특별시 서초구 ▩▩▩▩▩▩ ▩▩▩ ▩▩▩▩▩

자료: 등기부등본

2017타경▩▩▩

소 재 지	경기도 평택시 ▩▩▩▩ ▩▩ ▩▩▩▩ ▩▩▩ ▩▩▩ ▩▩▩						
물건종별	다세대(빌라)	감 정 가	53,600,000원		오늘조회: 1 2주누적: 0 2주평균: 0		
대 지 권	전체: 29.5㎡(8.92평) 지분: 14.75㎡(4.46평)	최 저 가	(100%) 53,600,000원	구분	매각기일	최저매각가격	결과
					2018-02-12	**53,600,000원**	
건물면적	전체: 59.77㎡(18.08평) 지분: 29.89㎡(9.04평)	보 증 금	(10%) 5,360,000원				
매각물건	토지및건물 지분 매각	소 유 자	심○○				
개시결정	2017-09-13	채 무 자	심○○				
사 건 명	임의경매	채 권 자	삼성화재해상보험(주)				

자료: 옥션원

때 다른 공유자의 해당 지분을 먼저 매수할 수 있게 권리를 부여하는 것) 신청을 해서 나머지 2분의 1 지분도 매수한 다음 인도명령으로 명도할 계획이었다.

이 사건이 지분 형태가 아닌 일반물건처럼 경·공매로 나왔다면 낙찰 가격은 높을 수밖에 없었을 것이다. 그러나 2분의 1의 지분만 공매에 나왔기 때문에 저렴하게 살 수 있었다. 게다가 지분에 문제가 있던 체납자 외 공유자의 채무 는 그다지 많지도 않았다.

등기부현황 (채권액합계 : 70,200,000원)

No	접수	권리종류	권리자	채권금액	비고	소멸여부
1(갑4)	2010.05.20	소유권이전(매매)	김○○		거래가액 금87,000,000원, 각 1/2	
2(을1)	2010.05.20	심○○지분전부근저당	삼성화재해상보험(주)	70,200,000원	말소기준등기	소멸
3(갑9)	2017.09.13	심○○지분임의경매	삼성화재해상보험(주)	청구금액: 14,733,549원	2017타경▨▨▨	소멸

자료: 옥션원

필자는 단기 매매를 원했기에 공유자인 심○○ 씨에게 향후 방향과 절차를 설명했다. 또한 소송을 통해 임료(부당이득금)을 어떻게 할 것인지 결정을 유도했다. 그 결과 심○○ 씨로부터 다음과 같은 답변을 받았다.

3. 결론

피고는 이 사건 주택에 대하여 계속하여 거주하려고 합니다. 피고는 적정한 가격으로 원고의 지분을 매수하려고 합니다. 그러므로 이 사건의 조속한 해결을 위해 피고는 원고와의 조정을 신청합니다.

답변 내용처럼 어렵지 않게 공유자와 협상했다. 굳이 공유자우선매수를 하지 않고, 심○○ 씨에게 매도하는 것으로 결론을 내렸다.

매도까지는 약 6개월이 걸렸다. 그 기간에 월 40만 원씩 240여만 원의 임료가 발생했고, 매매 대금은 4,500만 원이었다. 결과적으로 세전 900만 원가량의 수익을 얻었다.

[집합건물] 경기도 평택시 ▓▓▓ ▓▓▓-▓ ▓▓▓▓▓ ▓▓▓ ▓▓▓ 제▓▓호

순위번호	등 기 목 적	접 수	등 기 원 인	권리자 및 기타사항
7	4번김▓▓지분전부이전	2017년7월24일 제25034호	2017년7월12일 공매	공유자 지분 2분의 1 엠제이옥션주식회사 ▓▓▓▓-▓▓▓▓▓ 부산광역시 연제구 ▓▓▓▓▓▓▓▓▓ ▓ ▓▓▓▓▓▓ ▓▓▓▓
8	5번압류, 6번압류 등기말소	2017년7월24일 제25034호	2017년7월12일 공매	
⋮				
12	7번엠제이옥션주식회사지분전부이전	2018년1월31일 제3007호	2018년1월30일 매매	공유자 지분 2분의 1 심▓▓ 66▓▓▓▓-******* 경기도 평택시 ▓▓▓▓▓ ▓▓ ▓▓ ▓▓▓ 거래가액 금45,000,000원
13	11번가압류등기말소	2018년2월5일 제3380호	2018년1월31일 해제	
14	10번가처분등기말소	2018년2월5일 제3381호	2018년2월1일 해제	
15	9번임의경매개시결정등기말소	2018년2월8일 제3796호	2018년2월5일 취하	

자료: 등기부등본

2017타경 ▓▓▓▓

소 재 지	경기도 평택시 ▓▓▓▓▓ ▓▓ ▓▓▓▓▓ ▓▓ ▓ ▓▓▓		
물건종별	다세대(빌라)	감 정 가	53,600,000원
대 지 권	전체: 29.5㎡(8.92평) 지분: 14.75㎡(4.46평)	최 저 가	(100%) 53,600,000원
건물면적	전체: 59.77㎡(18.08평) 지분: 29.89㎡(9.04평)	보 증 금	(10%) 5,360,000원
매각물건	토지및건물 지분 매각	소 유 자	심○○
개시결정	2017-09-13	채 무 자	심○○
사 건 명	임의경매	채 권 자	삼성화재해상보험(주)

오늘조회: 1 2주누적: 0 2주평균: 0			
구분	매각기일	최저매각가격	결과
	2018-02-12	53,600,000원	취하
본사건은 취하(으)로 경매절차가 종결되었습니다.			

자료: 옥션원

무조건 매도되는 지분 투자

권리분석으로
수익을 찾아내는 기술

이번 사건은 특수물건 그룹 PT 수업 중 회원 한 명이 과제로 찾아온 물건이었다. 시세 대비 저렴하고 경매 금액이 소액이라서 단기 협상 전략을 세워 발표했던 사건이다.

2019타경 ■■■■

소 재 지	경상남도 창원시 마산합포구 ■■■■			
새 주 소	경상남도 창원시 마산합포구 ■■■■			

				오늘조회: 1 2주누적: 0 2주평균: 0			
물건종별	아파트	감 정 가	118,580,000원	구분	매각기일	최저매각가격	결과
대 지 권	14.35㎡(4.34평)	최 저 가	(80%) 94,864,000원	1차	2019-11-07	118,580,000원	유찰
건물면적	전체: 84.682㎡(25.62평) 지분: 41.49㎡(12.55평)	보 증 금	(10%) 9,486,400원	2차	2019-12-05	**94,864,000원**	
매각물건	토지및건물 지분 매각	소 유 자	강○○				
개시결정	2019-04-05	채 무 자	강○○				
사 건 명	강제경매	채 권 자	농협은행				

매각물건현황(감정원 : 중앙감정평가 / 가격시점 : 2019.04.16 / 보존등기일 : 2014.10.13)

목록	구분	사용승인	면적	이용상태	감정가격	기타
건1	▨▨동 ▨▨ (33층중25층)	14.07.31	41.49㎡ (12.55평)	주거용	100,450,000원	☞ 전체면적 84.6822㎡중 공유자 강▨ 지분 21/100, 박▨ 지분 14/100, 박▨ 지분 14/100 전부 매각
토1	대지권		16839.5㎡ 중 14.35㎡		18,130,000원	☞ 전체면적 29.2803㎡중 공유자 강▨ 지분 21/100, 박▨ 지분 14/100, 박▨ 지분 14/100 전부 매각

현황 위치	* ▨▨▨관광호텔 북서측에 위치, 주변은 일반주택 및 유사규모의 아파트, 각종 근린생활시설 등이 소재하여 입지여건 및 주위환경은 무난함 * 본건까지 제 차량의 출입이 가능하며, 인근에 노선버스정류장이 소재하는 등 전반적인 교통상황은 보통임 * 자체지반 등고평탄하게 조성된 장방형의 토지임 * 사면이 도로와 접하며, 북동측 및 남서측으로 주출입구가 확보된 상태임

임차인현황 (말소기준권리 : 2018.11.15 / 배당요구종기일 : 2019.07.01)

===== 조사된 임차내역 없음 =====

기타사항	☞ 현황 및 점유(임대차)관계 조사를 위해 현장 방문하였던 바, 폐문부재로 부동산 경매사건에 대한 안내문을 우편함 또는 현관출입문에 고지하는 등의 제반 절차를 취하였으나 입주자(소유자 또는 임차인)의 미연락으로 이를 확인할 수 없었음 ☞ 전입세대열람 내역서상 소유자 강▨세대만 존재하나 위와 같은 사유로 실제 점유여부 또는 임차인의 존재유무 및 관리비 연체여부 등에 대해서는 확인하지 못하였음

등기부현황 (채권액합계 : 26,113,244원)

No	접수	권리종류	권리자	채권금액	비고	소멸여부
1(갑1)	2014.10.13	소유권보존	박○○			
2(갑2)	2018.06.19	소유권일부이전	강○○		증여, 51/100	
3(갑3)	2018.11.13	박○○지분전부이전	강○○		상속, 강▨ 21/100, 박 ▨▨ 박▨ 각 14/100	
4(갑4)	2018.11.15	갑○○지분가압류	농협은행 (경남여신관리단)	26,113,244원	말소기준등기 2018카단▨▨	소멸
5(갑5)	2019.04.05	강제경매	농협은행 (경남여신관리단)	청구금액: 30,941,387원	2019타경▨▨▨▨, 농협은행 가압류의 본 압류로의 이행	소멸

자료: 옥션원

　당시 해당 지분의 적정 가치는 약 1억 2,000만 원이었는데 1회 유찰되어 최저가격이 약 9,500만 원이었다. 그런데 경매 진행된 채권 금액은 약 3,100만 원이었다. 설령 해당 부동산에 미련이 없다고 해도 지분 경매로 매각되면 낮은 금액을 배당받을 수밖에 없기에 일반 매매로 진행하는 게 결과적으로도 좋다.

　어떤 사연이 있을까 생각하면서 사건을 풀어 보았다. 먼저 등기부 현황을 요약하면 최초에 박○○ 씨가 분양받아 등기하고 약 4년 뒤에 증여로 인한 소유권 일부 이전이 이루어졌다. 여기서 필자가 갸우뚱했던 점은 왜 하필 100분의 51이라는 지분이 넘어갔는지였다.

　이후 몇 개월 지나지 않아서 상속이 이루어졌다. 박○○ 씨는 이미 100분의

51 지분을 증여로 넘겨주었기 때문에 남은 100분의 49 지분이 각각 100분의 21, 100분의 14, 100분의 14씩 상속되었다. 그리고 농협은행은 생전 박○○ 씨로부터의 미상환채권(금융채권으로 추정)을 변제받고자 100분의 49 지분을 상속받은 상속인들에게 가압류를 걸고 경매를 진행했다.

여기까지만 보면 채무 금액이 얼마 되지 않으니 상속자들이 합심해서 변제하고 부동산에 매매하는 것이 경매보다 훨씬 이득이었을 텐데 왜 방치했을까 하는 의문이 든다. 사건을 좀 더 파악하고자 등기부등본을 살펴보았다.

【 갑 구 】 (소유권에 관한 사항)				
순위번호	등 기 목 적	접 수	등 기 원 인	권리자 및 기타사항
1	소유권보존	2014년 10월 13일 제54551호		소유자 박██ 71██-******* 경상남도 함안군 ██████ ██████ ████
2	소유권일부이전	2018년 6월 19일 제24794호	2018년 6월 18일 증여	공유자 지분 100분의 51 강██ 72██-******* 경상남도 창원시 마산합포구 ██████ ████████ ████████████
3	1번박 ███지분전부이전	2018년 11월 13일 제43396호	2018년 6월 28일 상속	공유자 지분 100분의 21 강██ 72██-******* 경상남도 창원시 마산합포구 ██████ ██████ ██████████████ 지분 100분의 14 박██ 97██-******* 경상남도 창원시 마산합포구 ██████ ██████ ██████████████ 지분 100분의 14 박██ 03██-******* 경상남도 창원시 마산합포구 ██████ ██████ ██████████████
				대위자 농협은행주식회사 서울특별시 중구 ████ ████████ ██ 대위원인 창원지방법원 2018카단████호 부동산가압류사건의 보정명령을 치유하기 위함

자료: 등기부등본

경매를 접하는 대다수 사람은 등기부등본 확인을 대수롭지 않게 여긴다. 하지만 특수물건을 대하는 사람들은 권리분석 단계에서부터 수익을 찾아내야 하기에 등기부등본을 자세히 들여다볼 수밖에 없다.

이번 사건에서도 등기부등본을 꼼꼼하게 확인하다가 깜짝 놀랐다. 상속 내용에 아련히 숨어 있는 진실을 발견한 것이다. 앞서 말한 것처럼 박○○ 씨는 분양 이후 100분의 51 지분을 강○○ 씨에게 증여했는데, 증여 시점은 등기 원인 일자인 2018년 6월 18일이다. 그런데 박○○ 씨의 상속 원인 일자가 2018년 6월 28일이다. 박○○ 씨는 사망 전에 추후 상속과 관련한 분쟁 상황을 예상하고 과반수 이상인 100분의 51 지분을 증여로 이전했던 것이다.

이것은 상속자들의 사이가 좋지 않다는 사실을 방증한다. 당연히 사전증여를 받지 못한 박○○ 씨의 자녀 두 명은 사전증여 자체에 의심을 품을 수밖에 없었을 것이며, 나아가 감정적으로도 농협은행의 채무를 변제할 의사는 없을 것이다. 사연이야 그렇다 치더라도, 여기에서 수익을 만들어 내는 것이 중요하다.

먼저 해당 부동산에는 강○○ 씨가 거주하고 있었다. 강○○ 씨는 지분율이 100분의 51인 공유자이며, 경매에 나온 상속자들의 지분은 100분의 49다(강○○ 씨 100분의 21, 박○○ 씨의 자녀 두 명 각각 100분의 14). 여기서 강○○ 씨는 100분의 51의 공유자인 동시에 채무자이기도 하다.

민사집행규칙
개정 2022. 2. 25.[규칙 제3041-1호, 시행 2022. 4. 21.]

제59조(채무자 등의 매수신청금지)
다음 각호의 사람은 매수신청을 할 수 없다.

강○○ 씨가 공유자우선매수 신청을 할 법하지만, 채무자의 위치에 있기 때문에 결과적으로는 입찰에 참여할 수 없다. 이 사건의 채무 금액 약 3,100만 원 중 강○○ 씨가 부담해야 하는 금액은 1,300여만 원으로, 비교적 소액이다. 이미 51퍼센트의 소유권을 가진 강○○ 씨 입장에서는 거주하는 집을 포기하기보다는 방어를 위해 공유자우선매수 신청을 할 텐데, 채무자의 지위도 지니고 있으니 필시 입찰 법정에서 배제될 가능성이 높았다.

2019타경 ▓▓▓▓

소재지	경상남도 창원시 마산합포구 ▓▓▓, ▓/▓ ▓▓▓▓▓▓▓▓▓, ▓▓▓▓ ▓▓▓, ▓▓▓▓				오늘조회: 1 2주누적: 0 2주평균: 0			
새주소	경상남도 창원시 마산합포구 ▓▓▓▓▓ ▓▓▓▓▓▓▓▓ ▓▓▓▓▓ ▓▓▓▓				구분	매각기일	최저매각가격	결과
물건종별	아파트	감정가	118,580,000원		1차	2019-11-07	118,580,000원	유찰
대지권	14.35㎡(4.34평)	최저가	(80%) 94,864,000원		2차	2019-12-05	**94,864,000원**	
건물면적	전체: 84.682㎡(25.62평) 지분: 41.49㎡(12.55평)	보증금	(10%) 9,486,400원		매각 : 100,100,000원 (84.42%) (입찰5명,매수인:▓▓▓자산관리 / 차순위금액 98,222,000원)			
매각물건	토지및건물 지분 매각	소유자	강○○		매각결정기일 : 2019.12.12 - 매각허가결정			
개시결정	2019-04-05	채무자	강○○		대금지급기한 : 2020.01.17			
사건명	강제경매	채권자	농협은행		대금납부 2020.01.16 / 배당기일 2020.02.13 배당종결 2020.02.13			

자료: 옥션원

입찰을 마음먹고 경매 법정으로 향했고, 어렵지 않게 낙찰받아 최고가 매수인으로 지정되었다. 그때 강○○ 씨가 공유자우선매수 신청을 했다. 하지만 필자 측에서 곧장 공유자가 채무자임을 주장했다. 결국 공유자우선매수 신청이 배제되어 낙찰자의 지위를 고스란히 가져올 수 있었다.

공유자우선매수에 실패한 강○○ 씨와 자연스럽게 협상을 하게 되었다. 지분 공유자들인 박○○ 씨의 두 자녀와의 개인적인 사정은 차치하고, 결론적으로 강○○ 씨는 경매를 취하하는 방식은 원하지 않았다. 강○○ 씨가 채무를 변제하고 경매를 취하하면, 박○○ 씨의 두 자녀는 채무에 관한 책임을 전혀 지지 않은 채 고스란히 지분을 유지하게 되기 때문이었다.

결국 순차등기(낙찰자로 이전등기를 하면서 곧바로 매수인에게 다시 등기를 넘겨주는 방식)를 하기로 협의했다. 당연히 낙찰 잔금도 강○○ 씨 측에서 부담했다. 그렇게 낙찰 보증금으로 1,000만 원을 투자해서 100퍼센트 이상의 수익을 올렸다. 세전 1,000만 원의 수익을 본 것이다.

눈에 띄지 않는
수익 포인트를 발견하는 방법

이번에는 일대일 PT 수업 도중 발견한 사건이다. 얼핏 봐서는 별다른 수익 구조가 보이지 않지만, 특수물건 투자자의 마음가짐으로 사건을 분석하면 수익을 만들 수 있는 길이 보일 때가 있다. 이 사건 역시 꼼꼼한 사건 분석으로 접근 방식을 모색하고 여러 경우의 수를 파악한 뒤 시뮬레이션한 다음, 확신을 가지고 입찰해서 수익을 만든 사례다.

2017타경

소 재 지	광주광역시 광산구							
새 주 소	광주광역시 광산구							
물건종별	아파트	감 정 가	106,000,000원	\multicolumn{4}{c}{오늘조회: 1 2주누적: 0 2주평균: 0}
				구분	매각기일	최저매각가격	결과	
대 지 권	전체: 58.596㎡(17.73평) 지분: 29.3㎡(8.86평)	최 저 가	(70%) 74,200,000원	1차	2018-03-20	106,000,000원	유찰	
				2차	2018-04-24	74,200,000원		
건물면적	전체: 84.84㎡(25.66평) 지분: 42.42㎡(12.83평)	보 증 금	(10%) 7,420,000원					
매각물건	토지및건물 지분 매각	소 유 자	노○○					
개시결정	2017-08-17	채 무 자	노○○					
사 건 명	임의경매	채 권 자	이○○					
관련사건	2017타경　(중복)							

매각물건현황(감정원 : 가람감정평가 / 가격시점 : 2017.08.30 / 보존등기일 : 2008.11.27)

목록	구분	사용승인	면적	이용상태	감정가격	기타
건1	■■동·■■■ (21층중 3층)	08.11.20	42.42㎡ (12.83평)	주거용	74,200,000원	☞ 전체면적 84.8396㎡ 중 노○○ 지분 1/2 매각 * 도시가스
토1	대지권		25618.5㎡ 중 29.3㎡		31,800,000원	☞ 전체면적 58.596㎡ 중 노○○ 지분 1/2 매각
현황 위치	* " ■■■중학교" 남서측 인근에 위치하며, 주위는 아파트, 주택, 공장 등이 혼재함 * 단지 내 차량 진출입이 용이하고 대중교통 이용은 대체로 무난시됨 * 세장형으로서 아파트건부지로 이용중임 * 단지 서측 및 남측으로 왕복 2차선의 아스팔트포장도로가 개설되어 있음

등기부현황 (채권액합계 : 156,028,159원)

No	접수	권리종류	권리자	채권금액	비고	소멸여부
1(갑4)	2014.08.19	소유권이전(매매)	노○○		각 1/2, 거래가액:172,000,000원	
2(을3)	2015.11.17	노○○지분전부근저당	(주)엘이대부	63,700,000원	말소기준등기 확정채권양도전:유니온상호저축은행	소멸
3(을4)	2016.07.29	노○○지분전부근저당	이○○	30,000,000원		소멸
4(갑5)	2017.08.09	노○○지분가압류	롯데캐피탈(주)	19,561,143원	2017카단■■■■■	소멸
5(갑6)	2017.08.17	노○○지분임의경매	이○○	청구금액: 20,034,432원	2017타경■■■■	소멸
6(갑7)	2017.08.22	노○○지분임의경매	(주)엘이대부	청구금액: 51,036,994원	2017타경■■■■	소멸
7(갑8)	2017.08.25	노○○지분가압류	광주신용보증재단	5,093,033원	2017카단■■■	소멸
8(갑9)	2017.09.05	노○○지분가압류	웰컴저축은행	4,139,980원	2017카단■■■	소멸
9(갑10)	2017.11.02	노○○지분가압류	국민건강보험공단			소멸
10(갑11)	2017.11.08	노○○지분가압류	에스캐피탈대부(주)	33,534,003원	2017카단■■■	소멸

주의사항 ㆍ특별매각조건 있음(공유자 우선매수권 행사에 따른 매수신고가 매수보증금의 미납으로 실효되는경우에는 그 공유자는 그이후 해당 부동산의 매각 기일에서는 우선매수권을 행사 할 수 없음)

당시 일반물건은 100퍼센트 감정가격을 초과해서 낙찰될 만큼 부동산 시장이 활기를 띠었다. 하지만 특수물건은 경쟁자가 많지 않기에 1회 유찰된 가격에서 눈여겨볼 만했다. 해당 부동산의 가치는 약 2억 2,000만 원이었고, 지분 가치는 1억 1,000만 원은 족히 되었다. 하지만 가격이 싸다고 무턱대고 입찰하기에 앞서, 낙찰받은 물건을 어떻게 해결해서 수익을 만들어 낼지 미리 고려해야 했다. 투자의 관점에서 일어날 수 있는 변수와 수익을 뽑아낼 수 있는 포인트를 찾아야 하는 것이다.

공동명의일 때는 공동 지분 전부를 담보로 한 근저당 설정이 보편적인데, 이 경우는 달랐다. 최초 소유권 이전은 2014년 8월 19일로, 노○○ 씨와 서○○

씨가 공동 매수했다. 이후 1년 정도 대출 없이 지내다가 2015년 11월 17일 자로 노○○ 씨 지분에 근저당을 설정했고, 그다음 2016년 7월 29일 자로 또다시 지분을 담보로 돈을 빌렸다.

　이 부분에서부터 의문을 가질 수밖에 없었다. 공동소유자의 지분 전체를 담보로 하면 시중 은행에서 저렴한 금리로 대출받을 수 있지만, 단독으로 지분 대출을 하면 금리가 훨씬 높기 때문이다(당시 주담대 대출금리는 5%, 지분 대출금리는 15~24%). 그럼에도 굳이 저렇게 대출을 받았다면, 공동소유자와 사이가 좋지 않을 가능성이 높았다.

　지분 사건에서는 간혹 부부 공동명의로 부동산을 소유한 다음 남편 또는 아내 단독으로 지분 대출을 받아서 경매에 나오거나, 부부 중 한 사람의 채무로 한쪽 지분만 경매에 나오는 일이 있다. 이후 어떻게든 해결하는 경우를 심심찮게 목격했다. 이 또한 그런 유형일까 하는 생각으로 사건을 들여다보았다.

1. 소유지분현황 (갑구)

등기명의인	(주민)등록번호	최종지분	주　　　　소	순위번호
노▉ (공유자)	81▉▉-*******	2분의 1	광주광역시 광산구 ▉▉▉▉ ▉▉, ▉▉▉▉ ▉▉▉▉ ▉▉ ▉ ▉▉▉ ▉▉▉▉	4
서▉▉ (공유자)	54▉▉-*******	2분의 1	경상남도 창원시 마산회원구 ▉▉▉▉ ▉▉ ▉▉ ▉▉ ▉ ▉▉▉ ▉▉▉ ▉▉▉▉▉	4

자료: 등기부등본 요약

　1981년생인 노○○ 씨와 1954년생인 서○○ 씨가 공동소유자였으며, 거주지가 달랐다. 해당 물건에는 노○○ 씨가 살았고, 서○○ 씨는 창원에 거주했다. 서로 같은 주소지를 둔 적도 없고, 나이 차이도 꽤 있었다. 만약 서○○ 씨가 모친이라면, 성이 다르고 나이 차이가 나는 이유가 설명된다. 지레짐작해서 모자 혹은 모녀가 공동명의로 부동산을 매입한 뒤에 자녀인 노○○ 씨가 단독으로 대출을 받아 오다가 이러한 일이 일어나지 않았을까 추정했다.

그렇다면 모친은 이런 사실을 알고 있을지가 관건이었다. 광주까지 입찰하러 갔는데, 낙찰된 다음 서○○ 씨가 공유자우선매수 신청을 하면 아무래도 허무할 수밖에 없기 때문이다. 부산에 거주하는 필자와 비교적 가까운 창원으로 찾아가서 서○○ 씨에게 사건에 관해 물어볼 수도 있지만, 아무런 소득도 없는 일을 굳이 나서서 하는 꼴이 되고 말 가능성이 컸다.

결국 지분 대출을 받은 흔적에 초점을 맞추어 판단했다. 공유자끼리 소통하지 않을 거라 생각해서 입찰을 시도했고, 낙찰 당일 공유자우선매수 신청은 들어오지 않았다.

2017타경 ▮▮▮▮

소 재 지	광주광역시 광산구 ▮▮▮▮▮▮						
새 주 소	광주광역시 광산구 ▮▮▮▮▮▮						
물건종별	아파트	감 정 가	106,000,000원	오늘조회: 1 2주누적: 0 2주평균: 0			
대 지 권	전체: 58.596㎡(17.73평) 지분: 29.3㎡(8.86평)	최 저 가	(70%) 74,200,000원	구분	매각기일	최저매각가격	결과
				1차	2018-03-20	106,000,000원	유찰
				2차	2018-04-24	74,200,000원	
건물면적	전체: 84.84㎡(25.66평) 지분: 42.42㎡(12.83평)	보 증 금	(10%) 7,420,000원	매각 83,883,800원 (79.14%)			
				(입찰3명,매수인:(주)▮▮▮▮)			
매각물건	토지및건물 지분 매각	소 유 자	노○○	매각결정기일 : 2018.05.01 - 매각허가결정			
개시결정	2017-08-17	채 무 자	노○○	대금지급기한 : 2018.05.31			
사 건 명	임의경매	채 권 자	이○○	대금납부 2018.05.25 / 배당기일 2018.06.29			
				배당종결 2018.06.29			
관련사건	2017타경 ▮▮▮ (중복)						

자료: 옥션원

낙찰받은 뒤에는 채무자 노○○ 씨는 더 이상 중요하지 않았다. 과다한 채무를 변제하면서까지 사건을 취하할 가능성은 작아 보였기 때문이다. 경매 사건 자체를 무효로 하기보다 공유자와 협의하는 게 더 나은 방향일 것으로 판단했다. 그리하여 서○○ 씨가 거주하는 창원에 직접 방문해서 사건에 관해 논의하게 되었다.

서○○ 씨는 노○○ 씨의 시아버지였다. 아파트를 구매할 당시 미덥지 않은 아들을 대신해서 며느리인 노○○ 씨와 공동명의로 구매하고, 자금은 서○○

씨가 지급했다. 이후 노○○ 씨의 자녀가 성인이 되면 서○○ 씨의 지분을 넘겨 주려는 계획이었다. 그 와중에 아들이 사고로 고인이 되어 지금은 노○○ 씨와 남남으로 지낸다는 사실을 전해 들었다. 서○○ 씨는 지분 대출을 받은 사실을 전혀 몰랐다. 사건의 전말을 알게 되면서 사람이 겪을 수 있는 일은 경우의 수로 따지기 어려울 만큼 참으로 다양하다고 생각했다.

어쨌든 경매의 목표는 수익이다. 안타까운 사연은 뒤로 하고 사건을 어떻게 마무리할지 빠르게 판단했다. 실무적인 진행은 필자 측에서 하더라도 비용은 반반 부담해서 명도한 뒤 공인중개사를 통해 일반 매매하는 조건을 제시했다. 아울러 금액을 조금이라도 낮추면 수월하게 거래될 것을 감안해서 급매 가격으로 진행할 것을 제안했다.

급매 수준의 낮은 가격으로 매매해도 필자 측에서는 충분한 수익을 볼 수 있었다. 단기 매매에 초점을 맞추고 공유자인 서○○ 씨에게 먼저 낮은 가격에 매수할 의향이 있는지 물었지만, 정리를 원한다는 답변을 받았다.

어려움 없이 명도한 다음 공인중개사 사무소에 저렴한 가격으로 내놓았다. 그리고 물건을 내놓은 지 정확히 이틀 만에 계약했다. 잔금을 납부한 2018년 5월 25일에서 1개월이 채 되지 않은 시점에 부동산 매매 계약을 한 것이다.

매매계약조건
매매금액 2억1000만원
계약일 :7일 이내
계약금 : 2100만원
잔금일 : 2018.08.10

기타
매도인 공동명의
계약금 중 일부 100만원을 (서■ ■ 50만원 . 주식회사
■■■■■■ 50만원) 계약증거금으로 오늘
입금함
계약증거금 입금시 계약효력이 발생되며
계약서 작성전에 해제시
매도인은 오늘 받은 금액의 배액을 주고,매수인은
입금한 금액을 포기하고 본계약을 해제할수 있다

자료: 매매 계약 문자

매도 금액은 2억 1,000만 원이었다. 2분의 1 지분 공유자였던 서○○ 씨와 각각 1억 500만 원씩 손에 쥘 수 있었다. 소유권 이전부터 매매 잔금 처리까지 두 달 보름 정도가 걸렸는데, 그 짧은 시간에 세전 2,100만 원의 수익을 본 것이다.

앞서 언급했듯이 당시 일반적인 매매 시세는 2억 2,000만 원이었기에 공인중개사의 지인인 투자자가 매수한 것은 아닐지 짐작해 보기도 했다. 하지만 이 사건 외에도 경매 물건은 많고, 재투자를 위한 자금 회수 차원에서 시간 절약을 우선시했다. 결과적으로는 원금 대비 연수익률 120퍼센트의 수익을 안겨 주는 물건이 되었다.

실패 사례로 돌아보는
사건 분석의 중요성

2017년 6월경이었다. 당시 필자가 몸담은 사무실에는 연구생 회원들이 있었다. 지역 분석을 연구하며 경매를 배우고자 하는 이들이었다.

마침 사무실 인근에서 진행 중인 경매 사건이 있었고, 의욕에 불타던 연구생한 명이 해당 부동산의 현황을 잘 알았다. 최초 감정가도 1억 500여만 원으로 상당히 괜찮은 가격이었다. 지분 사건이고, 대항력(임차인의 권리를 주장할 수 있는 힘으로, 임차인이 대항력을 갖기 위해서는 주택을 인도받으면서 전입신고를 해야함) 있는 임차인이 있으며, 유찰까지 되어 관심을 가지고 해결해 보길 원했다.

지분 경매는 대출이 되지 않아 100퍼센트 자기 자본을 넣어야 하는 단점이 있다. 그런데 이는 관점을 달리하면 장점이 되기도 한다. 자금력이 없는 매수 희망자에게는 그림의 떡이기에 자체 필터링이 되고, 자본금이 있는 입찰자도 부담스러운 마음에 입찰 가격을 보수적으로 책정한다. 즉, 경쟁자가 적기 때문에 과감하게 입찰하면 낙찰받을 확률이 높다. 이것이 특수물건 경매를 '그들만의 리그'로 부르는 이유이기도 하다.

이번 사건 또한 입찰 시 낙찰이 유력했다. 연구생은 사건을 직접 핸들링해서 해결하기를 자처했고, 자금이 부족했던 연구생 대신 회사 차원에서 입찰을 결정했다. 사건 분석을 끝낸 뒤 필자가 입찰에 참여해서 낙찰받게 되었다.

2016타경 ▓▓ ▓▓

| 소 재 지 | 부산광역시 연제구 ▓▓▓▓▓▓▓▓▓▓▓▓ |
| 새 주 소 | 부산광역시 연제구 ▓▓▓▓▓▓▓▓▓▓▓▓▓ |

물건종별	아파트	감 정 가	105,500,000원
대 지 권	8.37㎡(2.53평)	최 저 가	(80%) 84,400,000원
건물면적	42.28㎡(12.79평)	보 증 금	(10%) 8,440,000원
매각물건	토지및건물 지분 매각	소 유 자	박○○
개시결정	2016-11-08	채 무 자	박○○
사 건 명	임의경매	채 권 자	최○○

오늘조회: 1 2주누적: 0 2주평균: 0

구분	매각기일	최저매각가격	결과
1차	2017-04-28	105,500,000원	유찰
2차	2017-06-02	**84,400,000원**	

매각 : 93,880,000원 (88.99%)

(입찰3명,매수인:부산시 연제구 mj○○ /
차순위금액 87,569,990원)

매각물건현황(감정원 : 내외감정평가 / 가격시점 : 2016.11.16 / 보존등기일 : 2008.07.28)

목록	구분	사용승인	면적	이용상태	감정가격	기타
건1	▓▓동 ▓▓▓▓ (13층중4층)	08.07.04	42.28㎡ (12.79평)	주거용	80,180,000원	☞ 전체면적 84.5675㎡중 박○○의 지분 1/2 매각 * 도시가스 개별난방
토1	대지권		800.2㎡ 중 8.37㎡		25,320,000원	☞ 전체면적 16.7451㎡중 박○○의 지분 1/2 매각

| 현황
위치 | * ▓▓초등학교 북서측 인근에 위치, 부근으로 단독주택 및 공동주택(소형아파트 및 빌라 등),인근도로변으로 점포 등이 소재하며 주
거환경은 보통임.
* 본건까지 차량접근 가능하며, 인근에 시내버스정류장 및 근거리에 부산지하철1호선 ▓▓▓역이 소재하는바 제반교통사정은 무난시
됨.
* 6필 일단지기준 인접토지와 대체로 동고평탄하게 조성한 방형의 토지로서 아파트 및 업무시설부지로 이용되고 있음.
* 남서측으로 노폭 약 6M의 아스팔트포장도로에 접함. |
| 참고사항 | * 외필지 : ▓▓▓▓▓, ▓▓▓▓▓, ▓▓▓▓▓, ▓▓▓▓▓, ▓▓▓▓▓ |

임차인현황 (말소기준권리 : 2015.04.30 / 배당요구종기일 : 2017.01.23)

임차인	점유부분	전입/확정/배당	보증금/차임	대항력	배당예상금액	기타
김○○	주거용 전부	전입일자: 2014.07.14 확정일자: 2014.06.25 배당요구: 2016.11.23	보증금:60,000,000원 월300,000원	있음	소액임차인	

| 임차인분석 | ▶ 매수인에게 대항할 수 있는 임차인 있으며, 보증금이 전액 변제되지 아니하면 잔액을 매수인이 인수함 |

등기부현황 (채권액합계 : 62,000,000원)

No	접수	권리종류	권리자	채권금액	비고	소멸여부
1(갑12)	2010.12.01	소유권이전(매매)	박○○		각 1/2, 거래가액 금13 0,000,000원	
2(을8)	2015.04.30	박○○지분전부근저당	최○○	50,000,000원	말소기준등기	소멸
3(을10)	2016.03.15	박○○지분전부근저당	최○○	12,000,000원		소멸
4(갑15)	2016.11.08	박○○지분임의경매	최○○	청구금액: 46,704,504원	2016타경▓▓▓▓▓	소멸

| 주의사항 | 공유자가 민사집행법 제140조에 의한 우선매수신고를 한 경우 그 매수신고 후 최초로 진행되는 매각기일에 매수보증금의
미납으로 실효되는 경우 그 공유자는 그 이후 해당 부동산의 매각기일에서는 우선매수권을 행사할 수 없다.(단, 당해 기일에
다른 매수신고인이 없는 경우 최저매각가격을 공유자우선매수신고액으로 봄) |

실패 사례로 돌아보는 사건 분석의 중요성

이번 사건은 앞서 살펴본 광주 사건과 비슷한 유형이지만, 임차인이 살고 있기에 수익 구조가 좀 더 다양했다. 대표적으로 다음 두 가지 방법을 고려해 볼 수 있었다. 첫째, 지분이 낙찰되면 임차인의 지위가 불안전해지기 때문에 임대인인 지분 공유자에게 보증금 반환 요청이 가능하다. 이때 공유자와 협의해서 부동산을 빠르게 매각하는 것으로 수익을 낼 수 있다. 둘째, 임차인의 보증금 청구로 공유자의 지분이 경매에 나올 경우 공유자우선매수 신청으로 나머지 지분을 저가에 매수해 올 수 있다.

해당 부동산은 2010년에 박○○ 씨와 김○○ 씨가 공동 매수했고, 2014년부터 임차인이 거주했다. 이후 박○○ 씨가 자기 지분을 담보로 돈을 빌렸다. 박○○ 씨는 그 뒤로 한 차례 더 같은 채권자에게 돈을 빌렸는데, 제때 이자 등을 지급하지 않아 채권자가 임의경매를 신청했다.

얼핏 복잡해 보이는 사건이지만, 실상은 그렇지 않다. 낙찰되어도 임차인에게는 대항력이 있다. 임차인의 보증금 채권은 불가분채권(나눌 수 없는 채권)이기에 결국 낙찰자도 임차인을 명도하지 못한다. 다만 임차인이 배당요구를 했기 때문에 배당 절차에서 2분의 1만큼의 보증금을 배당한다. 그러면 임차인은 절반의 보증금만 내고 집을 임차하는 셈이 된다. 이는 법리적으로 낙찰자가 공유자 박○○ 씨와 임차인에게 각각 부당이득을 청구할 수 있는 요건이 된다. 이처럼 얽힌 구조를 해소하기 위해서라도 단기 협상의 여지가 많았다.

문건처리내역

접수일	접수내용	결과
2016.11.10	등기소 부산지방법원 등기과 등기필증 제출	
2016.11.18	감정인 내외감정평가사사무소 감정평가서 제출	
2016.11.21	압류권자 국민건강보험공단 부산연제지사 교부청구서 제출	
2016.11.23	임차인 김■■ 권리신고 및 배당요구신청서 제출	
2016.11.25	집행관 강■■ 현황조사보고서 제출	
2017.06.02	최고가매수인 열람및복사신청 제출	

자료: 옥션원, 문건/송달내역

낙찰받은 당일 사건 기록을 열람했다. 임차인이 배당요구를 한 상태여서 정보를 확인할 수 있었다. 임차인이 배당요구를 하려면 임대차계약서와 배당요구 신청서를 제출해야 하기 때문이다. 서류에서 어렵지 않게 연락처를 확보할 수 있기에 임차인 및 공유자에게 접근이 쉬웠다. 만약 일반물건 경매에서 배당요구를 한 임차인이 있는 사건을 만난다면, 낙찰 이후 사건 기록 열람으로 임차인의 정보를 쉽게 얻을 수 있다. 이를 통해 명도에 착수하면 한결 수월하다.

필자는 해당 사건에서 경매 채권 금액을 눈여겨봤다. 액수가 크지 않아서 취하될 가능성이 있었다. 이때까지만 해도 별다른 생각은 들지 않았다.

해당 사건의 내용과 절차적 흐름을 잘 파악하고 있던 의욕적인 연구생은 단기 투자 목표까지 내다보고 있었다. 그래서 다른 사건들처럼 공유자 측과 협의해서 경매 취하 작업에 착수하길 응원하며 사건을 넘겨주었다. 연구생은 곧바로 임차인 및 공유자와 통화하며 협상을 주도했다. 이야기가 잘되었는지 순차 등기 절차를 거쳐 1억 1,000만 원에 합의할 예정이라는 말을 전해 들었다.

단기적인 접근으로 세전 1,600만 원이면 괜찮은 수익이라는 생각에 흡족해 하던 어느 날, 갑자기 아무런 통보도 없이 경매 사건이 취하된 것을 발견했다.

필자는 대체 어떤 사유로 취하됐는지 살펴보다가 머리를 쥐어뜯을 수밖에 없었다. 해당 경매는 '임의경매' 사건이었다. 사건을 잘 들여다보자고 여태 얘기했는데 아주 멍청한 실수를 한 것이다.

애당초 이 사건은 잔금부터 납부한 다음 접근해야 했다. 임의경매 사건은 대부분 근저당권에서 비롯되는데, 낙찰되어도 채무자가 근저당권을 전액 변제한 뒤 등기부등본에서 말소해 버리면 경매가 취하된다. 반면에 강제경매는 근저당권 같은 물권에서 비롯되는 것이 아니라 채권 판결에 따라 이루어진다. 따라서 특별한 사정을 제외하면 낙찰자의 취하 동의서가 있어야만 경매를 취하할 수 있다.

소 재 지	부산광역시 연제구 ▩▩▩ ▩▩▩ ▩ ▩▩ ▩▩▩▩▩ ▩▩▩ ▩							
새 주 소	부산광역시 연제구 ▩▩▩ ▩▩▩▩ ▩ ▩▩ ▩▩▩▩▩▩ ▩▩ ▩▩ ▩							
물건종별	아파트	감 정 가	105,500,000원	\multicolumn{4}{	c	}{오늘조회: 1 2주누적: 0 2주평균: 0}
물건종별	아파트	감 정 가	105,500,000원	구분	매각기일	최저매각가격	결과
대 지 권	8.37㎡(2.53평)	최 저 가	(80%) 84,400,000원	1차	2017-04-28	105,500,000원	유찰
건물면적	42.28㎡(12.79평)	보 증 금	(10%) 8,440,000원	2차	2017-06-02	84,400,000원	
건물면적	42.28㎡(12.79평)	보 증 금	(10%) 8,440,000원	\multicolumn{3}{	c	}{매각 : 93,880,000원 (88.99%)}	
매각물건	토지및건물 지분 매각	소 유 자	박○○	\multicolumn{3}{	c	}{(입찰3명,매수인:부산시 연제구 mj○○ / 차순위금액 87,569,990원)}	
개시결정	2016-11-08	채 무 자	박○○	\multicolumn{3}{	c	}{매각결정기일 : 2017.06.09 - 매각허가결정}	
개시결정	2016-11-08	채 무 자	박○○	\multicolumn{2}{	c	}{2017-06-30}	0원	기타
사 건 명	임의경매	채 권 자	최○○	\multicolumn{4}{	c	}{본사건은 기타(으)로 경매절차가 종결되었습니다.}

자료: 옥션원

　그저 빨리 협의해서 사건을 해결할 생각만 하느라 강제경매와 임의경매의 단순한 차이를 간과했다. 결과 앞에서는 어떤 변명도 통하지 않았다. 어렵사리 분석했는데 아주 사소한 부분을 놓쳐서 결말이 뒤집어진 것이다. 임의경매 사건은 낙찰자가 잔금을 납부하기 전에는 언제든지 취하 가능성이 있다는 점을 알고 있었음에도 허무맹랑한 실수를 했다.

　이 사건에서의 교훈은 방대하고 어려운 일을 풀어 갈 때 중요한 것은 실력보다 습관이라는 사실이다. 특수물건이라고 지레 겁먹을 필요는 없다. 단순한 것도 놓치지 않고 확인하는 꼼꼼한 습관이 수익을 만들어 줄 것이기 때문이다.

Chapter 2

전략이 없다면
차라리 포기하라

일반적으로 경매를 하는 사람들은 입찰 전에 출구 전략을 잘 세워 두지 않는다. 환금성 좋은 아파트에 대한 권리분석이 끝나면 대부분 계산기를 들고 수익성을 헤아리기에 바쁘다. 즉, 시세 대비 낮은 가격으로 입찰해서 낙찰되면 높은 가격에 팔리기만을 바라는 것이다.

　이러한 경매 투자는 실패 확률이 제법 높다. 사고자 하는 부동산을 어떤 방향으로 가져갈 것인지 '플랜 A' 혹은 '플랜 B'가 있어야 한다. 그렇지 않으면 대출이자만 고스란히 납부하고 시간이 지남에 따라 손해를 보는 일이 심심찮게 생긴다.

　앞서 1장에서도 언급했듯이 사건을 잘 분석한 다음에는 앞으로 일어날 수 있는 상황을 최대한 예측해야 한다. 아무리 구체적으로 예측해서 계획을 수립해도 변수가 존재하는데, 예측마저 하지 않는다면 투자의 관점에서는 더욱이 위험에 노출될 수밖에 없다. 전략 또한 수익이라는 점을 명심하자.

입찰에 앞선
다각도의 전략 구상

다음은 수익형 프로그램 수업을 수강한 회원의 사건을 핸들링한 것이다. 사건 분석 단계에서부터 전략을 잘 세워 수익을 본 사례다.

2017타경

소 재 지	강원도 춘천시							
새 주 소	강원도 춘천시							
물건종별	아파트	감 정 가	115,200,000원	오늘조회: 1 2주누적: 0 2주평균: 0				
				구분	매각기일	최저매각가격	결과	
대 지 권	33.21㎡(10.05평)	최 저 가	(70%) 80,640,000원	1차	2018-05-21	115,200,000원	유찰	
건물면적	전체: 101.91㎡(30.83평) 지분: 61.15㎡(18.5평)	보 증 금	(10%) 8,064,000원	2차	2018-06-25	**80,640,000원**		
매각물건	토지및건물 지분 매각	소 유 자	최○○					
개시결정	2017-11-16	채 무 자	최○○					
사 건 명	강제경매	채 권 자	(주)한빛자산관리대부 외1					
관련사건	2017타경 (중복)							

목록	구분	사용승인	면적	이용상태	감정가격	기타
건1	▨▨동 ▨▨▨호 (14층중7층)	94.05.30	61.15㎡ (18.5평)	방4, 거실, 주방, 화장실 겸 세면장2, 발코니등	62,208,000원	☞ 전체면적 101.91㎡중 최 ○○ 지분 3/5 매각 * 도시가스 개별난방
토1	대지권		12920.5㎡ 중 33.21㎡		52,992,000원	☞ 전체면적 55.3451㎡중 최○○ 지분 3/5 매각
현황 위치		* ▨▨아파트 단지내 소재하며, 부근은 중규모의아파트단지, 근린생활시설, 단독주택 등으로 형성된 주택지대입니다. * 본건까지 제반 차량접근 가능하며, 대중교통사정 등 전반적인 교통사정 보통입니다. * 사다리꼴의 평지로서 아파트부지로 사용중입니다. * 단지내 도로를 통하여 서측 및 북측 공도와 연결되어 있습니다.				

임차인현황 (말소기준권리 : 2017.11.17 / 배당요구종기일 : 2018.02.20)

===== 조사된 임차내역 없음 =====

기타사항	☞ 폐문부재로 안내문 고시하였으며, 주민등록등재자 조사한바 한 ▨▨▨(채무자겸 소유자 최○○의 자)이 주민등록등재 되어 있음. ☞ 현장조사당시 폐문부재로 이해관계인 및 점유자를 만나지 못하여 점유관계 별도 확인이 요망됨.

등기부현황

No	접수	권리종류	권리자	채권금액	비고	소멸여부
1(갑3)	2017.10.17	소유권이전(상속)	최○○		최○○ 3/5, 한▨▨ 2/5	
2(갑4)	2017.11.17	최○○지분강제경매	(주)한빛자산관리대부	청구금액: 6,491,859원	말소기준등기 2017타경▨▨	소멸
3(갑5)	2017.11.23	최○○지분강제경매	와이티에프앤아이대부(주)	청구금액: 1,544,204원	2017타경▨▨	소멸
4(갑6)	2017.11.23	최○○지분압류	국민건강보험공단			소멸

자료: 옥션원

자료: 네이버 위성지도

강원도 춘천에 있는 아파트로, 당시 2억 원가량의 가치를 지닌 부동산이었다. 해당 지분의 가치는 5분의 3인 약 1억 2,000만 원 정도였다. 법원마다 유찰에 따른 저감율(최저 매각가가 감정가 대비 낮아지는 비율)은 20~30퍼센트인데, 해당 법원은 1회 유찰에 30퍼센트를 저감했다. 낮은 최저가격은 많은 응찰자를 부르는 효과를 불러왔다.

정남향에 소양강 영구 조망이라 희소성이 있을 것은 분명했다. 하지만 경매 청구 금액이 너무 적어서 입찰 전에 취하되지 않을까 생각했다.

2017년 10월 17일 자 상속등기로 알 수 있듯이 모친이 5분의 3, 자녀가 5분의 2 지분을 소유하고 있었다. 그런데 상속 시점인 2017년 10월 17일과 경매 개시가 결정된 2017년 11월 17일 사이의 간격이 1개월밖에 되지 않는다. 채권자는 채무자를 특정해야 하는데, 사망 이후 채무자 명의로는 등기가 되지 않았기에 처분을 위해서 채권자가 대위등기(채권자가 채무자의 지위를 대신해서 등기하는 것으로, 채무자가 채무를 회피하기 위해 미등기한 부동산을 채권자가 대신 등기해서 권리를 행사할 수 있음)를 했다고 봐도 무방했다.

그리고 며칠 지나지 않아 또 다른 채권자로부터의 중복 경매 신청이 이루어진 상태였다. 청구된 채권들의 합계가 1,000만 원도 안 되기 때문에 경매 상황을 모르고 방치했다면 잔금 납부 전에 협상으로 사건을 마무리할 수도 있을 듯했다. 곧바로 법원의 문건 송달내역을 살펴보았다.

송달내역

송달일	송달내역	송달결과
2017.11.22	주무관서 춘천시장 최고서 발송	2017.11.22 송달간주
2017.11.22	주무관서 국민건강보험공단 춘천지사 최고서 발송	2017.11.22 송달간주
2017.11.22	주무관서 춘천세무서 최고서 발송	2017.11.22 송달간주
2017.11.22	공유자 한▒▒ 통지서 발송	2017.11.22 송달간주
2017.11.22	채권자 주식회사 한빛자산관리대부 개시결정정본 발송	2017.11.27 도달
2017.11.22	채무자겸소유자 최▒▒ 개시결정정본 발송	2017.11.27 폐문부재
2017.11.22	집행관 춘천지법 집행관 조사명령 발송	2017.11.22 도달
2017.11.22	감정인 정▒▒ 평가명령 발송	
2017.12.01	채권자 주식회사 한빛자산관리대부 주소보정명령등본 발송	2017.12.04 도달
2017.12.15	채무자겸소유자 1 최▒▒ 개시결정정본 발송	2017.12.26 도달
2018.04.17	채권자 주식회사 한빛자산관리대부 중복경매통지서 발송	2018.04.23 도달

자료: 옥선원, 문건/송달내역

처음 발송된 개시결정 정본은 폐문부재로 송달되지 않았지만, 두 번째 개시결정 정본은 수령한 것으로 나왔다. 법원의 문건 송달내역은 간혹 오류가 있기도 하지만(부적법 송달 등) 높은 확률로 송달되었다고 판단했다.

문건처리내역

접수일	접수내역	결과
2017.11.20	등기소 춘천지방법원 등기과 등기필증 제출	
2017.11.28	기타 정██ 감정평가서 제출	
2017.11.28	교부권자 국민건강보험공단 춘천지사 교부청구서 제출	
2017.11.28	감정인 새길감정 감정평가서 제출	
2017.12.01	채무자겸소유자 최██ 열람및복사신청 제출	
2017.12.11	채권자 주식회사 한빛자산관리대부 주소보정서(최██) 제출	

자료: 옥션원, 문건/송달내역

문건처리내역을 살펴보니 두 번째 송달 이전에 상황을 인지했는지 채무자
겸 소유자는 12월 1일에 해당 법원에 사건 열람을 했다. 여기까지 검토한 후
필자는 경매가 취하될 가능성이 높다고 판단했다. 특별한 사정이 있는 게 아니
라면 굳이 경매로 낮은 가격에 자산이 매각되는 것을 원하는 사람은 없다.

그런데 시간이 흘러 입찰 기일이 다가오는데도 예측과 달리 경매는 취하되
지 않았다. 이때부터 필자는 입찰 전략을 구상하기 시작했다. 경매에 나온 지
분은 5분의 3으로 과반수 이상이기에 인도명령이 가능하며, 만약 공유자가 거
주하고 있다면 임료 청구도 가능했다.

따라서 낙찰 후 공유자에게 매각하는 방안을 첫 번째로 고려했다. 두 번째로
는 부동산을 통한 일반 매매를 진행하는 것이다.

두 가지 방안이 다 통하지 않는다면 공유물 분할을 청구해서 지분 전부를 경
매에 부친 다음, 지분만큼 나눠 가지면 된다. 5분의 2 지분의 공유자가 거주하
고 있다면 임료를 청구해서 받을 수도 있고, 임료를 지급하지 않으면 공유자의
지분만 경매 신청해서 공유자우선매수로 가져오는 방향까지 검토할 수 있다.

공유자에게 매각한다면 1~2개월, 부동산을 통한 일반 매매를 진행한다면
4~5개월, 공유물 분할 소송으로 경매를 진행한다면 1년 6개월가량의 시간을
감안해야 한다. 시간 대비 수익률을 따졌을 때 되도록 첫 번째 혹은 두 번째 전
략으로 진행 방향을 잡고 움직여야 했다.

2017타경▒▒▒▒

소 재 지	강원도 춘천시 ▒▒▒▒ ▒▒▒▒ ▒▒▒ ▒▒▒▒					
새 주 소	강원도 춘천시 ▒▒▒ ▒▒ ▒▒▒▒▒▒ ▒▒▒ ▒▒▒ ▒▒▒					

물건종별	아파트	감 정 가	115,200,000원	오늘조회: 1 2주누적: 0 2주평균: 0		
				구분	매각기일	최저매각가격	결과
대 지 권	33.21㎡(10.05평)	최 저 가	(70%) 80,640,000원	1차	2018-05-21	115,200,000원	유찰
건물면적	전체: 101.91㎡(30.83평) 지분: 61.15㎡(18.5평)	보 증 금	(10%) 8,064,000원	2차	2018-06-25	80,640,000원	
				매각: 91,883,800원 (79.76%)		
				(입찰10명,매수인:경남 창원시 (주)▒▒▒▒▒▒)		
매각물건	토지및건물 지분 매각	소 유 자	최○○	매각결정기일 : 2018.07.02 - 매각허가결정		
개시결정	2017-11-16	채 무 자	최○○	대금지급기한 : 2018.08.07		
사 건 명	강제경매	채 권 자	(주)한빛자산관리대부 외1	대금납부 2018.07.16 / 배당기일 2018.08.13		
				배당종결 2018.08.13		
관련사건	2017타경▒▒▒▒ (중복)					

자료: 옥션원

　입찰 당일 총 10명이 응찰했지만 어렵지 않게 낙찰받았다. 이후 첫 번째 전략을 실행에 옮기기 위해 곧바로 5분의 2 지분 공유자에게 경매 사건에 관해 설명하고 향후 계획을 말해 주었다. 이는 나머지 지분을 매수하길 원하는 공유자에게는 괜찮은 방안이다. 채권을 변제해서 경매를 취하하면 낙찰자도 취득세 및 양도소득세 등을 납부하지 않아도 되기 때문에 협상 금액을 낮출 수 있어 서로에게 윈윈이다. 이 외에는 해당 부동산에 거주할 수 있는 다른 대안이 딱히 없기도 하다.

　그러나 어떠한 이유에서인지 공유자는 경매 취하 절차를 진행하거나 낙찰된 지분을 저가에 매수하는 방식에 응하지 않았다. 공인중개사를 통해 매매해서 지분율에 따라 나눠 가지길 원했다. 사실 낙찰자에게는 오히려 잘된 셈이었다. 낮은 가격에 매수했기에 급매 수준으로 내놓을 수 있었고, 공인중개사를 통하면 소송 등에 소요되는 시간이 줄어들어 높은 수익을 거둘 수 있기 때문이다.

매매예약금에 대한 규정.   2018년
09월 21일 공유자: ■■ ■■■ **경남은행**
■■■■■■■■■ 과 공유자: 한■■■ 명의
계좌로입금할 각각100만은 춘천시 ■■동
■■■■아파트 ■■동 ■■호 매매 매매금액
금2억500만원 계약에 대한 예약금으로((계약일은
2018년 10월 초에 체결하며 잔금은 2018년 10월
말일이전))한다.. 만일 매도인,매수인 각각의 사정으로
계약을 이행하지 못할경우 예약금을 위약금으로
한다. 이에 매도인은 예약금의 배액배상으로
매수인은 예약금을 포기하고 계약을 포기할 수
있으며, 쌍방동시에 문자를 전송하며 이의가
없으면 예약금에 관한 규정에동의 한것으로 한다.
—-■■■■■■공인중개사 사무소—-

자료: 매매 계약 문자

2018년 7월 16일 자로 경매 낙찰 잔금을 납부하고, 2018년 10월 말에 부동산 매매 계약을 마무리해서 투자금을 회수했다.

매도까지 석 달 보름 정도의 시간이 걸렸다. 투자 원금 9,200만 원을 들여서 1억 2,300만 원을 수령했으니, 세전 3,000만 원의 수익을 거둔 것이다(매매 금액 2억 500만 원의 5분의 3인 1억 2,300만 원).

낙찰자 입장에서는 만족스러운 결과였지만, 매매 잔금을 받을 때쯤 5분의 2 지분 공유자가 아쉬워하는 소리를 들었다. 필자 측이 처음 제안했던 것처럼 나머지 5분의 3 지분을 매수해서 팔았다면 더 나은 수익을 올렸을 텐데 그렇게 판단하지 못했다는 것이었다.

필자는 당시 상황과 사건에 관해 다시 설명하면서, 예측하지 못한 경매 사건이더라도 신중하게 판단해서 전략을 세운다면 충분히 돌파구를 찾을 수 있다고 조언했다. 현재 해당 공유자가 부업으로 경매 투자를 하고 있다는 것은 재미있는 사실이다.

변수가 들이닥쳐도
흔들리지 않는 전략

특수물건을 접해 보지 않은 사람들은 누군가가 물건을 추천하는 것만으로도 부담을 느낀다. 어떻게 시작하고 어떻게 진행해야 하는지, 변수에는 또 어떻게 대처해야 할지 모르겠다고 한다. 필자는 이런 이야기를 들을 때마다 사람들이 막연한 두려움으로 귀를 닫고 가상의 벽을 쌓고 있는 것은 아닐지 생각해 본다. 실상은 전혀 그렇지 않은데, 시작하는 것 자체를 어렵게 여기기 때문에 해봤던 사람만 지속해서 투자하는 물건이 되어 버린 건 아닌가 싶다.

다음 사건은 추천 물건 수업 때 분석했던 사례인데, 입찰하기로 한 회원이 진행하기가 어려울 것이라고 판단해 포기하는 바람에 회사에서 직접 투자해서 수익을 만든 경우다.

2017-

소재지	경기도 남양주시 (도로명주소 : 경기도 남양주시				
물건용도	주거용건물	감정가	**74,000,000 원**	재산종류	압류재산(캠코)
세부용도	연립주택	최저입찰가	(70%) 51,800,000 원	처분방식	매각
물건상태	낙찰	집행기관	한국자산관리공사	담당부서	서울동부지역본부
토지면적	25.615㎡ ㎡ (7.749평)	건물면적	33.815㎡ ㎡ (10.229평)	배분요구종기	0000-00-00
물건상세	대 25.615 ㎡ 지분(총면적 51.23㎡), 건물 33.815 ㎡ 지분(총면적 67.63㎡)				
위임기관	이천세무서	명도책임	매수인	조사일자	0000-00-00
부대조건					

입찰 정보(인터넷 입찰)

입찰번호	회/차	대금납부(기한)	입찰시작 일시~입찰마감 일시	개찰일시 / 매각결정일시	최저입찰가
004	048/001	일시불(30일)	17.12.04 10:00 ~ 17.12.06 17:00	17.12.07 11:00 / 17.12.11 10:00	74,000,000
004	049/001	일시불(30일)	17.12.11 10:00 ~ 17.12.13 17:00	17.12.14 11:00 / 17.12.18 10:00	66,600,000
004	050/001	일시불(30일)	17.12.18 10:00 ~ 17.12.20 17:00	17.12.21 11:00 / 17.12.26 10:00	59,200,000
004	051/001	일시불(30일)	17.12.25 10:00 ~ 17.12.27 17:00	17.12.28 11:00 / 18.01.02 10:00	51,800,000

낙찰 : **55,388,888원** (106.93%)

| 004 | 001/001 | 일시불(30일) | 18.01.01 10:00 ~ 18.01.03 17:00 | 18.01.04 11:00 / 18.01.08 10:00 | 44,400,000 |
| 004 | 002/001 | 일시불(30일) | 18.01.08 10:00 ~ 18.01.10 17:00 | 18.01.11 11:00 / 18.01.15 10:00 | 37,000,000 |

자료: 옥션원

2017년 12월에 지분 사건 공매가 진행 중이었다. 부부로 추정되는 장○○ 씨와 김○○ 씨가 각각 2분의 1씩 공동소유한 부동산 중 김○○ 씨 지분이 체납되어 공매로 나왔다. 복잡한 등기부를 요약하면 다음과 같다.

NO	접수	권리 종류	권리자	채권 금액	비고
1	2006. 08. 03.	소유권 이전 (매매)	장○○		장○○, 김○○ 각 1/2 거래가액 100,000,000원
2	2007. 01. 04.	근저당권	농협은행	52,800,000원	
3	2007. 01. 12.	가등기(매매예약)	권○○		
4	2015. 08. 17.	김○○ 지분 압류	남양주시		
5	2017. 02. 02.	김○○ 지분 압류	이천세무서		
6	2017. 05. 17.	임의경매	농협은행		경매 신청
7	2017. 06. 29.	공매 공고(지분)	이천세무서		지분 공매

또한 2007년 1월 4일 자로 근저당권을 설정한 농협은행이 2017년 5월 17일에 임의경매를 접수해서, 부동산 전체가 2018년 1월 10일 자로 1회차 매각 절차를 밟고 있었다.

2017타경

소 재 지	경기도 남양주시							
물건종별	다세대(빌라)	감 정 가	73,500,000원		오늘조회: 1 2주누적: 0 2주평균: 0			
대 지 권	51.23㎡(15.5평)	최 저 가	(100%) 73,500,000원	구분	매각기일	최저매각가격	결과
건물면적	67.63㎡(20.46평)	보 증 금	(10%) 7,350,000원	1차	2018-01-10	147,000,000원	유찰
매각물건	토지·건물 일괄매각	소 유 자	장○○				
개시결정	2017-05-17	채 무 자	장○○				
사 건 명	임의경매	채 권 자	농협은행 (분할전:농협중앙회)				

자료: 옥션원

공매 사건은 경매 사건과 달리 절차가 간소화되어 있어 진행이 빠르다. 등기부등본을 보면 근저당권자의 경매 접수 1개월 뒤인 2017년 6월 29일 자로 공매 공고가 접수되었는데, 공매 입찰 시기는 2017년 12월경인 데 비해 경매는 첫 기일이 2018년 1월 10일인 점만 봐도 그렇다.

공매는 지분 매각이고, 경매는 일괄 매각인 것이 이 사건 입찰의 시작점이다. 따라서 공매 사건에 먼저 집중해야 한다. 우선 공매 지분을 저렴하게 사면, 당연히 경매 절차에서는 2분의 1 지분으로 매각될 것이다. 이때 공유자우선매수를 한다. 각각의 지분을 저렴하게 매수할 수 있는 전략이다.

소재지	경기도 남양주시							
물건종별	다세대(빌라)	감정가	73,500,000원		오늘조회: 1 2주누적: 0 2주평균: 0			
대지권	51.23㎡(15.5평)	최저가	(100%) 73,500,000원		구분	매각기일	최저매각가격	결과
건물면적	67.63㎡(20.46평)	보증금	(10%) 7,350,000원		1차	2018-01-10	147,000,000원	유찰
매각물건	토지·건물 일괄매각	소유자	장○○			2018-02-14	102,900,000원	변경
개시결정	2017-05-17	채무자	장○○			2018-03-21	73,500,000원	취하
사건명	임의경매	채권자	농협은행 (분할전:농협중앙회)		본사건은 취하(으)로 경매절차가 종결되었습니다.			

자료: 옥션원

최초 약 1억 4,700만 원이었던 경매 감정가는 2018년 1월 10일 1회 유찰된 뒤 반값으로 변경되었다. 공매 사건에서 2분의 1 지분이 낙찰되고 소유권이 변동된 다음, 나머지 지분에 대한 감정가 7,350만 원으로 수정된 것이다.

공매 사건을 낙찰받은 필자 측에서는 전략대로 공유자우선매수를 준비했다. 그러던 찰나 각종 압류와 담보된 가등기에 시달릴 것으로 예상되는 채무자 장○○ 씨가 어디서 자금을 구했는지 경매 사건을 취하해 버렸다.

필자는 상당히 당황했다. 투자 방향은 곧 수익과 연결되기 때문이었다. 이대로 가다간 자칫 공유물 분할 소송을 통해 경매까지 진행될 수 있었다. 그러면 시간이 지연되기에 당연히 수익률은 떨어질 수밖에 없다.

공유자 측도 이 부분을 알았는지 필자가 낙찰받은 가격으로 매수하겠다고 제안했다. 하지만 필자는 그럴 생각이 전혀 없었다. 마음을 추스르고 부당이득금 소송을 제기했다. 공유자가 부동산을 사용하고 있었기에 2분의 1 지분에 해당하는 임료 청구가 가능했던 것이다.

일자	내용	결과	공시문
2018.02.07	소장접수		
2018.02.08	전자기록화명령		
2018.02.09	피고 장▮▮에게 소장부본/소송안내서/답변서요약표 송달	2018.02.13 도달	
2018.03.16	원고 엠제이옥션 주식회사에게 판결선고기일통지서(무변론) 송달	2018.03.19 수취인불명	
2018.03.16	피고 장▮▮에게 판결선고기일통지서(무변론) 송달	2018.03.19 도달	
2018.03.27	원고 엠제이옥션 주식회사 송달장소 및 송달영수인 신고서 제출		
2018.03.27	원고 엠제이옥션 주식회사에게 판결선고기일통지서 송달	2018.03.27 도달	
2018.04.10	판결선고기일(법정 201호 09:55)	판결선고	
2018.04.10	종국 : 원고승		
2018.04.11	원고 엠제이옥션 주식회사에게 판결정본 송달	2018.04.13 도달	
2018.04.11	피고 장▮▮에게 판결정본 송달	2018.04.13 도달	
2018.05.08	원고 엠제이옥션 주식회사 판결정본	2018.05.08 발급	
2018.05.08	원고 엠제이옥션 주식회사 집행문/송달/확정증명	2018.05.08 발급	

자료: 법원, 나의 사건 검색

    다행히도 소송이 무변론판결(이 사건에서 피고는 소장을 송달받고도 30일 이상 답변하지 않았기에 자백 간주로 인정되어 판사가 더 이상 변론을 열지 않고 판결함)로 진행되어 시간적·경제적 소모가 적었다. 이때부터 다시 승기를 잡게 되었다.

등기부현황 (채권액합계 : 35,000,000원)

No	접수	권리종류	권리자	채권금액	비고	소멸여부
1(갑2)	2006.08.03	소유권이전(매매)	장○○		장○○,김▮▮ 각 1/2, 거래가액:100,000,000원	
2(갑3)	2007.01.12	장○○지분전부이전 청구권가등기	권○○		말소기준등기 매매예약	소멸
3(갑4)	2011.05.18	장○○지분압류	남양주세무서			소멸
4(갑5)	2012.07.10	장○○지분압류	양평군			소멸
5(갑6)	2014.03.19	장○○지분가압류	김○○	35,000,000원	2014카단▮▮	소멸
6(갑8)	2014.10.17	장○○지분압류	국민건강보험공단			소멸
7(갑10)	2015.08.17	장○○지분압류	남양주시			소멸
8(갑21)	2018.02.23	장○○지분가처분	엠제이옥션(주)		공유물 분할 청구권, 부산지방법원 2018카단▮▮	소멸
9(갑23)	2018.05.14	장○○지분강제경매	엠제이옥션(주)	청구금액: 2,503,000원	2018타경▮▮	소멸

자료: 옥션원

장○○ 씨의 경매 취하로 시작된 임료 청구 소송으로 다시 경매를 신청할 수 있게 되었으며, 추후 임료에 관한 배당까지 받을 수 있는 전환점을 맞이한 것이다.

2018타경▮▮▮▮

소재지	경기도 남양주시 ▮▮▮ ▮▮▮							
물건종별	다세대(빌라)	감 정 가	73,500,000원		오늘조회: 1 2주누적: 0 2주평균: 0			
				구분	매각기일	최저매각가격	결과	
대 지 권	25.62㎡(7.75평)	최 저 가	(49%) 36,015,000원	1차	2019-01-16	73,500,000원	유찰	
				2차	2019-02-20	51,450,000원	유찰	
건물면적	전체: 67.63㎡(20.46평) 지분: 33.82㎡(10.23평)	보 증 금	(10%) 3,601,500원	3차	2019-03-27	36,015,000원		
				매각: 41,110,000원 (55.93%)				
매각물건	토지및건물 지분 매각	소 유 자	장○○	(입찰2명,매수인:엠○○ (공유자우선매수) / 차순위금액 41,110,000원 / 차순위신고)				
개시결정	2018-05-14	채 무 자	장○○	매각결정기일 : 2019.04.03 - 매각허가결정				
사 건 명	강제경매	채 권 자	엠제이옥션(주) 외 1	대금지급기한 : 2019.05.09				
				대금납부 2019.05.03 / 배당기일 2019.05.27				
관련사건	2018타경▮▮▮▮(중복)			배당종결 2019.05.27				

자료: 옥션원

임료(부당이득금)는 일반 부동산 임대차처럼 몇 개월분이 쌓여야 청구할 수 있는 것이 아니다. 판결이 확정되면 그때까지의 임료를 계산해서 청구하면 된다. 당시 월 65만 원을 판결받았기에 약 4개월 치를 한 번에 청구하고, 이후 낙찰되면 경매 배당 기일까지의 기간을 합산해서 다시 채권계산서를 제출하는 것이다.

판결과 경매 신청까지 다소 시간이 걸렸지만, 경매가 시작된 이후부터는 유찰이 거듭될수록 유리해졌다. 7,350만 원에서 1회 유찰되어 5,145만 원이 됐을 때부터 입찰 법정에 참관했다. 누군가가 나타나면 손을 들고 공유자우선매수 신청을 하기 위해서였다. 경매는 대개 낙찰되어야 기쁜데, 유찰되는 것이 오히려 기쁜 상황이었다.

경쟁 입찰을 할 필요가 없기에 누가 낙찰받으면 손을 들고 공유자우선매수 신청을 하겠다는 의사표시만 해도 최고가 매수 가격에 가져올 수 있었다. 그렇게 유찰된 다음 차수에서는 장○○ 씨도 제삼자를 통해 입찰에 참여했다. 낙찰은 불가능하지만 가격이 너무 떨어지는 것을 방어하기 위한 수단이었다. 그렇게 4,111만 원이 최고가 매수 가격이 되었고 자연스럽게 공유자우선매수를 했다. 공매 지분보다 좀 더 저렴하게 경매 지분을 취득한 것이다. 공유자우선매수 이후에는 인도명령으로 수월하게 명도할 수 있었다.

경매 투자를 하는 사람이라면 지분 사건에서 등기부등본을 필수적으로 살펴보는데, 등기부등본을 통해 이미 한 발 한 발 약진하는 사람이 있다는 것을 알게 되면 입찰에 잘 들어오지 않는다. 이는 경매 시장의 불문율 같은 것이다. 누군가가 입찰에 들어와도 터무니없는 가격을 적어 내지 않는 이상 공유자우선매수를 할 것이기 때문이다. 이런 상황에서 응찰을 시도하면 공유자우선매수를 신청하는 사람에게 불편한 시선을 받을 것이다.

반대로 이번에는 앞서 응찰을 시도했던 사람이 비슷한 사건에서 한 발씩 약진하고 있다. 이때 또 다른 사람이 경매에 참여해 높은 금액으로 응찰해서 찬물을 끼얹는다고 가정해 보자. 앞서 응찰을 시도했던 사람은 비로소 깨닫게 된다. 그러한 행동은 결과적으로 상대를 괴롭히는 상황으로 치닫게 된다는 것을 말이다. 특히 지분 투자를 업으로 하는 사람들에게 이러한 상황은 치명적일 수 있다.

아무튼 공매로 2분의 1 지분을 약 5,500만 원에 매수한 뒤 나머지 절반을 경매로 4,111만 원에 낙찰받았다. 각각 2분의 1씩 매수했기 때문에 두 번째 낙찰 자금은 대출받아 충당하는 것도 가능했다. 즉, 최초 낙찰 금액인 5,500만 원만큼의 자기 자본을 투입한 셈이다. 낙찰받은 다음에는 곧바로 명도를 하는 동시에 공인중개사 사무소를 통해 급매 가격으로 매매를 진행했다. 금액이 저렴했던 탓인지 공유자우선매수를 했던 2분의 1 지분에 대한 잔금을 처리하기도 전에 1억 3,000만 원에 매매 계약을 했다.

당시 잔금을 납부한 날짜가 2019년 5월 3일이었는데, 부동산 매매 계약일은 2019년 4월 16일이었다. 매매 계약을 하면서 특약 사항으로 명도를 책임진다는 조건과 잔금을 납부해야 한다는 조건을 넣었는데, 필자 측에서는 전혀 어려운 일이 아니었다. 빠르게 명도를 마친 다음 부동산 매매 계약 잔금을 받았다. 매매 대금에서 세전 약 3,400만 원과 부당이득금 400여만 원을 배당받아 최종적으로 약 3,800만 원의 수익을 얻었다.

하락장은 특수물건 투자의
최대 기회

부동산 시장이 상승장일 때 법원 경매장은 인산인해를 이룬다. 경매를 배우려는 사람들이 모의 입찰을 하기도 하고, 저렴하게 집을 장만해 보려는 신혼부부들이 아기를 안고 방문하기도 한다.

필자는 이때가 경계심을 가져야 하는 시기라고 생각한다. 하지만 상승과 하락을 반복하는 사이클이 존재하는 자산 시장에서는 상승장일 때 관심을 가지고 하락장일 때는 관심을 가지지 않는다. 우리가 흔히 들었던 '쌀 때 사고 비쌀때 팔아라'라는 말과는 사뭇 다른 모습이다. 어찌 보면 상승장일 때 올라타기위한 추격 매수의 일환으로 볼 수도 있지만, 사실 경제 상황과 적정 부동산의 가치를 깊이 있게 판단해서 경매에 참여하는 사람은 매우 드물다.

부동산 경매는 경쟁 입찰이다 보니 하락장일 때는 전업 투자자와 대출 상담사들이 한가롭게 인사를 주고받을 만큼 경매장이 썰렁하다. 치열하지 않은 경쟁속에서 낮은 가격으로 낙찰받아 가곤 한다. 나아가 특수물건 경매장은 더욱더 썰렁해서 2~3명의 응찰자가 전부일 때도 있고, 심지어 단독으로 입찰하기도 한다.

다음 사례는 한때 구미 부동산 시장이 하락장을 겪던 시기의 사건이다. 지금이 책의 출간 시점과 비슷하게 역전세 물량으로 다들 매수를 꺼리는 시점이기도 했다.

2016타경■■■■

소재지	경상북도 구미시 ■■■■■■■■■■■■■■■■■■■■■■		

물건종별	아파트	감 정 가	134,000,000원
대 지 권	34.86㎡(10.55평)	최 저 가	(49%) 65,660,000원
건물면적	전체: 83.76㎡(25.34평) 지분: 75.38㎡(22.8평)	보 증 금	(10%) 6,566,000원
매각물건	토지및건물 지분 매각	소 유 자	김○○
개시결정	2016-11-23	채 무 자	김○○
사 건 명	강제경매	채 권 자	삼성카드(주)

오늘조회: 1 2주누적: 0 2주평균: 0

구분	매각기일	최저매각가격	결과
1차	2018-10-23	134,000,000원	유찰
2차	2018-11-27	93,800,000원	유찰
3차	**2018-12-18**	**65,660,000원**	

매각물건현황 (감정원 : 금학감정평가 / 가격시점 : 2016.12.01 / 보존등기일 : 2005.10.10)

목록	구분	사용승인	면적	이용상태	감정가격	기타
건1	■■동 (10층중5층)	05.10.06	75.38㎡ (22.8평)	주거용	93,800,000원	☞ 전체면적 83.76㎡중 김○ ○ 지분9/10 매각
토1	대지권		736㎡ 중 34.86㎡		40,200,000원	☞ 전체면적 38.73㎡중 김○ ○ 지분9/10 매각

자료: 옥션원

구미에 위치한 아파트였는데, 해당 법원은 1회 유찰 시 30퍼센트 저감해서 두 번만 유찰되어도 감정가의 반값이었다. 물론 감정가격이 중요하지는 않다. 내가 매도할 때 측정되는 가격이 곧 시세이기 때문이다. 그러나 상가나 토지가 아닌 주거용 부동산이 감정가의 반값이라면 눈여겨볼 만하다. 제아무리 높은 감정가에서 시작했다 하더라도 입찰할 타이밍이 될 확률이 높기 때문이다.

시중에 거래되는 가격으로 매도할 전략을 잡고 입찰한다면 당연히 패착의 요인이 될 수 있지만, 하락장에서의 매매가는 내가 우하향의 가격점을 찍고 내려오겠다는 생각으로 편하게 마음먹으면 낮은 가격에 입찰해 볼 수 있는 용기가 생긴다.

해당 물건은 지분이지만, 지분율이 10분의 9였다. 만약 지분율이 2분의 1이나 그 이하였다면 소액 투자자도 입찰에 참여할 만큼 매력적인 가격이었을 것이다.

실거래가 상세내역   검색 : **7 건**   최저가 : 12,400   평균가 : **14,200**   최고가 : 15,800

No	년도	분기	전용면적(㎡)	계약일	층	거래금액(만원)	건축년도
7	2018	2	83.76	2018.4.21	3	13,000	2005
6	2015	4	83.76	2015.12.19	10	15,800	2005
5	2015	2	83.76	2015.4.13	6	14,000	2005
4	2014	2	83.76	2014.4.5	2	14,000	2005
3	2013	4	83.76	2013.12.5	6	15,000	2005
2	2013	4	83.76	2013.11.12	8	15,200	2005
1	2013	2	83.76	2013.5.1	1	12,400	2005

자료: 옥션원 실거래가 상세내역

2018년 연말 무렵이었던 당시 해당 아파트의 실거래가는 전반적으로 1억 3,000만~1억 5,000만 원 정도로 형성되어 있었다. 부동산에 시세를 물어보면 500만~1,000만 원 정도 낮은 가격에 내놓으면 괜찮을 거라는 답변을 들을 수 있었을 것이다. 하지만 그 말을 그대로 받아들여 일반물건이라 가정하고 낙찰받기 위한 입찰 가격을 쓴다면, 추운 겨울에 더 혹독한 추위를 마주했을지도 모른다. 낙찰받기 위한 가격이 아니라, 낙찰 이후 수익 실현 방법을 고려했을 때 손해 보지 않을 가격을 써야 한다는 뜻이다.

필자는 하락장에 맞추어 입찰 가격을 보수적으로 잡았는데, 그건 전셋값에 맞춰서 팔아 보자는 전략이었다.

당시 전셋값은 1억 4,000만 원 정도 수준에 머무르다가 마지막 전세가 1억 원에 나갔는데, 이를 바탕으로 인근 공인중개사 사무소에 전화를 걸어 역으로 제안했다.

No	구분	년도	분기	전용면적(㎡)	계약일	층	거래금액(만원)	건축년도
6	전세	2018	1	83.76	2018.3.15	6	10,000	2005
5	전세	2016	1	83.76	2016.2.16	4	14,000	2005
4	전세	2016	1	83.76	2016.2.16	6	14,500	2005
3	전세	2014	1	83.76	2014.2.11	10	14,000	2005
2	전세	2013	4	83.76	2013.12.23	6	14,500	2005
1	전세	2013	3	83.76	2013.8.21	3	14,000	2005

자료: 옥션원 실거래가 상세내역

"전셋값인 1억 원에 이 아파트를 내놓으면 얼마나 기다려야 됩니까?"

통화했던 공인중개사 둘 다 놀라는 눈치였다. 이 말인즉, 아무리 하락장이라도 해당 부동산 가격이 '0원'으로까지 수렴하지는 않는다는 것이다.

이렇게까지 낮은 가격으로 매물을 내놓는 사람이 매우 드물기 때문일지도 모르지만, 보통 하락장에서는 공인중개사에게 거래가 빈번하다는 답변을 듣지 못하는 게 당연하다. 그 와중에 거래되는 시세를 물어보면 공인중개사는 물건을 확보하고자 어느 정도 낮은 가격을 제시하기도 한다. 하지만 공인중개사가 제시하는 가격이 원활한 거래를 보장하는 것은 아니다. 따라서 역으로 제안하는 전략을 통해 하락장에서도 잃지 않는 투자를 해야 한다.

등기부현황 (채권액합계 : 139,717,463원)

No	접수	권리종류	권리자	채권금액	비고	소멸여부
1(갑5)	2012.12.21	소유권이전(매매)	김○○		거래가액 금127,000,000원	
2(을9)	2012.12.21	근저당	농협은행	71,280,000원		소멸
3(갑6)	2013.02.14	소유권일부이전	이○○		증여, 1/10	
4(갑7)	2016.06.13	김○○지분가압류	경북신용보증재단 (영업부)	23,962,128원	말소기준등기 2016카단■■	소멸
5(갑8)	2016.08.02	김○○지분가압류	아주캐피탈(주)	9,284,149원	2016카단■■	소멸
6(갑9)	2016.10.07	김○○지분가압류	와이케이대부(주)	12,358,625원	2016카단■■	소멸
7(갑10)	2016.10.12	김○○지분가압류	삼성카드(주)	22,832,561원	2016카단■	소멸
8(갑11)	2016.11.24	김○○지분강제경매	삼성카드(주) (대구콜렉션지역단구미콜렉션지점)	청구금액: 24,094,703원	2016타경■■	소멸

자료: 옥션원

사건을 들여다보면, 최초에 해당 아파트는 김○○ 씨 단독명의였고 매매하면서 대출을 받았다. 이후 무슨 연유에선지 10분의 1 지분을 아내로 추정되는 이○○ 씨에게 증여했다. 그리고 몇 년 뒤 김○○ 씨에게만 각종 가압류가 걸렸다. 10분의 1을 증여받은 이○○ 씨의 지분은 깨끗했다. 그렇게 경매가 진행되었다.

총 네 곳의 가압류 등기가 된 시점으로 미루어 짐작했을 때, 각종 채무의 해결이 힘들 것으로 판단한 김○○ 씨가 자금 확보를 위해서 경매까지 각오하고 온갖 신용대출을 받았을 가능성이 높았다. 그렇다면 해당 채권을 변제할 의사가 없을 듯했다. 함께 거주할 것으로 추정되는 이○○ 씨 또한 특별한 사정이 없는 이상 공유자우선매수도 하지 않을 것 같았다. 만약 증여받은 이○○ 씨의 지분율이 높았다면 공유자우선매수도 생각해 봤을 것이다. 하지만 10분의 1 지분으로 공유자우선매수를 신청하기에는 매수 금액이 부담스러우리라 짐작했다.

2016타경**

소 재 지	경상북도 구미시							
물건종별	아파트	감 정 가	134,000,000원		오늘조회: 1 2주누적: 0 2주평균: 0			
				구분	매각기일	최저매각가격	결과	
대 지 권	34.86㎡(10.55평)	최 저 가	(49%) 65,660,000원	1차	2018-10-23	134,000,000원	유찰	
				2차	2018-11-27	93,800,000원	유찰	
건물면적	전체: 83.76㎡(25.34평) 지분: 75.38㎡(22.8평)	보 증 금	(10%) 6,566,000원	3차	2018-12-18	65,660,000원		
				매각 : 75,883,800원 (56.63%)				
매각물건	토지및건물 지분 매각	소 유 자	김○○	(입찰6명,매수인:구미 김○○ / 차순위금액 75,530,000원)				
				매각결정기일 : 2018.12.26 - 매각허가결정				
개시결정	2016-11-23	채 무 자	김○○	대금지급기한 : 2019.01.21				
				대금납부 2019.01.16 / 배당기일 2019.02.26				
사 건 명	강제경매	채 권 자	삼성카드(주)	배당종결 2019.02.26				

자료: 옥션원

입찰을 하고 개찰해 보니, 생각보다 많은 여섯 명의 입찰자가 몰렸다. 하락장인 데다 나홀로아파트(단지가 아닌, 한 개 동으로 이루어진 아파트)였기에 관심도가 낮을 것으로 생각했지만, 가격이 워낙 떨어져서 전업 경매 투자자들이 제법 입찰했던 것이다. 하지만 운 좋게 낙찰받을 수 있었다.

해당 아파트는 전체 10층 중 5층으로 저층이 아니었고, 사전에 저가 입찰 및 저가 매도 전략을 짜 놓았던 터라 순조로운 진행이 예상되었다. 10분의 1 지분 공유자와의 협상도 문제없었다. 공유자에게 전세가인 1억 원 기준으로 매매 가격을 산정해서 매도 의사를 물었는데, 공인중개사를 통해 매매해서 정리하기를 원했다. 이에 곧바로 매매 가격을 1억 원으로 설정해서 매물을 내놓았다.

2019년 1월 16일 자에 잔금을 납부하고 얼마 지나지 않아서 많은 매수 문의가 왔다. 결국 2019년 3월 6일 자로 1억 원에 매도할 수 있었다.

실거래가 상세내역 검색 : **8 건**   최저가 : 10,000   평균가 : **13,675**   최고가 : 15,800

No	년도	분기	전용면적(㎡)	계약일	층	거래금액(만원)	건축년도
8	2019	1	83.76	2019.3.6	5	10,000	2005
7	2018	2	83.76	2018.4.21	3	13,000	2005
6	2015	4	83.76	2015.12.19	10	15,800	2005
5	2015	2	83.76	2015.4.13	6	14,000	2005
4	2014	2	83.76	2014.4.5	2	14,000	2005
3	2013	4	83.76	2013.12.5	6	15,000	2005
2	2013	4	83.76	2013.11.12	8	15,200	2005
1	2013	2	83.76	2013.5.1	1	12,400	2005

자료: 옥션원 실거래가 상세내역

약 7,600만 원에 매수해서 2개월도 채 되지 않은 기간에 1억 원의 10분의 9에 해당하는 9,000만 원에 매도하여 세전 1,400만 원의 수익을 낸 것이다. 이와 동시에 필자가 최저점의 실거래 가격을 만들어 놓았다. 이처럼 하락장에서는 관심도가 떨어지는 특수물건이 오히려 기회가 되기도 한다.

아파트 갭투자,
지분 매수로도 가능하다

부동산 관련 뉴스에서 심심찮게 나오는 '갭투자'라는 말이 있다. 부동산 투자 정보를 접해 봤거나 경매를 배우는 이들이라면 이미 익숙한 단어일 것이다. 갭투자란 전세가와 매매가의 차이(갭gap)가 적은 집을 전세 끼고 사는 투자 방식으로, 매매가에서 전세가를 뺀 만큼의 자본만 있으면 누구나 해 볼 수 있다.

필자도 집을 사려면 전액 현금이 있어야 가능한 줄 알았던 시기가 있었다. 하지만 투자 목적으로 아파트를 구입하는 사람들은 자기 자본을 적게 투입하는 대신 금융 위험을 가져가는 대출을 이용하거나, 전세를 놓고 집값에서 전셋값을 뺀 만큼만 자기 자본을 투자하는 방식으로 매수하는 경우가 많다. 추후 아파트 가격 상승을 예상하고 베팅하는 것이다.

부동산 경매에서도 일반물건을 저가에 낙찰받은 다음, 낙찰금만큼 전세를 맞추면 무피투자(무피는 피를 흘리지 않는다는 의미의 은어로, 자기 자본 없이 하는 투자를 말함) 형태를 만들 수 있다. 자기 자본이 0원 들어갔을 경우 훗날 부동산 가격 상승이 일어나면 수익률은 천문학적인 수치가 될 수 있다.

보통 대출을 끼고 주거용 부동산을 구입할 경우 전세 임차인을 받으면, 전세금으로 대출을 상환한 나머지가 자기 자본금 투자가 된다. 반면에 전세가 아닌 월세 임차인을 받는다면, 월세 보증금만큼 자기 자본이 회수되고 매월 받는 월

세금으로 이자를 충당하게 된다. 전자의 방법을 갭투자라고 한다면, 후자의 방법을 보통 수익형 투자라고 한다. 예를 들어, 1억 원짜리 아파트를 매수한다고 했을 때 갭투자와 수익형 투자는 각각 다음과 같이 자본이 구성될 수 있다.

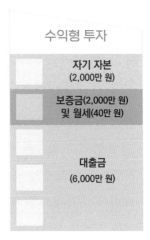

갭투자의 장점과 단점

장점	전세는 대부분 2년 단위로 계약하기 때문에 한동안 신경을 쓰지 않을 수 있으며, 전세 기간 이후 부동산 가격이 오르면 자기 자본 대비 수익률이 배가 된다.
단점	전세 기간 이후 부동산 가격이 오르지 않으면 전세금을 내주기 위해 담보대출을 받거나 자금난을 겪을 수 있다.

수익형 투자의 장점과 단점

장점	매월 받는 월세로 대출이자를 내고, 자기 자본 대비 적정한 수익을 올릴 수 있다. 또한, 자기 자본을 보증금으로 충당할 수도 있다.
단점	대출금리 변동에 취약하다. 임료가 매월 제때 입금되지 않을 시 위험부담이 생길 수 있으며, 월세로 대출이자를 전부 대체하지 못할 수도 있다.

여기서 특수물건 중 주거용 지분의 경우 갭투자와 수익형 투자의 장점을 최대한 살려서 투자할 수 있는 방법이 있다. 지분율에 따라 다르지만 전체가 아닌 일부 가격으로 매입할 수 있으며, 사건 분석을 통해 매월 공유자에게 임료를 받을 수 있는 조건의 물건에 투자할 수 있다.

이는 갭투자나 수익형 투자로 부동산 가격 상승을 쫓는 방식을 조금 더 공부해야 한다는 것 말고는 사실상 단점이 크게 없는 투자법이기도 하다.

2018-████-███

소재지	경기도 파주시 ████████████████████████████ (도로명주소 : 경기도 파주시 ████████████████████)				
물건용도	주거용건물	감정가	**59,000,000 원**	재산종류	압류재산(캠코)
세부용도	아파트	최저입찰가	(70%) 41,300,000 원	처분방식	매각
물건상태	낙찰	집행기관	한국자산관리공사	담당부서	인천지역본부
토지면적	15.54㎡ (4.701평)	건물면적	29.914㎡ (9.049평)	배분요구종기	2018-12-24
물건상세	건물 29.914㎡, 대 15.54㎡				
위임기관	강남세무서	명도책임	매수인	조사일자	0000-00-00
부대조건					

입찰 정보(인터넷 입찰)

입찰번호	회/차	대금납부(기한)	입찰시작 일시~입찰마감 일시	개찰일시 / 매각결정일시	최저입찰가
0039	001/001	일시불(30일)	19.01.07 10:00 ~ 19.01.09 17:00	19.01.10 11:00 / 19.01.14 10:00	59,000,000
0039	002/001	일시불(30일)	19.01.14 10:00 ~ 19.01.16 17:00	19.01.17 11:00 / 19.01.21 10:00	53,100,000
0039	003/001	일시불(30일)	19.01.21 10:00 ~ 19.01.23 17:00	19.01.24 11:00 / 19.01.28 10:00	47,200,000
0039	004/001	일시불(30일)	19.01.28 10:00 ~ 19.01.30 17:00	19.01.31 11:00 / 19.02.07 10:00	41,300,000
				낙찰 : **45,388,380원** (109.9%)	
0039	005/001	일시불(30일)	19.02.11 10:00 ~ 19.02.13 17:00	19.02.14 11:00 / 19.02.18 10:00	35,400,000
0039	006/001	일시불(30일)	19.02.18 10:00 ~ 19.02.20 17:00	19.02.21 11:00 / 19.02.25 10:00	29,500,000

자료: 옥션원

아파트 갭투자, 지분 매수로도 가능하다

이 물건은 경기도 파주시에 위치한 것으로, 필자가 있는 부산과는 지리적으로 끝과 끝에 가까웠다. 하지만 공매의 특성상 경매와는 달리 해당 법원에 직접 방문하지 않고 인터넷으로 온라인 입찰이 가능했다.

당시 해당 부동산 가격은 바닥을 다지고 있었는데, 감정가격과 시세가 거의 같았다. 그렇게 유찰이 거듭되었고, 필자는 일대일 PT 수업 중인 회원에게 이 물건을 추천했다. 단기 전략으로 적정하게 정리되지 않으면 갭투자 형태로 가져가되 수익형 투자처럼 임료도 받을 수 있기 때문이었다.

해당 사건의 권리관계를 요약하자면 다음과 같다.

NO	접수	권리 종류	권리자	채권 금액	비고
1	2012. 02. 27.	소유권 이전 (매매)	이○○, 김○○		이○○, 김○○ 각 1/2 거래가액 115,000,000원
2	2012. 06. 20.	근저당권	국민은행	72,000,000원	
3	2013. 03. 14.	근저당권	국민은행	18,000,000원	
4	2014. 07. 15.	김○○ 지분 압류	강남세무서		
5	2018. 11. 21.	김○○ 지분 공매 공고	강남세무서		자산관리공사 지분 공매
6	2017. 09. 08.	김○○ 지분 가압류	엠메이드대부	17,125,889원	지분 전부 경매
7	2017. 09. 27.	김○○ 지분 압류	파주시		지분 공매

모자 관계로 추정되는 이○○ 씨와 김○○ 씨가 각각 2분의 1씩 공동명의로 아파트를 소유하면서 대출을 받았다가, 이후 강남세무서의 세금으로 인해 김○○ 씨의 지분이 공매된 것이다. 해당 아파트에는 이○○ 씨도 김○○ 씨도 아닌 임차인 권○○ 씨가 거주하고 있었다.

압류재산 공매재산 명세

처분청	강남세무서	관리번호	2018-▓▓▓▓-▓▓▓
공매공고일	2018-11-21	배분요구의 종기	2018-12-24
공매재산의 표시	경기도 파주시 ▓▓▓ ▓▓▓ ▓▓▓▓ ▓ ▓▓ ▓▓▓▓▓, ▓▓▓▓▓ ▓▓▓ ▓▓▓▓▓ 건물 지분 29.914 ㎡ 대 지분 15.54 ㎡		
매각예정가격/입찰기간/개찰일자/매각결정기일		온비드 입찰정보 참조	
공매보증금		매각예정가격의 100분의 10	

■ 공매재산 이용 및 점유현황　　　　[조사일시: 2018-11-14　　/정보출처 : 현황조사서 및 감정평가서]

공매재산의 현황 이용현황(감정평가서)	아파트
위치 및 부근현황 (감정평가서) 공매재산기타	□ 본건 개요 및 현황 　- 본건 경기도 파주시 ▓▓▓ ▓▓▓▓ 소재, 현황 아파트로 이용중임 □ 관공서 열람내역 　- ▓▓▓동 주민센터 : 전입세대주 권▓▓ 등록됨 □ 점유관계 현황 　- 본건 방문시 거주자 권▓▓ 대면하여 방문취지 및 배분요구 안내함 　- 권▓▓ 면담결과 본건 거주지 내 다른세대(거주자)는 없으며, 보증금없이 월50만원 　　에 임차하여 사용중이라고 구두진술함 　- 임차인의 임차금액은 구두진술에 의하여 등록하였으므로 　　정확한 임차내역은 별도 재확인을 요함

점유 관계	성명	계약일자	전입신고일자 (사업자등록 신청일자)	확정일자	보증금	차임	임차부분	비고
전입세 대주	권▓▓	미상	2017-09-12	미상	미상	500,000	미상	전입세대열람 및 구두진술 에 의함

자료: 옥션원 공매 재산명세서

　임차인인 권○○ 씨는 대항력이 없었고, 구두 계약으로 월세 50만 원에 거주하고 있었다. 보증금 없이 월세로 살다 보니 지분 공매를 당한 임차인 입장에서는 집에서 나가야 할지 말아야 할지 알기 힘든 실정이었을 것이다. 사실 보증금이 없기 때문에 배 째라는 식으로 버티면 오히려 임차인에게 유리한 사건일 수도 있었다. 임차인의 채무로 나온 경매가 아니기에 임차인에게 자력이 있을 가능성도 있었다.

　당시 해당 부동산의 시세는 약 1억 2,000만 원이었으며, 2분의 1 지분은

6,000만 원 정도의 가치가 있었다. 하락장을 다지는 지역이라 낙찰 가능성이 높은 입찰 가격을 적었다. 필자는 충분히 이득을 볼 수 있는 상황이라고 확신했다.

낙찰을 받자마자 나머지 2분의 1 지분 소유자인 이○○ 씨에게 어떤 계획이 있는지 물었지만 호의적이지 않은 반응이 돌아왔다. 공동명의자들은 예상대로 모친과 아들 사이였는데, 모친이 임차인이 내는 월세를 생활비로 사용하고 있던 터라 필자 측의 연락을 달가워하지 않았다. 매달 받는 월세를 낙찰자와 나눌 생각도 없고, 합심해서 공인중개사를 통해 매각하는 것도 원치 않는다고 했다.

사실 이런 상황은 입찰 전에 충분히 예상한 일이었다. 필자는 잔금을 납부한 뒤 부당이득금 소송을 제기했다. 단독으로 임료 수익을 취하고 있는 공유자 이○○ 씨에게 청구한 것이다.

사건번호 : 부산지방법원 ▨▨지원 2019가단 ▨▨

기본내용

사건번호	2019가단 ▨▨	사건명	[전자] 부당이득금반환등
원고	▨▨▨ ▨▨▨ 주식회사	피고	이▨▨
재판부	민사2단독		
접수일	2019.02.21	종국결과	2019.12.06 원고승
원고소가	3,280,569	피고소가	
수리구분	제소	병합구분	없음
상소인	피고	상소일	2019.12.31
상소각하일		보존여부	기록보존됨
인지액	▨▨▨원		
송달료,보관금 종결에 따른 잔액조회			
판결도달일	2019.12.18	확정일	2020.01.03

심급내용

법 원	사건번호	결 과
부산지방법원	2020나▨▨▨	2020.11.17 항소취하간주

자료: 법원, 나의 사건 검색

해당 부동산은 경기도 파주에 있지만, 소송은 부산에서 진행하게 되었다. 부당이득금(임료)은 지참채무(채무자가 채권자의 현주소 또는 영업소에서 변제해야 하는 채무, 「민법」 제467조)의 성격을 띤다. 따라서 채권자의 주소지가 있는 관할 법원에서 소송을 수행해야 한다. 즉, 상대측은 번거롭게 경기도 파주에서 부산까지 와야 하는 것이다.

민사소송은 형사소송과는 달리 객관적인 자료만 갖추면 법무사나 변호사의 도움 없이도 충분히 소송이 가능하다. 어려울 거란 생각으로 지레 겁먹지 않는다면 누구나 시도할 수 있다. 이 사건은 지분 소유자임을 증명할 수 있는 등기부등본과 누가 거주하고 있는지 밝힐 수 있는 공매 기록지 등의 객관적인 자료가 충분했다. 결국 공유자 이○○ 씨가 해당 부동산 전체를 수익하고 있는 꼴이었고, 필자 측 지분에 해당하는 임료(부당이득금)를 지급해야 했다.

상대는 어떻게든 우겨 보고 싶었는지 항소까지 했지만, 결과는 뻔했다. 병합해서 진행했던 공유물 분할 소송의 판결 확정까지 얻은 상태에서 단기 투자가 아닌, 시세 차익을 노린 갭투자 형태로 전략을 수정했다.

2019년 2월 말에 낙찰 잔금을 납부하고, 공유물 분할 판결을 통한 갭투자 효과를 보기 위해 2년 후인 2021년 초로 경매 신청 시점을 계획했다. 그런데 2020년 초에 천재지변인 코로나19로 인해 법원 업무가 긴 공백기를 가졌다. 하지만 당시 기준금리였던 0.5퍼센트를 훨씬 상회하는 4퍼센트에 가까운 임료 판결을 받았기에 수익형 부동산의 장점을 누릴 수 있었다. 이후 공유물 분할을 위한 경매를 신청했다.

이 사건에서 조금 아쉬운 부분은 부동산 가격 상승이 생각만큼 이루어지지 않아서 높은 가격에 매각하지 못했다는 점이다. 다만 지분을 싸게 매수했기에 낙찰된 1억 2,200만 원의 절반인 6,100만 원에서 1,600만 원의 차익이 발생했고, 3년 치의 임료(부당이득금) 550여만 원을 배당 신청해서 함께 받을 수 있

2020타경 ▮▮▮▮

소재지	경기도 파주시 ▮▮▮▮▮▮▮▮					
새주소	경기도 파주시 ▮▮▮▮▮▮▮▮					
물건종별	아파트	감정가	123,000,000원	오늘조회: 1 2주누적: 0 2주평균: 0		
				구분	매각기일	최저매각가격	결과

물건종별	아파트	감정가	123,000,000원	구분	매각기일	최저매각가격	결과
대지권	31.08㎡(9.4평)	최저가	(70%) 86,100,000원		2021-07-27	123,000,000원	변경
				1차	2021-08-31	123,000,000원	유찰
				2차	2021-10-12	86,100,000원	
건물면적	59.828㎡(18.1평)	보증금	(10%) 8,610,000원	매각 121,288,000원(98.61%) / 14명 / 불허가 (차순위금액:115,500,000원)			
매각물건	토지·건물 일괄매각	소유자	이○○	3차	2021-12-21	123,000,000원	유찰
				4차	**2022-02-08**	**86,100,000원**	
개시결정	2020-12-29	채무자	이○○	매각 : 122,302,000원 (99.43%)			
				(입찰6명,매수인:파주시 안○○ / 차순위금액 115,300,000원)			
사건명	임의경매(공유물분할을위한 경매)	채권자	▮▮▮▮▮▮▮	매각결정기일 : 2022.02.15 - 매각허가결정			
				대금지급기한 : 2022.03.23			
				대금납부 2022.03.17 / 배당기일 2022.04.13			
				배당종결 2022.04.13			

자료: 옥션원

었다. 최종적으로 세전 2,150만 원의 수익을 올린 투자가 되었다.

이러한 방식은 앞서 말한 갭투자와 수익형 투자 두 가지의 장점을 모두 지니고 있다. 같은 시간 대비 신경을 많이 쓰지 않아도 될뿐더러, 일반물건과 달리 수고스럽게 명도해야 하는 번거로움이 없다. 추후 부동산을 팔기 위해 공인중개사 사무소에 일일이 전화하지 않아도 자연스레 법원 경매 광고(?)를 통해서 매각할 수 있다.

더 큰 수익을 올리기 위한
소송 전략

어떤 투자도 100퍼센트 성공만 할 수는 없다. 하지만 재테크를 하지 않고 부를 축적하기는 힘들다. 독자 여러분도 급여만으로는 부자가 되기 어렵다고 판단해서 이 책을 읽고 있는 것이라고 생각한다.

대표적인 재테크 분야인 부동산, 주식, 채권 중에서도 부동산은 하락장을 지나 반등이 시작됐을 때 투자하면 실패할 확률은 낮아지고 수익을 얻을 확률은 높아진다. 타이밍을 잡기가 다소 어렵지만 필자의 경험칙상 누구나 시도해 봐도 좋은 재테크가 바로 부동산 투자 아닐까 싶다.

부동산은 대부분 매매로 취득하며, 그중에서도 저렴하게 취득할 수 있는 방법이 있다면 바로 경매일 것이다. 그리고 부동산 경매 중에서도 더욱 세분화된 특수물건 영역은 까다롭지만 더 많은 기회의 장이기도 하다. 다음은 앞 사건과 비슷한 유형으로, 지분 투자로 저가에 매수한 뒤 단기 매도 방향이 잡히지 않아 상승장을 대비한 갭투자 전략으로 수익을 만들어 낸 사례다.

일대일 추천 물건 수업을 수강하는 회원과 진행했던 사건이다. 당시 그 회원은 오전 또는 오후로 근무시간이 자주 바뀌는 바쁜 직업을 가지고 있었다. 그럼에도 부업으로 부동산 경매를 배워 투자까지 하는 열정적인 회원이었다.

회원의 가용 자금과 상황을 고려해서 투자할 수 있는 영역과 할 수 없는 영

2019-██████-██

소재지	경기도 파주시 ████████████████████████ (도로명주소 : 경기도 파주시 ████████████████████)					
물건용도	주거용건물	감정가	**120,000,000 원**	재산종류	압류재산(캠코)	
세부용도	기타주거용건물	최저입찰가	(70%) 84,000,000 원	처분방식	매각	
물건상태	낙찰	집행기관	한국자산관리공사	담당부서	인천지역본부	
토지면적	37.0237㎡ (11.2평)	건물면적	42.455㎡ (12.843평)	배분요구종기	2019-09-16	
물건상세	건물 42.455㎡, 대 37.0237㎡					
위임기관	파주세무서	명도책임	매수인	조사일자	0000-00-00	
부대조건						

입찰 정보(인터넷 입찰)

입찰번호	회/차	대금납부(기한)	입찰시작 일시~입찰마감 일시	개찰일시 / 매각결정일시	최저입찰가
0036	037/001	일시불(30일)	19.09.30 10:00 ~ 19.10.02 17:00	19.10.04 11:00 / 19.10.07 10:00	120,000,000
0036	038/001	일시불(30일)	19.10.07 10:00 ~ 19.10.08 17:00	19.10.10 11:00 / 19.10.14 10:00	108,000,000
0036	039/001	일시불(30일)	19.10.14 10:00 ~ 19.10.16 17:00	19.10.17 11:00 / 19.10.21 10:00	96,000,000
0036	040/001	일시불(30일)	19.10.21 10:00 ~ 19.10.23 17:00	19.10.24 11:00 / 19.10.28 10:00	84,000,000
				낙찰 : 85,883,800원 (102.24%)	
0036	041/001	일시불(30일)	19.10.28 10:00 ~ 19.10.30 17:00	19.10.31 11:00 / 19.11.04 10:00	72,000,000
0036	042/001	일시불(30일)	19.11.04 10:00 ~ 19.11.06 17:00	19.11.07 11:00 / 19.11.11 10:00	60,000,000

자료: 옥션원

역을 나누어 전략을 세워야 했다. 첫째, 손해날 확률을 최소화하기 위해 가격이 많이 하락해서 바닥을 다지는 물건에 투자하는 것이다. 둘째, 시간 여유가 많지 않기에 물리적 시간을 줄일 수 있는 물건을 선별해서 투자하는 것이다.

해당 사건은 10년 미만의 준신축이었기 때문에 굳이 현장에 가지 않아도 내·외관이 준수한 것으로 판단하고, 권리분석과 아울러 사건을 들여다봤다. 권리관계를 요약한 내용은 다음과 같다.

NO	접수	권리 종류	권리자	채권 금액	비고
1	2013. 06. 28.	소유권 이전 (매매)	김○○, 박○○		김○○, 박○○ 각 1/2 거래가액 201,340,000원
2	2018. 03. 23.	근저당권	(주)오케이 저축은행	181,200,000원	
3	2018. 03. 26.	근저당권	(주)오케이 저축은행	63,600,000원	
4	2018. 07. 13.	박○○ 지분 압류	파주세무서		
5	2019. 08. 14.	박○○ 지분 공매 공고			자산관리공사 지분 공매

부부로 추정되는 김○○ 씨와 박○○ 씨는 2분의 1씩 공동명의로 해당 아파트를 분양받은 것으로 보였다. 분양 당시에는 자금력이 있었는지 대출을 받지 않았으며, 이후 2018년 3월에 이르러 두 차례나 같은 금융기관에서 대출을 받았다. 그로부터 4개월이 채 되지 않아 압류가 진행되었고, 박○○ 씨 지분에 먼저 공매가 실행된 사건이다. 당시 해당 아파트의 실거래 가격은 평균 2억 1,000만~2억 3,000만 원 정도였다.

2019.12.	2억 2,400(21일,7층)	2억 1,500(5일,4층)
2019.11.	2억 3,700(13일,7층)	2억 1,700(12일,11층)
2019.10.	2억 3,300(9일,10층)	2억 3,000(8일,12층)
	2억 500(4일,3층)	2억 4,800(3일,13층)
2019.06.	2억 3,000(18일,12층)	2억 500(15일,1층)
2019.04.	2억 1,600(30일,2층)	2억 1,000(24일,6층)
	2억 5,000(22일,13층)	1억 9,400(18일,1층)
2019.03.	2억 1,500(4일,5층)	
2019.02.	2억 4,000(2일,7층)	

자료: 네이버페이 부동산

더 큰 수익을 올리기 위한 소송 전략

저가 입찰을 시도하기 전에 해당 사건에 관한 전략을 다시 검토해 보았다. 2분의 1 지분이 공매로 먼저 낙찰되면, 부동산 전체에 설정되었던 근저당권도 지분 형태로 나누어질 것이다. 이때 나누어진 근저당권의 실제 채무 금액이 적다면, 채무자는 낙찰자와 협의해서 공인중개사를 통해 일반 매매를 진행하는 것이 유리할 수 있다. 하지만 입찰 당시 1년 정도밖에 되지 않은 근저당권이기에 실제 채무 금액은 높게 형성되어 있을 것이었다. 협의해서 일반 매매를 진행해도 이득이 나는 구조가 아니었다. 그렇다면 공매로 먼저 낙찰받고 근저당권이 지분 형태로 나누어진 다음, 근저당권자가 임의경매를 신청했을 때 공유자우선매수를 하면 된다. 우선 공매를 통해 2분의 1 지분을 저가에 매수하고, 경매에서 나머지 지분을 확보할 계획이었다.

전략대로 공매를 통해 2분의 1 지분을 저렴하게 낙찰받은 다음 근저당권을 설정한 금융기관에 연락했다. 그런데 황당하게도 경매를 신청하지 않고 보류 중이라는 담당자의 답변을 듣게 되었다. 나중에 안 사실이지만, 담당자는 매월 이자가 제때 납부되니 별 신경을 안 쓴 것이다. 참으로 아쉬웠지만 그 정도는 충분히 예측할 수 있는 변수였다.

임의경매 시 공유자우선매수 전략을 배제한 뒤, 임료 청구와 아울러 공유물 분할의 소를 제기했다.

부당이득금 소송과 공유물 분할 소송은 병합(여러 개의 소송을 한 개의 소송으로 합해서 처리하는 것)이 가능하다. 이때 중요한 점은 관할 법원이 어디냐는 것이다. 원칙적으로 부당이득금 소송은 채권자의 주소지 또는 영업소가 속해 있는 법원이며, 공유물 분할 소송은 물건지가 속해 있는 법원이다. 소의 병합이 이루어지면 관할이 두 곳으로 확장되는데, 이 경우 소를 제기한 원고가 관할을 선택할 수 있다.

기본내용

사건번호	2021가단████	사건명	[전자] 부당이득금 반환 등
원고	██ ████ ██ 주식회사	피고	김██
재판부	민사제11단독		
접수일	2021.01.21	종국결과	2021.06.09 화해권고결정
원고소가	4,514,382	피고소가	
수리구분	제소	병합구분	없음
상소인		상소일	
상소각하일		보존여부	기록보존됨
인지액	███████원		
송달료,보관금 종결에 따른 잔액조회			
판결도달일		확정일	2021.06.09

자료: 법원, 나의 사건 검색

필자 측은 당연히 부산으로 관할을 잡았다. 만약 소송이 목적물 관할에서 진행되면 20분 정도의 재판을 위해 경기도까지 가야 한다. 시간적·경제적 지출뿐만 아니라 육체적 피로까지 감수해야 하는 것이다.

낙찰받은 회원은 소송에서 임료 부분은 청구하지 않겠다고 했다. 관할 법원을 부산으로 옮겨 오려고 임료 청구 소송을 진행하긴 했지만, 빠른 해결을 우선시해서 전략적으로 임료 청구를 포기한 것이다. 신속한 사건 정리를 위해서 화해권고결정(소송 당사자인 원고와 피고에게 서로 입장을 절충해 합의할 것을 권하는 결정)을 받고 공유물 분할 경매를 신청했다.

경매가 진행되면 입찰자들은 낮은 가격에 매수하기를 희망하고, 채권자는 높은 가격에 매수되기를 희망한다. 공유물 분할 경매도 마찬가지로 높은 가격에 매수되기를 희망하는 마음으로 지켜보게 된다. 만약 이 사건이 지분 근저당에 기해서 공유자 측의 지분만 경매되었다면 공유자우선매수를 하기 위해 매회차마다 경매 법정에 찾아가야 했을 것이다. 보통 낙찰돼야 기쁜 마음으로 경

더 큰 수익을 올리기 위한 소송 전략

매장을 나오지만, 유찰돼야 낮은 가격에 공유자우선매수를 할 수 있는 처지라면 아무도 응찰하지 않아야 기쁜 모습으로 나오게 된다.

2021타경 ███							
소 재 지	경기도 파주시 ████████████████████						
새 주 소	경기도 파주시 ████████████████████						
물건종별	아파트	감 정 가	260,000,000원	오늘조회: 1 2주누적: 1 2주평균: 0			
				구분	매각기일	최저매각가격	결과
대 지 권	74.048㎡(22.4평)	최 저 가	(70%) 182,000,000원	1차	2021-11-16	260,000,000원	유찰
건물면적	84.91㎡(25.69평)	보 증 금	(10%) 18,200,000원	2차	2021-12-21	**182,000,000원**	
매각물건	토지·건물 일괄매각	소 유 자	김○○	매각 : 231,670,000원 (89.1%)			
				(입찰10명,매수인:양주시 주)██ /			
개시결정	2021-07-27	채 무 자	김○○	차순위금액 230,111,100원)			
				매각결정기일 : 2021.12.28 - 매각허가결정			
				대금지급기한 : 2022.02.10			
사 건 명	임의경매(공유물분할을위한 경매)	채 권 자	████ (주)	대금납부 2022.02.10 / 배당기일 2022.03.16			
				배당종결 2022.03.16			

자료: 옥션원

공유물 분할을 위한 경매에는 총 10명이 응찰했고, 2억 3,167만 원에 낙찰되었다. 필자 측은 그중 2분의 1 지분에 해당하는 약 1억 1,600만 원을 배당받았다. 세전 3,000만 원의 수익을 올린 투자였다.

공매 사건이었기에 전자입찰이 가능했으며, 이후 소송 과정에서 한 차례 배당 기일에 한 차례 총 2회 움직인 것 말고는 물리적인 시간을 추가로 사용하지 않았다. 당초 계획한 방향에 맞게 투자 전략을 세워서 결실을 본 사건이었다.

입찰 가격을 정한 다음에는 나만의 숫자를 써넣어라

　필자는 2010년부터 부동산 경매를 해 오면서 수많은 입찰에 참여했는데, 가끔 입찰 가격이 같은 최고가 매수인을 보기도 한다. 필자도 두 번 정도 같은 가격의 낙찰자가 나타나 그 자리에서 다시 입찰한 적이 있다. 이런 상황에 부닥치면 상당히 난처하다. 낙찰된 금액을 최저가격으로 해서 다시 적어 내야 하는데, 평온하게 판단할 수 있는 상황이 아니기에 낙찰을 위한 낙찰 가격을 쓰는 경우도 허다하다.

　그다음부터 필자는 입찰 가격의 아래 단위에 나만의 숫자를 써넣는다. 앞서 언급한 낙찰 사례에 적힌 금액을 눈여겨본 독자라면 그 숫자가 무엇인지 눈치챘을 것이다. 바로 '8838'이다. 보통 10만 원 단위로 숫자를 맞추는데, 입찰 가격을 정한 다음 아래 단위를 88만 3,800원으로 써넣는 식이다. 필자가 입찰 가격을 정해야 할 때면 항상 이렇게 한다.

　낙찰 확률을 높이기 위해 '9999'를 쓰는 게 더 좋지 않냐고 생각할 수도 있다. 하지만 단순히 9999를 쓴다고 높은 금액이 되는 것은 아니다. 예를 들어, 1억 199만 9,999원보다는 1억 212만 3,456원이 더 높은 금액이기 때문이다. 아래 단위를 9로 맞추면 심리적으로 꽉 찬 느낌이 들 수는 있지만, 실제로 낙찰 확률이 높아지지는 않는다. 나만의 숫자를 만드는 것이 더 유연하게 입찰에 참여할 수 있는 방법이다.

잔금 미납 물건에
기회가 있다

부동산 경매에서 몇몇 유형을 특수물건이라고 일컫는 이유는 무엇일까? 어려워 보여서 다가가기 힘들기에 특수하게 여긴다고 생각한다.

사람들은 경험하지 못한 것을 두려워한다. 어떤 위험이 도사리고 있는지 알지 못하기 때문이다. 그런데 만약 위험을 예측할 수 있다면 어떨까? 어떤 위험이 있는지 미리 짐작해서 대비할 수 있고, 심지어 경쟁도 심하지 않은 투자 아이템이라면 부를 축적하기 위한 새로운 수익 모델로 적절할 것이다.

전문적인 부동산 경매 투자자들은 특수물건에 열광한다. 하지만 자기만의 투자 기법을 100퍼센트 공개하지는 않는다. 스스로 경쟁자를 만들어 낼 이유가 없기 때문이다. 필자는 부동산 경매 기초 강의나 일반 대중을 상대하는 강연을 할 때 "사다리법"이라는 것으로 특수물건 투자자의 심리를 설명하곤 한다.

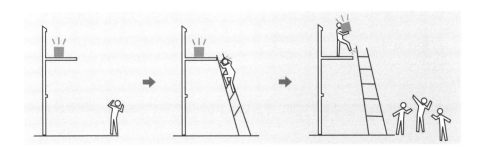

옆의 그림처럼 진입로가 없는 2층에 판노라의 상자와 같은 것이 있다고 가정해 보자. 1층에 있는 사람은 2층의 상자 속에 뭐가 들었는지 무척 궁금할 테고, 2층에 진입하기 위해 많은 연구를 할 것이다. 이런저런 연구 끝에 2층에 안전하게 진입할 수 있는 사다리를 만들기까지 1년이라는 시간을 쏟아부었다고 하자.

이윽고 2층에 가서 상자를 열고 어떤 물건이 들었는지 확인하려는 찰나 멀리서 지켜보던 행인들이 만들어진 사다리를 타고 올라온다면 어떨까? 1년을 들인 노력이 순식간에 사라진 것 같은 묘한 기분이 들 것이다. 그래서 사다리를 타고 올라오지 못하게 차 버린다. 이것이 필자가 사다리법이라는 이름으로 묘사해 본 특수물건 전문 투자자들의 심리 상태다.

이렇듯 노하우는 쉽게 배울 수 없으면서 어려운 용어가 난무하니, 경매 초보자의 입장에서는 선뜻 특수물건에 다가가기가 힘들다. 하지만 호기심을 갖고 신중하게 접근하면 그 어떤 것보다 안정적인 수익을 얻을 수 있는 분야가 바로 특수물건이다. 입찰에 앞서 필자가 사건 분석에 많은 시간을 투자하고 꼼꼼하게 전략을 세우는 이유는 위험성을 예측하기 위해서인데, 이 말인즉 전략만 잘 세우면 무엇보다 안전한 투자가 가능한 것이 특수물건 경매이기도 하다는 뜻이다.

이번 사례는 가장임차인(임대차계약을 맺은 실제 임차인이 아니면서 임대차계약을 한 것처럼 위장한 가짜 임차인을 뜻함)이 의심되는 사건이었다. 누군가가 주거용 부동산을 낙찰받았는데 미납했다. 이후 다른 사람이 다시 낙찰받았는데 또 미납했다. 그렇게 입찰자들이 꺼리는 물건이 되어 수회 유찰된 사건을 들여다보았는데, 잘 연구해서 안전한 사다리를 놓는 전략을 짜면 남들이 쉽게 접근하지 못하는 사이에 수익을 만들 수 있을 듯했다.

2018타경 ▓▓▓▓

소 재 지	부산광역시 동래구 ▓▓▓▓▓▓▓▓▓▓▓▓			
새 주 소	부산광역시 동래구 ▓▓▓▓▓▓▓▓▓▓▓▓			

오늘조회: 1 2주누적: 0 2주평균: 0

물건종별	다세대(빌라)	감 정 가	194,000,000원
대 지 권	35.32㎡(10.68평)	최 저 가	(21%) 40,685,000원
건물면적	71.85㎡(21.73평)	보 증 금	(20%) 8,137,000원
매 각 물 건	토지·건물 일괄매각	소 유 자	박○○
개 시 결 정	2018-09-21	채 무 자	박○○
사 건 명	강제경매	채 권 자	(주)한빛자산관리대부 외 1

구분	매각기일	최저매각가격	결과
1차	2019-10-24	194,000,000원	유찰
2차	2019-11-28	155,200,000원	유찰
3차	2020-01-02	124,160,000원	매각
매각 147,770,000원(76.17%) / 1명 / 미납			
4차	2020-04-23	124,160,000원	유찰
5차	2020-05-28	99,328,000원	매각
매각 101,800,000원(52.47%) / 1명 / 미납			
6차	2020-08-13	99,328,000원	유찰
7차	2020-09-17	79,462,000원	유찰
8차	2020-10-22	63,570,000원	유찰
9차	2020-11-26	50,856,000원	유찰
	2020-12-31	40,685,000원	변경
	2021-02-04	40,685,000원	변경
10차	2021-03-11	**40,685,000원**	

매각물건현황(감정원 : 가온감정평가 / 가격시점 : 2018.10.08 / 보존등기일 : 2013.11.01)

목록	구분	사용승인	면적	이용상태	감정가격	기타
건물	7층중 3층	13.10.18	71.85㎡ (21.73평)	주거용	141,620,000원	* 도시가스에 의한 개별난방 설비
토지	대지권		342.4㎡ 중 35.32㎡		52,380,000원	
현황 위치	* '▓▓초등학교' 남동측 인근에 위치, 부근은 공동주택 및 단독주택, 각종 근린생활시설등으로 형성되어 있음. * 차량진입 가능하며, 인근에 시내버스정류장 및 도시철도1호선 명륜역이 소재함. * 인접지와 대체로 등고평탄한 가장형 토지로서, 공동주택 부지 등으로 이용중임. * 동측으로 약 폭 4미터 내외의 포장도로에 접하며, 주차시설 되어있음.					
참고사항	▶ 본건매각 2020.01.02 / 매각가 147,770,000원 / 부산시 연제구 OOO / 1명 입찰 / 대금미납 ▶ 본건매각 2020.05.28 / 매각가 101,800,000원 / 부산시 금정구 OOO / 1명 입찰 / 대금미납					

자료: 옥션원

해당 부동산은 부산 동래구의 다세대 빌라로, 더블 역세권이고 백화점도 가까웠다. 인근에 대형 아파트 단지가 있어서 편의 시설을 함께 이용할 수 있는 생활권에 속해 있었다. 2014년부터 입주를 시작한 준신축이었는데, 전체 7층 중 3층이고 엘리베이터까지 갖춘 제법 괜찮은 빌라였다.

자료: 옥션원, 전자지적도

이런 물건은 인기가 많아서 높은 가격으로 낙찰될 것을 예상했다. 그런데 어느새 2회 유찰되었다. 그때까지 별다른 사건 분석을 하지 않았던 터라 그냥 흘려보내야 하나 싶었을 때 누군가가 저렴한 금액으로 낙찰받았다. 속으로 싸게 잘 샀다고 생각했는데 미납이 일어났다. 이후 한 번 더 유찰되고 또 다시 누군가가 낙찰받았지만, 이번에도 잔금을 납부하지 않아서 미납 처리되었다.

이쯤 되니 분명 뭔가 있겠다고 생각했다. 처음에 미납한 입찰자는 권리분석에 실패한 초보자라 치더라도, 두 번째까지 그럴 리는 없으니 조금이라도 경험이 있는 입찰자일 것으로 판단했다. 그러므로 보증금을 버리면서까지 섣부르게 매수를 포기하지는 않았을 것이다. 낙찰받은 사람마다 미납했다면 필시 이유가 있을 것으로 생각하고 사건을 살펴보기 시작했다.

임차인현황 (말소기준권리 : 2016.01.26 / 배당요구종기일 : 2018.12.06)

임차인	점유부분	전입/확정/배당	보증금/차임	대항력	배당예상금액	기타
오○○	주거용	전입일자: 2015.10.02 확정일자: 미상 배당요구: 없음	미상		배당금 없음	점유자

기타사항	⇨ 폐문부재하여 안내문을 우편함에 넣어 두었으나 연락이 없어 점유 및 임대차관계 알 수 없었음. ⇨ 전입세대열람 내역에 오○○○ 세대가 전입되어 있음. ⇨ 오○○은(는) 전입일상 대항력이 있으므로, 보증금있는 임차인일 경우 인수여지 있어 주의요함.

등기부현황 (채권액합계 : 27,434,925원)

No	접수	권리종류	권리자	채권금액	비고	소멸여부
1(갑5)	2015.09.15	소유권이전(매매)	박○○		거래액:180,000,000	
2(갑6)	2016.01.26	가압류	오○○	10,000,000원	말소기준등기 2016카단■■	소멸
3(갑7)	2016.12.23	압류	부산광역시동래구			소멸
4(갑8)	2017.05.23	압류	국민건강보험공단			소멸
5(갑9)	2018.04.09	가압류	교보생명보험(주)	17,434,925원	2018카단■■■■■	소멸
6(갑10)	2018.08.09	압류	국민건강보험공단			소멸
7(갑11)	2018.09.21	강제경매	(주)한빛자산관리대부	청구금액: 15,619,875원	2018타경 ■■■■	소멸
8(갑12)	2018.09.27	강제경매	(주)케이비국민카드 (채권관리부)	청구금액: 5,876,116원	2018타경 ■■■	소멸
9(갑13)	2019.07.04	압류	동래구(부산광역시)			소멸
10(갑14)	2021.01.13	압류	국민건강보험공단			소멸

자료: 옥션원

미납이 두 번이나 이루어진 요인을 추정해 보았다. 점유자가 가장임차인이 거나 보증금이 얼마 되지 않을 것이라는 확신으로 입찰했다가, 사실과 다르다는 것을 확인하고 결국 미납한 듯했다.

2015년 10월 2일 자로 전입신고를 하고 임차인으로 등재된 오○○ 씨와 2016년 1월 26일 자 가압류를 설정한 오○○ 씨는 동일 인물이다. 낙찰자들은 이를 보고 무상으로 지인이 거주 중이라고 생각했거나, 가압류 금액을 보증금으로 여긴 듯했다. 하지만 가압류 금액이 1,000만 원인 점을 미루어 볼 때, 보증금이라고 판단하는 것은 무모해 보였다. 임차인이라고 해서 임대인에게 돈을 빌려주지 못할 이유는 없기 때문이다. 얼핏 그렇게 보일 수는 있지만, 여러 가능성을 열어 두고 생각하면 가압류된 금액이 보증금이라고 단정할 수 없었다.

필자는 오○○ 씨가 진짜 임차인이라 판단하고 사건을 역순으로 되짚어 보았다. 진짜 임차인이라면 정상적인 계약을 했을 것이므로 실거래가 상세내역을 확인했다. 통상적으로 이사를 하려면 부동산을 돌아다녀야 하고, 계약 후 1개월 내지 2개월 정도 시점에 이사하기 마련이다. 따라서 전입신고한 2015년 10월 2일을 기준으로 1~2개월 앞의 실거래 내역을 살펴보았다.

실거래가 상세내역　검색 : **6 건**　최저가 :　15,000　평균가 :　**16,667**　최고가 :　18,000

No	구분	년도	분기	전용면적(㎡)	계약일	층	거래 금액(만원)	건축년도
6	전세	2018	2	71.85	2018.5.4	2	18,000	2013
5	전세	2018	2	71.85	2018.4.20	2	18,000	2013
4	전세	2016	3	71.85	2016.9.23	2	17,000	2013
3	전세	2015	3	71.85	2015.8.27	3	15,000	2013
2	전세	2015	3	71.85	2015.7.18	4	16,000	2013
1	전세	2015	2	71.85	2015.5.29	4	16,000	2013

자료: 옥션원 실거래가 상세내역

필자의 예상대로 2015년 8월 27일에 계약을 맺고 2015년 10월 2일에 전입한 것으로 보였다. 목적물 자체가 한 동짜리 빌라였다. 층당 두 개 호실이 있었기 때문에 해당 전세 매물은 이 사건의 빌라 혹은 옆 호실일 텐데, 옆 호실은 이미 소유자가 거주하고 있었기에 사건 빌라가 분명했다. 그렇다면 입찰자들은 대항력 있는 임차인의 보증금 1억 5,000만 원을 안고 매수한 셈이었다. 그러기에는 가격이 맞지 않으니 포기할 수밖에 없었던 것이다.

이렇게 분석을 끝내고 수회 유찰되어 점점 낮아지는 최저가격에 대비해 전략을 고민했다. 보통 갭투자는 매매 계약을 한 뒤 임차인을 넣는 방식인데, 시각을 달리해서 임차인이 완성된 물건을 경매로 갭투자 하는 방안을 검토했다.

임차인의 전입일자인 2015년 10월을 기점으로 묵시적 갱신이 이루어졌을 것으로 판단했다. 2년 단위로 갱신되었을 것을 고려해서 최종 도래일을 예측하고, 입찰 시기와 갱신 시점까지 남은 기간을 헤아렸다. 낙찰받고 임차인의 계속 거주 여부를 확인한 다음 즉각 매도하거나 보유하는 전략이 가능했다. 이러한 전략은 아무도 생각지 않았던 탓인지 단독으로 낙찰받을 수 있었다.

2018타경 ▒▒▒▒

소 재 지	부산광역시 동래구 ▒▒▒▒						
새 주 소	부산광역시 동래구 ▒▒▒▒						

				오늘조회: 1 2주누적: 0 2주평균: 0			
				구분	매각기일	최저매각가격	결과
물건종별	다세대(빌라)	감 정 가	194,000,000원	1차	2019-10-24	194,000,000원	유찰
				2차	2019-11-28	155,200,000원	유찰
				3차	2020-01-02	124,160,000원	매각
대 지 권	35.32㎡(10.68평)	최 저 가	(21%) 40,685,000원	매각 147,770,000원(76.17%) / 1명 / 미납			
				4차	2020-04-23	124,160,000원	유찰
				5차	2020-05-28	99,328,000원	매각
건물면적	71.85㎡(21.73평)	보 증 금	(20%) 8,137,000원	매각 101,800,000원(52.47%) / 1명 / 미납			
				6차	2020-08-13	99,328,000원	유찰
				7차	2020-09-17	79,462,000원	유찰
				8차	2020-10-22	63,570,000원	유찰
매각물건	토지·건물 일괄매각	소 유 자	박○○	9차	2020-11-26	50,856,000원	유찰
					2020-12-31	40,685,000원	변경
					2021-02-04	40,685,000원	변경
개시결정	2018-09-21	채 무 자	박○○	10차	2021-03-11	40,685,000원	
				매각 : 50,188,380원 (25.87%)			
				(입찰1명,매수인:부산시 동래구 김○○)			
사 건 명	강제경매	채 권 자	(주)한빛자산관리대부 외 1	매각결정기일 : 2021.03.18 - 매각허가결정			
				대금지급기한 : 2021.04.21			
				대금납부 2021.04.21 / 배당기일 2021.05.25			
				배당종결 2021.05.25			

자료: 옥션원

간혹 단독 낙찰을 받으면 최저가격을 적지 못해 아쉬워하는 사람들이 있다. 하지만 필자는 그런 아쉬움보다 특수물건은 아직 블루오션이구나 하는 생각이 먼저 든다. 앞서 말한 대로 분석만 잘하면 남들이 쉽게 접근하지 못하는 물건에 사다리를 놓을 수 있기 때문이다.

2021년 3월 11일에 해당 물건을 낙찰받았다. 대항력 있는 임대차는 2015년 10월부터 2년 단위로 더해 보니 2021년 10월쯤 만기를 예상할 수 있었다. 이에 더해 당시 새롭게 생긴 계약갱신청구권(임차인이 계약 만기 1~6개월 전의 기간 내에 계약 갱신을 요구할 수 있는 권리로, 임대인은 정당한 사유 없이 이를 거절할 수 없음)을 고려해야 했다.

추후 임차인을 안고 판매하려면 임차인의 보증금과 남은 임대차 기간 등을 공적 문서로 만들어야 했다. 이와 더불어 행여나 일어날 수 있는 분쟁에 대비하기 위해 법원을 통해 제소전화해(소송이 일어날 수 있는 사안을 미리 합의해서 화해조서로 작성하는 것)를 신청했다.

이후 알게 된 사실이지만 앞서 미납한 낙찰자들이 임차인을 찾아와서 하도 으름장을 놓기에 임대차계약서와 계약금 이체 내역서, 잔금 이체 내역서까지 일일이 증빙해 보여 줬다고 했다. 필자에게도 해당 서류를 보여 준 것이 기억난다.

사건번호 : 부산지방법원 2021자 █

기본내용

사건번호	2021자 █	사건명	건물명도등
원고	김█	피고	오█
재판부	제소전화해		
접수일	2021.08.27	종국결과	2022.05.20 화해성립
병합구분	없음		
보존여부	기록보존됨		
송달료,보관금 종결에 따른 잔액조회			

자료: 법원, 나의 사건 검색

화해 조항

1. 피신청인은 신청인에게 7,500,000원을 2021년 9월 30일까지 지급함과 동시에 별지목록 기재 부동산에 대하여 2023년 9월 30일까지 임차하기로 한다.
2. 피신청인의 계약갱신청구권은 위 1항에 사용되었음을 확인한다.
3. 신청인은 2023년 9월 30일 자에 피신청인에게 157,500,000원을 지급하며 피신청인은 지급받음과 동시이행적으로 별지목록 기재 부동산을 신청인에게 인도한다.
4. 화해 비용은 각자의 부담으로 한다.

임대차 갱신 시점에 맞추어 보증금을 올려 받은 다음 계약을 연장하고, 이로써 계약갱신청구권을 사용한 것으로 정리해서 화해 조항에 삽입했다. 추가 보증금은 기존 1억 5,000만 원의 5퍼센트에 해당하는 금액이었다. 결과적으로 경매를 통해 4,250만 원(낙찰가 5,000여만 원 - 보증금 인상 750만 원)의 투자금으로 갭투자를 할 수 있게 된 것이다. 당시 부동산 가치로 2억 7,000만 원 정도 예상되었기에 시세보다 약 8,000만 원 정도 저렴하게 갭투자를 완성할 수 있었다.

반반씩 나온 지분 경매에
접근하는 방법

부동산 경매 사건에는 다양한 채무자와 채권자, 그리고 이해관계인이 얽혀 있다. 깊게 들여다보면 마치 한 편의 소설 같은 일도 많다.

신속하게 권리분석을 끝내고 시세를 알아보는 것도 중요하지만 관련 인물들의 심리와 인과관계 등을 살펴보는 과정도 필요하다. 일반물건 경매는 명도를 거쳐야 하고 특수물건 경매는 사건 분석 이후 전략을 얼마큼 잘 세워 뒀는지가 낙찰 이후 수익으로 직결되기에, 이해관계인의 사정을 잘 파악하는 일은 큰 도움이 된다.

이번 사건의 매물은 울산에 소재한 다세대 빌라로, 일괄 매각이 아닌 각각의 지분이 따로 경매에 나왔다. 당시 추천 물건 프로그램을 수강 중이던 회원이 해당 물건을 상당히 신기해해서 충분한 전략 모색을 통해 입찰을 결정한 사건이었다.

사건을 접했을 당시에는 박○○ 씨의 2분의 1 지분만 경매가 진행되었던 터라 별다른 수익 포인트를 발견할 수 없었다.

2018타경 ■■■■

소 재 지	울산광역시 동구 ■■■■■							
새 주 소	울산광역시 동구 ■■■■							
물건종별	다세대(빌라)	감 정 가	70,000,000원		오늘조회: 1 2주누적: 1 2주평균: 0			
				구분	매각기일	최저매각가격	결과	
대지권	전체: 52.08㎡(15.75평) 지분: 26.04㎡(7.88평)	최 저 가	(51%) 35,840,000원	1차	2019-04-03	70,000,000원	유찰	
				2차	2019-05-08	56,000,000원	매각	
				매각 56,000,000원(80%) / 1명 / 미납				
건물면적	전체: 75.34㎡(22.79평) 지분: 37.67㎡(11.4평)	보 증 금	(30%) 10,752,000원	3차	2019-12-04	56,000,000원	유찰	
				4차	2020-01-14	44,800,000원	유찰	
				5차	2020-02-12	35,840,000원		
매각물건	토지및건물 지분 매각	소 유 자	박○○					
개시결정	2018-07-25	채 무 자	박○○					
사 건 명	임의경매	채 권 자	김○○					

자료: 옥션원

2019타경 ■■■■

소 재 지	울산광역시 동구 ■■■■■							
새 주 소	울산광역시 동구 ■■■■							
물건종별	다세대(빌라)	감 정 가	69,000,000원		오늘조회: 1 2주누적: 1 2주평균: 0			
				구분	매각기일	최저매각가격	결과	
대지권	전체: 52.08㎡(15.75평) 지분: 26.04㎡(7.88평)	최 저 가	(49%) 33,810,000원	1차	2019-12-04	69,000,000원	유찰	
				2차	2020-01-14	48,300,000원	유찰	
건물면적	전체: 75.34㎡(22.79평) 지분: 37.67㎡(11.4평)	보 증 금	(10%) 3,381,000원	3차	2020-02-12	33,810,000원		
매각물건	토지및건물 지분 매각	소 유 자	양○○					
개시결정	2019-07-10	채 무 자	양○○					
사 건 명	임의경매	채 권 자	김○○					

자료: 옥션원

매각물건현황(감정원 : 가온감정평가 / 가격시점 : 2019.07.23)

목록	구분	사용승인	면적	이용상태	감정가격	기타
건1	▨▨동 ▨▨▨▨ (4층중3층)	95.02.25	37.67㎡ (11.4평)	방3, 거실, 주방, 화장실1, 발코니 등	31,740,000원	☞ 전체면적 75.34㎡ 중 양○ ○ 지분 1/2 매각 * 가스보일러에 의한 개별난 방시설
토1	대지권		1051.9㎡ 중 26.04㎡		37,260,000원	☞ 전체면적 52.08㎡중 양○ ○ 지분 1/2 매각

현황 위치	* "▨▨▨중학교" 북측 인근에 위치하며, 부근일대는 아파트, 다세대주택, 연립주택, 다가구주택, 근린생활시설, 단독주택, 학교 등으로 형성되어 있음. * 본건까지 차량 진입이 가능하고 인근에 시내버스 정류장이 소재하는 등 대중교통 사정은 보통인 편임. * 북측 하향 완경사지를 정지한 부정형의 토지로서 자체지반은 등고 평탄하며, 공동주택(연립주택) 건부지로 이용중임. * 본건 서측으로 폭 약 8미터의 포장도로와 접함.

임차인현황(말소기준권리 : 2014.03.19 / 배당요구종기일 : 2019.10.04)

===== 조사된 임차내역 없음 =====

기타사항	☞ 본건 부동산 점유자(임차인)의 점유관련 서류 미제출로 주민센터에 전입세대 주민등록 열람한 바, 세대주 양○○(전입:2014. 03.17.) 외 세대원 3명 전입되어 있음.

등기부현황 (채권액합계 : 98,500,000원)

No	접수	권리종류	권리자	채권금액	비고	소멸여부
1(갑5)	2014.03.19	소유권이전(매매)	양○○		거래가액 금139,000, 000원, 각 1/2	
2(을5)	2014.03.19	근저당	경남은행 (동울산지점)	60,500,000원	말소기준등기	소멸
3(을9)	2018.06.27	양○○지분전부근저당	김○○	38,000,000원		소멸
4(갑14)	2019.07.10	양○○지분임의경매	김○○	청구금액: 38,000,000원	2019타경▨▨▨	소멸

자료: 옥션원

2분의 1씩 지분을 소유한 박○○ 씨와 양○○ 씨는 부부로 추정되었다. 2014년 3월 19일 자에 공동명의로 해당 빌라를 매수했는데, 당시 대출을 일으켜 집을 구매했다. 그 후 2014년 10월 20일 박○○ 씨는 자기 지분으로 채권 최고액인 1,500만 원을 빌렸다. 부부 공동담보로 추가 대출받는 것이 더 낮은 금리로 자금을 조달할 수 있는 방법일 텐데, 부부 사이에 어떤 이유가 있었을 것으로 추측했다.

개인에게 돈을 빌리고 얼마 지나지 않아 박○○ 씨는 2015년 3월 18일 자로 또 다른 개인에게 자기 지분으로 더 높은 채권 최고액 3,750만 원을 빌리고 1,500만 원을 상환했다. 그렇게 시간은 흐르고 2018년 2월 14일부터 사건이 시작되었다.

[집합건물] 울산광역시 동구 ■■■ ■■ ■ ■빌라7차 제3층 제■호

순위번호	등 기 목 적	접 수	등 기 원 인	권리자 및 기타사항
5	근저당권설정	2014년 3월 19일 제21887호	2014년 3월 19일 설정계약	채권최고액 금60,500,000원 채무자 양■■ 　울산광역시 동구 ■■■ ■■ ■ ■ ■■, 　■■■, ■ ■■ ■■ ■■ ■■ 근저당권자 주식회사경남은행 ■■■ ■-■■■■■■ 　■■■ ■■ ■■ ■■ ■■ ■■ 　■■ ■ ■■ ■ ■ ■■ ■■ ■ 　■■ ■■ ■■ ■
6	갑구5번박■■지분 전부근저당권설정	2014년 10월 20일 제88387호	2014년 10월 20일 설정계약	채권최고액 금15,000,000원 채무자 박■■ 　울산광역시 동구 ■■ ■■ ■■■■ 　■■,-■■ ■■ ■■ ■■ 근저당권자 박■■ 650■■-******* 　울산광역시 동구 ■■ ■■ ■■ ■■ ■■
7	갑구5번박■■지분 전부근저당권설정	2015년 3월 18일 제52489호	2015년 3월 18일 설정계약	채권최고액 금37,500,000원 채무자 박■ 　울산광역시 동구 ■■ ■■ ■■ ■■■■ 　■■,-■■ ■■ ■■ ■■ 근저당권자 차■■ 84■■-******* 　경상남도 김해시 ■■ ■■ ■■ ■■ ■■

자료: 등기부등본

[집합건물] 울산광역시 동구 ■■■ ■■ ■ ■빌라7차 제3층 제■호

순위번호	등 기 목 적	접 수	등 기 원 인	권리자 및 기타사항
7	5번박■■지분임의 경매개시결정	2018년 2월 14일 제23624호	2018년 2월 14일 울산지방법원의 임의경매개시결 정(2018타경■)	채권자 차■■ 84■■-******* 　경상남도 김해시 ■■ ■■ ■■ ■■ ■■

자료: 등기부등본

　박○○ 씨가 빌린 돈의 이자를 연체했는지 2018년 2월 14일에 임의경매가
됐다. 그런데 2018년 6월 27일 새로운 채권자 김○○ 씨가 극적으로 등장해
경매를 취하하고 3,750만 원의 근저당권을 이전받았다. 흔한 사건이라고 생각
했는데 새로운 국면으로 접어든 것이다. 김○○ 씨는 취하를 돕기 위해 담보력
이 더 필요했는지 2018년 6월 27일 양○○ 씨 지분에도 근저당권을 설정했다.

Chapter 2 전략이 없다면 차라리 포기하라

순위번호	등 기 목 적	접 수	등 기 원 인	권리자 및 기타사항
7-1	7번근저당권이전	2018년6월27일 제91989호	2018년6월26일 확정채권양도	근저당권자 김██ 79████-******* 부산광역시 영도구 ██ ████ ██ █ ███ ████ ██ █, ███ ███ ███ ███
8	6번근저당권설정등기말소	2015년3월19일 제53646호	2015년3월19일 해지	
9	갑구5번양██지분 전부근저당권설정	2018년6월27일 제91991호	2018년6월27일 설정계약	채권최고액 금38,000,000원 채무자 양██ 울산광역시 동구 ███ ███ ██, ████ 근저당권자 김 ██ 72████-******* 부산광역시 영도구 █ █████ ████ ██████ ███ █████ █████ ███

자료: 등기부등본

특별한 사정이 있는 게 아니라면 양○○ 씨와 박○○ 씨 지분 전부를 묶어 근저당권을 새로 설정하고 추후 일괄매각했다면 높은 금액으로 낙찰되었을 텐데, 아마 거기까지는 생각하지 못한 듯했다. 이후 어찌 된 영문인지 김○○ 씨는 한 달도 채 되지 않아 박○○ 씨의 지분에 임의경매를 실행했고, 2019년 4월 3일 자로 첫 기일이 잡힌 것이다.

그리고 2019년 5월 8일 자로 누군가가 응찰했다. 필자는 선순위 근저당권자 다음으로 배당받게 될 김○○ 씨가 아닐지 추측했다. 유찰이 거듭되면 김○○ 씨는 원금을 회수하지 못하는 상황이 올 수도 있기에 방어 수단으로 입찰했으리라 짐작한 것이다. 간혹 지분 경매를 일괄 매각으로 오해하고 입찰하는 사람들이 있는데, 이 경우를 배제하고 등기부등본을 살펴봤을 때 가격이 현저히 저렴한 것이 아니라면 딱히 수익 포인트가 없었기 때문이다. 시세와 별 차이 없이 단독으로 낙찰되다 보니 미납이 이루어졌고, 채권자인 김○○ 씨는 나머지 양○○ 씨의 지분을 경매 신청해 버린 것이다.

그렇게 박○○ 씨의 지분 경매는 미납 이후 재매각 수순을 밟았고, 양○○ 씨

[집합건물] 울산광역시 동구 ▨▨ ▨▨ ▨ ▨빌라7차 제3층 제▨▨호

순위번호	등 기 목 적	접 수	등 기 원 인	권리자 및 기타사항
12	5번박▨▨지분임의 경매개시결정	2018년7월25일 제105697호	2018년7월25일 울산지방법원의 임의경매개시결 정(2018타경▨▨▨)	채권자 김▨▨ 79▨▨-******* 부산광역시 영도구 ▨▨▨▨▨▨▨▨▨ ▨ ▨▨ ▨▨▨▨ ▨▨▨, ▨▨▨▨
13	5번박▨▨지분가압 류	2018년9월20일 제132106호	2018년9월20일 부산지방법원의 가압류 결정(2018카단▨▨)	청구금액 금5,150,822 원 채권자 주식회사고려저축은행 ▨▨▨-▨▨▨ ▨▨▨▨ 부산광역시 동구 ▨▨▨▨▨ ▨▨▨▨▨▨
14	5번양▨▨지분임의 경매개시결정	2019년7월10일 제101954호	2019년7월10일 울산지방법원의 임의경매개시결 정(2019타경▨▨▨)	채권자 김▨▨ 79▨▨-******* 부산광역시 영도구 ▨▨▨▨▨▨▨▨ ▨ ▨▨ ▨▨▨▨ ▨▨▨, ▨▨▨▨

자료: 등기부등본

의 지분 경매도 같은 일자에 맞춰 새롭게 매각이 진행되었다.

여기서 재미난 것은 법원도 한몫했다는 사실이다. '2018타경'의 앞 사건과 '2019타경'의 뒤 사건은 감정가격이 각각 7,000만 원과 6,900만 원으로 비슷했다. 유찰로 인해 앞 사건은 20퍼센트 저감되고 뒤 사건은 30퍼센트 저감되는 바람에 우연히도 가격까지 딱 맞아떨어진 것이다.

이런 물건이라면 더 이상 고민할 필요가 없었다. 일괄매각처럼 동시에 입찰해서 낙찰받으면 여타 지분 경매 물건과는 달리 시중 은행에서 손쉽게 대출받

18-▨▨▨▨ 다세대(빌라)	울산광역시 동구 ▨▨ ▨▨▨ ▨ 빌라7차 3층 ▨▨호 [연립주택 / 대지권 26.04㎡(7.88평), 건물 37.67㎡(11.4평) / 토지및건물 지분 매각] [재매각]	**70,000,000** 매각 35,840,000 (51%) 38,838,000 (55%)
19-▨▨▨▨▨ 다세대(빌라)	울산광역시 동구 ▨▨ ▨▨▨ ▨ 빌라7차 3층 ▨▨호 [연립주택 / 대지권 26.04㎡(7.88평), 건물 37.67㎡(11.4평) / 토지및건물 지분 매각]	**69,000,000** 매각 33,810,000 (49%) 38,838,000 (56%)

자료: 옥션원

고 인도명령으로 명도까지 수월하게 진행할 수 있다.

결국 하나의 물건이 2분의 1씩 경매에 나왔기 때문에 감정가 대비 몇 퍼센트 비율로 입찰할 게 아니라 같은 가격으로 입찰해야 했다. 같은 날 동시 입찰이기에 같은 가격을 적어 내지 않으면 하나만 낙찰될 위험이 있기 때문이다. 또한, 감정가는 감정 시점에 따라 차이가 있을 수 있지만 부동산의 가치는 동일하기 때문이다.

각각 지분 형태로 경매되지 않았다면 2014년의 매매 금액인 1억 3,900만 원의 반값에 살 수 없었을 것이다. 이렇게 낙찰받고 난 뒤부터는 일반물건과 다를 바가 없었다. 적당한 선에서 협의한 다음 명도했으며, 7,600여만 원에 매수해서 자본금을 회수하기 위해 올전세를 맞추었다. 전세가 만료되는 시점에 1억 1,000만 원에 매도해서 3,400만 원의 수익을 올렸다.

[집합건물] 울산광역시 동구 ███ ███ █ █ 빌라7차 제3층 제██호

순위번호	등 기 목 적	접 수	등 기 원 인	권리자 및 기타사항
19	소유권이전	2022년5월27일 제57755호	2022년5월24일 매매	소유자 이██ █ 72██-******* 대구광역시 중구 ███ ███ ███ █ ███ ██ ███ █ ████ ██ █ █ 거래가액 금110,000,000원

자료: 등기부등본

등기부등본을 기초로 사건 분석을 하는 것도 중요하지만, 이 사건의 수익 포인트는 전략이었다. 동시에 진행되는 지분 물건 하나만 낙찰되고 하나는 패찰(낙찰받지 못함)되는 일이 없도록 같은 입찰 가격을 써넣었고, 낙찰 이후 일반물건처럼 명도해서 수익을 실현할 수 있게 전략적으로 움직였기에 성공적인 투자가 가능했다.

가장임차인 사건의
전략 구상 포인트

　이번 사례는 필자가 아쉽게 여기는 물건이다. 그룹으로 특수물건 수업을 진행하던 시기였다. 수강생들이 열정 가득하다 보니 필자도 몰입해서 함께 사건 분석을 하고 전략까지 알차게 세웠지만 패찰한 사건이기도 하다.

2019타경

소 재 지	경상남도 창원시 마산회원구							
새 주 소	경상남도 창원시 마산회원구							
					오늘조회: 1 2주누적: 1 2주평균: 0			
물건종별	아파트	감 정 가	187,000,000원	구분	매각기일	최저매각가격	결과	
				1차	2019-10-17	187,000,000원	유찰	
				2차	2019-11-14	149,600,000원	유찰	
대 지 권	49.45㎡(14.96평)	최 저 가	(41%) 76,595,000원	3차	2019-12-12	119,680,000원	유찰	
				4차	2020-01-16	95,744,000원	유찰	
건물면적	105.78㎡(32평)	보 증 금	(10%) 7,659,500원		2020-03-12	76,595,000원	변경	
				5차	2020-04-09	76,595,000원		
매각물건	토지·건물 일괄매각	소 유 자	이○○	매각: 86,777,000원 (46.4%)				
				(입찰11명,매수인:김○○ / 차순위금액 86,555,000원)				
개시결정	2019-05-30	채 무 자	이○○	매각결정기일 : 2020.04.16 - 변경				
				매각결정기일 : 2020.05.21 - 매각허가결정				
사 건 명	임의경매	채 권 자	현대캐피탈(주)	대금지급기한 : 2020.06.23				
				대금납부 2020.06.03 / 배당기일 2020.07.16				
				배당종결 2020.07.16				

자료: 옥션원

해당 물건은 충분히 수익성이 있음에도 수회 유찰되었다. 수강생 두 명이 인근 공인중개사 사무소 여덟 군데를 돌아다니며 알아본 가격을 종합해 본 결과 1억 6,000만 원 정도에 너끈히 팔 수 있는 물건이었다. 사건을 발견한 시기가 2019년 12월이었기에 12월 12일 자로 유찰되면 심층 분석을 하기로 했다.

이후 유찰이 되었다. 표면적인 권리 문제와 아울러 사안이 꽤 복잡했지만, 한 번에 해결하려고 욕심내지 않고 하나씩 뜯어서 분석한 다음 전략을 잡으면 충분히 성공적인 투자가 될 것으로 확신했다.

임차인현황 (말소기준권리 : 2017.04.11 / 배당요구종기일 : 2019.08.26)

임차인	점유부분	전입/확정/배당	보증금/차임	대항력	배당예상금액	기타
이○○	주거용 전부	전입일자: 1999.10.28 확정일자: 2018.11.13 배당요구: 2019.07.29	보80,000,000원	있음	배당순위있음	[현황서상 전:1994.0 7.09]
임차인분석		☞ 현황 및 점유관계를 확인하기 위하여 부동산경매안내문을 게시 및 우편물을 통지하는등 제반절차를 취하였으나 현재까지 아무런 연락이 없는 상태이며 전입세대 열람상 `이▨▨` 세대가 등재되어 있음 ☞ 전입세대 열람상 `이▨▨` 세대가 등재되어 있어 임차인으로 표기하며 위임대차관계조사서 내용은 현황조사 당시 만나지 못하여 전입세대 열람 및 주민등록표 발급에 의해 작성하였음 ▶ 매수인에게 대항할 수 있는 임차인 있으며, 보증금이 전액 변제되지 아니하면 잔액을 매수인이 인수함				

등기부현황 (채권액합계 : 222,035,317원)

No	접수	권리종류	권리자	채권금액	비고	소멸여부
1(갑1)	1994.08.18	소유권이전(매매)	이○○			
2(을11)	2017.04.11	근저당	현대캐피탈(주)	171,600,000원	말소기준등기	소멸
3(갑12)	2018.11.29	가압류	케이비캐피탈(주)	7,356,145원	2018카단▨▨	소멸
4(갑13)	2018.11.29	가압류	하나캐피탈(주)	17,634,410원	2018카단▨▨▨	소멸
5(갑14)	2018.12.19	가압류	서민금융진흥원	9,570,002원	2018카단▨▨	소멸
6(갑15)	2019.05.30	임의경매	현대캐피탈(주)	청구금액: 148,811,935원	2019타경▨▨▨▨	소멸
7(갑16)	2019.05.31	가압류	롯데캐피탈(주)	15,874,760원	2019카단▨▨ ▨▨	소멸
주의사항		☞ 유치권여지 있음-2019.12.11. 이▨▨으로부터 공사대금 23,600,000원에 대하여 유치권신고가 있으나 그 성립여부 불분명함				

자료: 옥션원

분석할 사항은 크게 두 가지였다. 바로 대항력 있는 임차인과 그 임차인이 신고한 유치권이었다. 얼핏 복잡해 보이지만 역순으로 차근차근 살펴보면 절대 어렵지 않은 사건이었다.

임차인이 전입된 시점은 1999년 10월 28일이고, 보증금은 8,000만 원이었다. 그런데 확정일자가 한참 뒤인 2018년 11월 13일인 점에서 의심을 품었다. 이러한 상황이라면 낙찰자는 임차인의 보증금까지 인수해야 한다. 배당 순위는 확정일자에 따라 정해지는데, 임차인의 배당 순위는 2017년 4월 11일 자 1순위 근저당권보다 뒤에 있기 때문에 낙찰자가 고스란히 보증금 전액을 인수할 수밖에 없는 상황인 것이다.

임차인의 이름과 소유자의 이름이 홍길동, 홍길서처럼 돌림자 형태였기에 진성 임차인이 맞는지 확인하기 위해 아파트 실거래가를 조회했다. 하지만 1999년의 매매가와 전세가가 조회되지 않았다. 결국 인근 공인중개사 사무소를 통해 2000년 이전까지의 전세가는 최대 6,000만 원 정도였다는 사실을 확인했다.

신고한 임차 보증금이 8,000만 원이었기에 재차 의심을 품을 수밖에 없었다. 필자 측은 1순위 근저당권자인 현대캐피탈에 문의했다. 대출 당시 전입된 세대가 있는 경우 시중 금융기관에서는 전입된 사람에게 무상임차 각서 등을 받는 것이 보편적이기 때문이었다.

대법원 2016. 12. 1. 선고 2016다228215 판결
[건물명도][공2017상,73]

【판시사항】

임차인이 작성한 무상임대차 확인서에서 비롯된 매수인의 신뢰가 매각절차에 반영된 경우, 임차인이 매수인의 건물인도청구에 대하여 대항력 있는 임대차를 주장하여 임차보증금반환과의 동시이행의 항변을 하는 것이 허용되는지 여부(소극)

【판결요지】

근저당권자가 담보로 제공된 건물에 대한 담보가치를 조사할 당시 대항력을 갖춘 임차인이 임대차 사실을 부인하고 건물에 관하여 임차인으로서의 권리를 주장하지 않겠다는 내용의 무상임대차 확인서를 작성해 주었고, 그 후 개시된 경매절차에 무상임대차 확인서가 제출되어 매수인이 확인서의 내용을 신뢰하여 매수신청금액을 결정하는 경우와 같이, 임차인이 작성한 무상임대차 확인서에서 비롯된 매수인의 신뢰가 매각절차에 반영되었다고 볼 수 있는 사정이 존재하는 경우에는, 비록 매각물건명세서 등에 건물에 대항력 있는 임대차 관계가 존재한다는 취지로 기재되었더라도 임차인이 제3자인 매수인의 건물인도청구에 대하여 대항력 있는 임대차를 주장하여 임차보증금반환과의 동시이행의 항변을 하는 것은 금반언 또는 신의성실의 원칙에 반하여 허용될 수 없다.

자료: 대법원 종합법률정보

문의 결과는 적잖이 황당했다. 임차인이 작성한 무상임대차 확인서가 아닌, 임대인인 소유자로부터 받은 무상임대차 확인서만 존재한다는 것이었다. 임대차계약은 채권계약이 출발점이다. 채권자가 채권을 포기하지 않는 이상, 채무자 스스로 채권이 없다고 작성한 확인서는 신뢰할 수 없다.

다시 말해, 돈을 빌려준 사람(해당 사건의 경우 임차인)이 돈을 안 받겠다거나 받을 돈을 포기하겠다는 행위를 할 수는 있을지언정 돈을 갚아야 할 사람(해당 사건의 경우 임대인)이 빌린 적 없다거나 전액 변제했다고 하는 것은 믿을 수 없고 효력도 없다.

결국 무상임대차 확인서를 제대로 확인하지 않은 대출 사고로 밖에 보이지 않았다. 그렇게 1순위 근저당권이 있는 현대캐피탈에서는 임차인을 배제할 만한 단서를 찾지 못했다.

그 와중에 필자는 임차인의 확정일자가 유독 눈에 들어왔다. 왜 전입 후

19년이 지난 시점에야 비로소 확정일자를 받았을까 하는 의구심이 떠나지 않던 찰나, 등기부등본 요약을 보고 머릿속이 번뜩였다.

등기부현황 (채권액합계 : 222,035,317원)

No	접수	권리종류	권리자	채권금액	비고	소멸여부
1(갑1)	1994.08.18	소유권이전(매매)	이○○			
2(을11)	2017.04.11	근저당	현대캐피탈(주)	171,600,000원	말소기준등기	소멸
3(갑12)	2018.11.29	가압류	케이비캐피탈(주)	7,356,145원	2018카단	소멸
4(갑13)	2018.11.29	가압류	하나캐피탈(주)	17,634,410원	2018카단	소멸
5(갑14)	2018.12.19	가압류	서민금융진흥원	9,570,002원	2018카단	소멸
6(갑15)	2019.05.30	임의경매	현대캐피탈(주)	청구금액: 148,811,935원	2019타경	소멸
7(갑16)	2019.05.31	가압류	롯데캐피탈(주)	15,874,760원	2019카단	소멸

자료: 등기부등본

임차인의 확정일자 시기와 가압류 등기된 시점이 모두 2018년 11월이라는 점은 확실히 이상했다. 가압류 등기가 경료(절차의 완료를 뜻함)되려면 법원의 결정을 받아 촉탁해야 하는데(채권자가 직접 가압류 등기를 신청하는 것이 아니라 법원의 촉탁으로 실행된다는 뜻), 2주가량의 시간이 필요하다. 2018년 11월 29일에 가압류 등기가 경료되었으므로, 2주 전이면 11월 15일 전후가 될 것이다. 채권자들은 보통 가압류 신청 전에 채권 회수를 위해 채무자와 연락을 취하거나 방문하기 마련이다. 따라서 형제로 추정되는 소유자 이○○ 씨와 전입자 이○○ 씨는 해당 부동산을 지키기 위해 다급하게 확정일자를 신고했을 가능성이 농후했다.

필자는 수강생들에게 가압류를 설정한 케이비캐피탈과 하나캐피탈에 각각 연락해 사실관계를 알아보고, 위와 같은 내용을 통한 임대차계약을 하지 않았을지 임차인을 직접 만나 보기를 권유했다. 실행력이 빠른 수강생이 직접 임차인과 면담했고, 그 과정에서 녹취한 내용을 듣게 되었다.

임차인이 나름 방어한답시고 진술한 내용에 필자는 흡족했다. 임차인은 임

대인과 형제가 맞고 예전에 빌려준 돈이 있는데, 그 돈을 2018년 11월 13일
자 임대차로 전환해서 임차인으로 있다는 것이었다. 이 말인즉 2018년 11월
13일 이전까지는 소비대차계약 채권이었다가 2018년 11월 13일 이후부터 임
대차계약 채권으로 전환되었다는 뜻이다. 그렇다면 임차인의 대항력 취득 시
기는 2018년 11월 14일이 된다.

　필자가 전문가반 수업에서 항상 하는 질문이 있다. 2000년 1월 1일 근저당
을 기준으로, 임차인이 1999년 12월 1일에 임대차계약을 하고 2000년 1월
3일에 전입신고와 잔금 납부를 했다고 해 보자. 임차인의 대항력 발생 시점은
주택 인도 및 주민등록을 마친 다음 날 0시부터이기에 2000년 1월 4일이 된
다. 여기서 나아가 필자는 임차인이 1999년 12월 1일에 임대차계약을 하고
전입한 뒤 2000년 1월 3일에 잔금을 납부했다면, 임차인의 대항력 취득 시기
는 언제냐고 질문한다.

　많은 수강생이 헷갈려 하며 먼저 전입했기 때문에 근저당 이전부터 대항력
있는 임차인으로 봐야 한다고 대답한다. 정답부터 얘기하자면, 대항력 취득 시
기는 앞선 경우와 마찬가지로 2000년 1월 4일이다.

　수강생들이 헷갈리는 이유는 대항력은 '전입 + 점유'가 완료된 다음 날 0시
부터 생성되는 것으로 알고 있기 때문이다. 여기에 묵시적으로 빠진 것이 있는
데, 바로 임대차 성립이다. '임대차 성립 + 전입 + 점유' 세 가지가 다 이루어
진 다음 날 0시, 즉 2000년 1월 4일부터 대항력이 발생한다. 임대차계약과 잔
금 납부까지 2000년 1월 1일 이전에 완료하고 1월 3일에 전입해도 대항력 취
득 시기는 1월 4일이다.

　실무상 위처럼 사안이 이루어진다면 임차인 또는 근저당권자로부터 어떠한
제지가 이루어지기 마련이다. 임차인은 직접 작성하지 않은 무상임대차계약이
므로 대항력이 있다고 주장할 것이고, 근저당권자는 확정일자가 가압류 등기

2주 전이므로 가장임차인이라고 주장할 수 있는 것이다. 공인중개사를 통한 임대차계약에서는 이런 일이 거의 없지만, 가장임차인 사건에서는 종종 일어난다. 따라서 가장임차인 사건을 수익 모델로 잡는다면 임차인의 대항력에 관한 내용 전반을 필수적으로 알아야 할 필요가 있다.

임차인의 진술을 토대로 해당 경매 사건의 대항력 취득 시점이 2018년 11월 14일임을 알 수 있었다. 이로써 시간이 오래 걸릴 수 있는 본안 소송까지 가지 않고 문제를 해결할 방안이 생겼다. 임차인의 대항력 취득 시기가 근저당 이후인 점을 문제 삼아 인도명령으로 해결할 수 있는 전략을 짜게 된 것이다.

이제 유치권 대응 전략을 세울 차례였다. 앞서 대항력 여부를 확인하는 과정과 임차인의 방어적인 태도를 살펴보면 설령 유치권이 성립돼도 필요비 정도에 그칠 것으로 짐작했다. 부동산 경매에서 임차인이 행사할 수 있는 유치권은 시설물의 수리 및 교체 공사비다. 이 비용을 받지 못하면 부동산을 점유하고 유치권을 행사할 수 있다. 이때 공사비는 필요비와 유익비로 구분된다.

필요비와 유익비의 특징

	필요비	유익비
뜻	임대차 물건을 보존하고 관리하기 위해 필요한 비용	임대차 물건의 가치를 증가시키는 데 지출한 비용
예시	수도 수리, 보일러 교체, 누수 수리 비용 등	중문 설치, 발코니 확장, 이중창 설치 비용 등
청구 시기	수시로 청구 가능	임대차계약 종료 후 청구 가능

그런데 주거용 아파트의 경우 임차인의 유치권 신고는 오른쪽과 같은 임대차계약 내용에 저촉되어 배제되곤 한다.

표준적인 임대차계약서에 다음의 내용이 담겨 있으면 유치권을 포기한 것으로 볼 수 있다. 계약 종료 시 원상회복해야 한다는 것은 임차인이 공사하기 이전 상태로 되돌리는 것을 뜻하기에 사실상 유치권을 주장할 수 없는 약정이다.

임대차 계약서

아래 부동산에 대하여 임대인과 임차인은 합의하여 다음과 같이 임대차계약을 체결한다.

1. 부동산의 표시

소 재 지								
토 지	지목	대		대지권 (비율)		면적		㎡
건 물	구조			용도			면적	㎡
임대할부분		전 부				면적		㎡

2. 계약내용

제1조 [보증금 및 지급시기]　　① 임대인과 임차인은 임대차 보증금과 지불시기를 다음과 같이 약정한다.

보 증 금	-金		원	원			
계 약 금	-金		원은 계약시에 지불하고 영수함		영수자		印
중 도 금	-金		원은	년	월	일에 지불하며,	
잔 금	-金		원은	년	월	일에 지불한다.	
월 세	-金	(V.A.T 별도)	원은 매월		일에 선불로 지급하기로 한다.		

제2조 [존속기간]　임대인은 위 부동산을 임대차 목적대로 사용, 수익할 수 있는 상태로　　　년　　　월　　　일 까지 임차인에게 인도하며, 임대차기간은 인도일로부터 　　년　　월　　일 까지로 한다. (　개월)

제3조 [용도변경 및 전대 등]　임차인은 임대인의 동의 없이는 위 부동산의 용도나 구조 등을 변경하거나 전대, 임차권 양도 또는 담보제공을 하지 못하며 임대차 목적 이외의 용도에 사용할 수 없다.

제4조 [계약의 종료]　①임대차 계약이 종료된 경우 임차인은 위 부동산을 원상으로 회복하여 임대인에게 반환한다. ②제1항의 경우 임대인은 보증금을 임차인에게 반환하고, 연체임대료 또는 손해배상 금액이 있을 때는 이들을 제외하고 그 잔액을 반환한다.

제5조 [계약의 해제]　임차인이 임대인에게 계약당시 계약금 또는 보증금 명목으로 금전이나 물건을 교부한 때에는 다른 약정이 없는 한 중도금(중도금이 없을 때는 잔금)을 지불할 때까지는 임대인은 계약금의 배액을 상환하고 임차인은 계약금을 포기하고 이 계약을 해제할 수 있다.

제6조 [채무불이행과 손해배상]　임대인 또는 임차인이 본 계약상의 내용에 대하여 불이행이 있을 경우 그 상대방은 불이행한자에 대하여 서면으로 최고하고 계약을 해제할 수 있으며, 계약해제에 따른 손해배상을 각각 상대방에게 청구할 수 있다.

자료: 표준 임대차 계약서

　　예상대로 임차인의 유치권에 관해서는 크게 다룰 내용이 없었다. 결국 인도명령 결정으로 명도해서 공인중개사 사무소를 통해 1억 6,000만 원에 판매하는 전략을 세우고 입찰 가격을 정하는 단계에 이르렀다. 당시 수강생들은 이미 다른 경매 사건으로 꽤 많은 수익을 올린 적이 있다 보니 이번에도 욕심을 가지고 입찰을 준비했다.

처음에는 입찰 시점을 2020년 1월 16일 자로 정했는데, 이런 난도의 사건이라면 단독 입찰일 것으로 판단해서 입찰하지 않았다. 지금 생각해 보면 다소 오만한 생각이었다. 다음 차수였던 2020년 3월 12일 자 경매가 코로나19로 셧다운되면서 미뤄지는 바람에 2020년 4월 9일 자에 입찰 가격 8,388만 3,800원을 적어 냈는데, 11명이나 응찰해서 보기 좋게 떨어진 것이다.

필자는 패찰하면 그 이유를 오답노트 만들 듯이 기록한다. 반복된 실수를 하지 않기 위해서다. 이 사건에 관해서는 '욕심을 부려서'라고 패찰 원인을 기록해 둔 것이 남아 있다. 경매가 지연되면서 입찰 공고가 오래 노출되어 전국적인 광고 효과가 나타난 것으로 볼 수 있다는 기록도 해 두었지만, 결국 나 자신을 설득하기 위한 핑계에 불과했다. 아무리 전략을 잘 세워도 과감하게 행동하지 못하면 허무한 결과를 낳게 된다는 깨달음을 얻은 사건이었다.

Chapter 3

특수물건의 꽃은 협상,
협상이 곧 수익이다

부동산 경매의 목적은 수익 창출이다. 그리고 수익 창출은 경매로 낙찰받은 부동산의 소유권을 온전히 행사할 수 있을 때 가능하다. 낙찰 이후 매매까지 빠르게 진행될수록 수익률이 높아지는 것은 당연한 이치다.

　일반물건은 명도 후 공인중개사 사무소를 통해 매매가 이루어졌을 때 비로소 수익이 창출된다. 이때 명도에서 매각까지 시간을 얼마나 단축할 수 있는지가 매우 중요하다.

　반면에 특수물건은 이해관계인과의 협상을 통해 매매까지의 시간을 줄일 수 있다. 예를 들어, 지분 경매 사건에서 공유자에게 매각하는 방법이 있다. 낙찰받은 지분을 나머지 지분 공유자에게 매각하면, 명도와 매도가 동시에 이루어지는 만큼 시간이 훨씬 단축된다.

　이처럼 특수물건 경매 사건에서는 성공적인 협상 여부가 수익과 직결된다. 하지만 협상을 잘하는 방법을 이론적으로 배우기는 어렵다. 이론보다는 실무를 통해 익혀야 하는 능력이기 때문이다. 따라서 협상에 따라 결과의 방향이 달라진다는 점을 명심하고 다양한 사례를 통해 직간접적인 경험을 쌓기 위해 노력해야 한다.

거절할 수 없는 제안을
던져라

일반물건 경매의 꽃은 명도라는 말이 공공연하게 퍼져 있다. 이는 사실이다. 주거용 아파트 낙찰은 대부분 경락잔금대출(경매에서 부동산을 낙찰받았지만 잔금을 치를 돈이 부족한 낙찰자를 위해 낙찰받은 물건을 담보로 대출해 주는 것)을 일으킨다. 이는 이자를 내야 한다는 뜻이며, 시간이 흐를수록 수익성이 떨어진다는 의미이기도 하다. 따라서 빠르게 명도하는 것이 중요하다. 언제 어떻게 명도를 끝내느냐에 따라 명도협의금(속칭 이사비)을 절감할 수 있고, 종국적으로 수익 실현 시기도 달라질 수밖에 없다.

일반물건 경매는 보통 '권리분석 → 명도(인도명령) → 매도'의 순서를 거친다. 인수되는 권리가 없으면 곧바로 입찰할 수 있다. 이후 낙찰이 이루어지면 명도를 비중 있게 다룬다. 전체적으로 권리분석에 할애하는 시간보다 명도에 할애하는 시간이 더 많다. 이 때문에 여러 전문가가 "경매의 꽃은 명도"라고 한다.

반면에 특수물건 경매는 '사건 분석 → 전략 구상 → 협상(소송) 또는 매도'의 순서를 거친다. 특수물건 경매 사건은 여러 이해관계가 얽혀 있기 때문에 사건 분석과 전략을 기반으로 어떻게 협상을 이끌어 내는지가 관건이다. 일반물건 경매의 꽃이 명도라면, 특수물건 경매의 꽃은 협상이라고 할 수 있는 것이다.

그런데 일반물건도 특수물건처럼 권리분석 단계에서 꼼꼼하게 사건을 분석하고 전략을 세운다면 어떨까? 틀림없이 명도 및 매도에 도움이 된다. 두 가지 사례를 예로 들어 보겠다.

첫 번째는 등기부 현황을 분석해서 명도 전략을 세우는 예시다.

등기부현황 (채권액합계 : 270,003,883원)

No	접수	권리종류	권리자	채권금액	비고	소멸여부
1(갑2)	2014.06.17	소유권이전(매매)	김○○		거래가액:147,000,000	
2(을1)	2014.06.17	근저당	중부산새마을금고	144,300,000원	말소기준등기	소멸
3(을2)	2020.12.18	근저당	(주)유노스프레스티지대부	19,500,000원		소멸
4(갑3)	2022.04.27	가압류	하나카드(주)	6,338,980원	2022카단███	소멸
5(갑4)	2022.05.13	가압류	고려저축은행	17,301,250원	2022카단█████	소멸
6(갑6)	2022.05.18	가압류	오케이저축은행	12,829,453원	2022카단█████	소멸
7(갑7)	2022.05.26	가압류	서민금융진흥원	7,200,001원	2022카단███	소멸
8(갑9)	2023.02.02	임의경매	중부산새마을금고	청구금액: 92,716,220원	2023타경███	소멸
9(갑10)	2023.03.14	압류	국민건강보험공단			소멸
10(갑11)	2023.03.21	가압류	(주)리드코프	10,025,000원	2023카단███	소멸
11(갑12)	2023.03.23	가압류	한국자산관리공사	52,509,199원	2023카단███	소멸

자료: 옥션원

이 일반물건 사건을 순서대로 보면 2022년부터 1년여 사이에 각종 가압류 및 압류가 걸렸다. 이러한 경우 크게 두 가지 상황을 유추할 수 있다. 먼저 소유자 겸 채무자가 일부러 터트린 것이다. 2022년 4월부터 각종 가압류가 걸리기 시작했고 2023년 2월에 근저당권자가 임의경매를 신청한 것으로 볼 때, 금융기관에 이자를 내지 못하게 되자 이곳저곳에서 신용대출로 최대한 빌린 다음 은닉했을 가능성이 있다. 그게 아니라면 그저 소유자 겸 채무자의 경제 상황이 매우 어려운 것으로, 부동산이 낙찰되면 당장 이사 갈 곳이 없어 낙찰자에게 저항할 확률이 상당히 높다. 따라서 낙찰 이후 이사 비용을 조금 더 주는 것으로 명도 전략을 세울 수 있다. 경락잔금대출의 이자까지 고려했을 때 가장 손쉽고 효율적인 명도 방안이 될 것이다.

두 번째는 부동산 상태와 소유권 분석을 통해 명도 전략을 세우는 예시다.

순위번호	등 기 목 적	접 수	등 기 원 인	권리자 및 기타사항
【 갑　　　　　구 】				(소유권에 관한 사항)
1 (전 3)	소유권이전	1999년3월2일 제14118호	1999년2월10일 매매	소유자　제██ 67██-******* **부산 해운대구**-██ ███ ██ ████
				부동산등기법 제177조의 6 제1항의 규정에 의하여　1999년 04월 30일 전산이기
1-1	1번등기명의인표시 변경		2003년2월4일 전거	제██의 주소 부산 해운대구 ██ ██ ██.██ 2006년12월8일　부기
2	소유권이전	2006년12월8일 제104252호	2006년11월6일 매매	공유자 지분 2분의 1 고██ 69██-******* 　부산 해운대구 ██ ███ ██ ████ 지분 2분의 1
3	공유자전원지분전부 이전	2014년10월22일 제102537호	2014년8월30일 매매	소유자　권██ 756██-******* 　부산광역시 해운대구 ██ ███ ██ ████ 거래가액 금 ██ ████원
⋮				
4	소유권이전	2021년7월30일 제70395호	2021년5월4일 매매	소유자　권██ 86██-******* 　부산광역시 해운대구 ██ ███ ██ ████ 거래가액 금██ ████원

자료: 등기부등본

사용승인이 1996년인 아파트로, 여러 차례 손바뀜(주인이 바뀐다는 뜻, 주식에서 많이 쓰이는 용어로 부동산에서는 소유자가 바뀌는 형태를 칭함)되다가 경매에 나온 물건이 있다. 1999년 매매 이후 2006년 매매 등기와 2014년 매매 등기를 거쳐, 최종적으로 2021년 매매로 인한 소유권 이전등기가 되었다.

오래된 아파트인 만큼 소유자가 직접 거주한다면 인테리어를 새로 했을 가능성이 크기에 로드뷰로 새시 교체 여부 등을 살펴보고 입찰 가격을 정할 수 있다. 이는 명도 전략을 짜는 데도 중요한 역할을 하는데, 인도받기 전에 공인 중개사를 통해 일반 매매할 테니 잘 협조해 준다면 이사 비용을 추가로 더 얹어 주겠다고 협상할 수도 있다. 필자의 경험칙에 따르면, 설령 새롭게 인테리어가 되어 있지 않더라도 내부가 텅 비었을 때보다 가구 등의 짐이 있어 시각적으로 안정적인 모습일 때 매매가 훨씬 수월했기 때문이다.

이처럼 일반물건도 특수물건에 접근하듯이 다가가면 더욱 효과적으로 수익을 얻을 수 있다. 그리고 사건 분석을 통해 구상한 전략을 실제로 진행할 때 가장 중요한 것은 협상이다. 협상 단계가 바로 수익 실현의 구간이기 때문이다. 협상이 어떻게 흘러가는지에 따라 경매의 성패가 판가름 난다고 해도 과언이 아니다. 그러면 특수물건의 꽃이라 불리는 협상이 얼마나 중요한지 다음 사건을 통해 더욱 자세히 알아보자.

2017타경▒▒▒

소 재 지	부산광역시 금정구 ▒▒▒ ▒▒							
물건종별	대지	감 정 가	14,532,000원		오늘조회: 1 2주누적: 0 2주평균: 0		
				구분	매각기일	최저매각가격	결과
토지면적	전체: 109㎡(32.97평) 지분: 24.22㎡(7.33평)	최 저 가	(100%) 14,532,000원	1차	2018-04-06	14,532,000원	매각
				매각 18,838,000원(129.63%) / 4명 / 미납 (차순위금액:15,270,000원)			
건물면적	건물은 매각제외	보 증 금	(20%) 2,906,400원	2차	2018-06-15	14,532,000원	
매각물건	토지만 매각이며, 지분 매각임	소 유 자	안○○				
개시결정	2017-07-10	채 무 자	안○○				
사 건 명	강제경매	채 권 자	서울보증보험(주)				

자료: 옥션원

임차인현황 (말소기준권리 : 2017.07.10 / 배당요구종기일 : 2017.09.27)

임차인	점유부분	전입/확정/배당	보증금/차임	대항력	배당예상금액	기타
안○○	주거용 제시외 반넬조 천막지붕 단층 주택	전입일자: 2014.10.24 확정일자: 미상 배당요구: 없음	미상		배당금 없음	점유자
하○○	주거용 제시외 조적조 스레트지붕 함석지붕 단층 주택	전입일자: 미전입 확정일자: 미상 배당요구: 없음	보5,000,000원 월150,000원		배당금 없음	
기타사항	임차인수: 2명 , 임차보증금합계: 5,000,000원, 월세합계: 150,000원 ☞ 현장에서 만난 소유자 형 안██에 의하면 도면 (가)는 하██가 임대차계약을 하고 점유 사용한다 하여 (가) 출입문에 통지서를 넣어 두었고, 안██에게 통지서를 주었으나 관련서류 제출치 않음 ☞ 위 안████에 의하면 도면 (나)는 동생 안██이 점유 사용하고, 별지도면 (다)는 본인이 점유 사용하는데 (다) 건물은 ██동 ██호와 신청외 ████호 양지상에 걸쳐 있다고 하였음 ☞ 전입세대열람 내역에 안██ 세대가 전입되어 있음 ☞ 안██,하██ : 권리신고 없어 임대차관계 불분명					

토지등기부

No	접수	권리종류	권리자	채권금액	비고	소멸여부
1(갑6)	2017.07.06	안██지분총일부이전	안○○		진정한 등기명의 회복, 4/18	
2(갑7)	2017.07.10	안○○지분강제경매	서울보증보험(주) (부산신용지원단)	청구금액: 15,890,609원	말소기준등기 2017타경██	소멸

건물등기부	※주의 : 건물은 매각제외		채권최고액		비고	소멸여부
			☞ 건물등기부는 전산발급이 되지않아 등재하지 못함.			

자료: 옥션원

해당 물건의 최초 감정가는 2,070만 8,100원이었는데, 법정지상권 문제로 건부감가(건물이 있는 토지가 건물이 없는 나지보다 가격이 낮을 때 토지 감가가 발생하는 것)가 이루어져 30퍼센트 저감된 1,453만 2,000원으로 경매가 시작되었다. 필자가 1,883만 8,000원을 적어서 낙찰되었지만 미납했다. 미납했는데 수익을 봤다니 흡사 거짓말처럼 보일 수도 있는데, 어떻게 그런 결과가 만들어졌는지 순차적으로 확인해 보자.

해당 사건은 난도가 높아 분석하고 전략을 짜는 데만 상당한 시간이 걸렸다. 입찰 당시 필자를 포함해서 4명이 응찰했는데, 대다수가 안면이 있는 전문가들이었다. 경매 사건을 살필 때 빨간색으로 표시된 주의 사항이 많으면 복잡하다는 생각에 넘겨 버리는 사람이 많다. 하지만 필자는 이러한 특징이 오히려 입찰자 수를 낮추는 효과를 불러온다고 본다.

목록	지번	용도/구조/면적/토지이용계획			㎡당 단가 (공시지가)	감정가	비고
토지	▓▓동 ▓▓	가축사육제한구역,제1종일반 주거지역,제1종지구단위계획 구역,환경정비…	대 24.22㎡ (7.33평)	855,000원 (413,600원)	20,708,100원	☞ 전체면적 109 ㎡ 중 안○○지분 4/18 매각 ▶제시외건물 소재 감안한 평가액:@60 0,000원/㎡=14,53 2,000원	
제시 외 건물	1	▓▓동 ▓▓ 조적조 기와지붕 등	단층	주택	13.81㎡(4.18 평)	233,000원	3,217,730원	매각제외 ☞ 전체면적 62.13㎡ 중 안▓ 지분 4/18 매각
	2		단층	주택	11.09㎡(3.35 평)	200,000원	2,218,000원	매각제외 ☞ 전체면적 49.92㎡ 중 안▓ 지분 4/18 매각
	3		단층	다용도실	0.64㎡(0.19평)	85,000원	54,400원	매각제외 ☞ 전체면적 2.89㎡ 중 안▓ 지분 4/18 매각
	4		단층	창고	0.87㎡(0.26평)	50,000원	43,500원	매각제외 ☞ 전체면적 3.91㎡ 중 안▓ 지분 4/18 매각
	5		단층	화장실,창고	3.2㎡(0.97평)	90,000원	288,000원	매각제외 ☞ 전체면적 14.4㎡ 중 안▓ 지분 4/18 매각
	6		단층	화장실	1.12㎡(0.34평)	80,000원	89,600원	매각제외 ☞ 전체면적 5.04㎡ 중 안▓ 지분 4/18 매각
	7		단층	주택	4.88㎡(1.48평)	150,000원	732,000원	매각제외 ☞ 전체면적 21.95㎡ 중 안▓ 지분 4/18 매각
감정가	제시외건물 매각제외 토지:24.22㎡(7.33평)					합계 14,532,000원	토지만 매각이며, 지분 매각임	

자료: 옥션원

'토지만 매각' 사건이었기에 법정지상권이 중요한 쟁점이었고, 토지 지분 매각이었기에 지분 물건에 관한 분석이 필요했다. 전략을 세우는 데 두 배의 노력이 든다고 생각할 수도 있지만, 발상을 전환하면 법정지상권과 지분 각각의 수익 모델이 어우러져 있어 다양한 방식으로 수익 실현이 가능할 수도 있다.

사건 개요를 먼저 살펴보면, 2005년 12월 9일 자로 안 씨 형제 네 명은 각각 18분의 12, 18분의 1, 18분의 1, 18분의 4 지분 매매로 인한 소유권 이전을 했다. 이어서 같은 해 12월 16일 자로 18분의 1, 18분의 1, 18분의 4 지분을 가진 형제들이 18분의 12 지분을 가진 안○○(맏이) 씨에게 증여했다. 이때만 해도 별문제는 없었다. 그런데 2017년 7월 6일 자로 서울보증보험에서 18분의 4 지분 소유자였던 안△△ 씨의 소유권을 '진정한 등기명의의 회복(소유권을 가진 진정한 소유자가 등기 명의자의 등기를 말소하고 명의를 구하는 것)'으로 되돌려 놓고 경매를 신청했다. 채권 금액은 1,589만 원이었다.

순위번호	등 기 목 적	접 수	등 기 원 인	권 리 자 및 기 타 사 항
2	소유권이전	2005년12월9일 제33739호	1943년3월25일 매매	공유자 지분 18분의 12 안██ 47██-******* 부산 금정구 ██ ██ 지분 18분의 1 안██ 58██-******* 부산 금정구 ██ ██ 지분 18분의 1 안██ 61██-******* 안양시 동안구 ██ ██ ██ ██ ██ 지분 18분의 4 안██ 64██-******* 경남 의령군 ██ ██ ██
			⋮	
3	2번안██지분전부, 2번안██지분전부, 2번안██지분전부이전	2005년12월16일 제34791호	2005년12월15일 증여	공유자 지분 18분의 6 안██ 47██-******* 부산 금정구 ██ ██
4	압류	2009년2월2일 제1688호	2009년1월29일 압류(관촉과-1857)	권리자 부산광역시 처분청 금정구
5	4번압류등기말소	2016년5월2일 제11667호	2016년5월2일 해제	
6	3번안██지분18분의6 중 일부(18분의4)이전	2017년7월6일 제19340호	진정한 등기명의의 회복	공유자 지분 18분의 4 안██ 64██-******* 충청남도 태안군 ██ ██
				대위자 서울보증보험주식회사 서울특별시 종로구 ██ ██ ██ ██ 대위원인 부산지방법원 2008가단 ████ 사해행위취소의 확정판결
7	6번안██지분강제경매개시결 정	2017년7월10일 제19628호	2017년7월10일 부산지방법원의 강제경매개시결정(2017 타경██)	채권자 서울보증보험주식회사 ████-███████ 서울특별시 종로구 ██ ██ ██ ██

자료: 등기부등본

진정한 등기명의의 회복은 '채권자 취소권' 또는 '사해행위 취소'라고도 부른다. 채권자가 채무자에게 받을 돈이 있는데 이를 변제하지 않은 상태에서 재산의 명의를 넘겼을 때도 해당한다. 이렇게 18분의 4 지분의 소유권이 다시 안△△ 씨에게 되돌아가고, 채권자가 경매를 신청하면서 필자의 눈에 띄었다.

먼저 법정지상권을 판단해야 했다. 토지 위에 건물이 있어서 건물 등기부등본과 건축 허가 여부를 확인해 보려고 했지만, 건물은 무허가 미등기 상태였다. 사진상으로 추정했을 때 안○○ 씨와 형제들이 공동소유했을 당시 건물이 건축된 것은 확실했다. 그렇다면 공유자가 여러 명인 상태에서 한 사람이 단독으로 건물을 올렸을 테니 법정지상권은 성립하지 않는다. 특별한 사정없이 법정지상권을 성립시키면 다른 공유자들의 권리를 침해하는 것이기 때문이다.

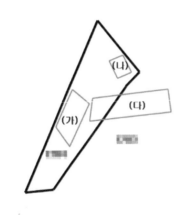

제시 외 건물-- (가) 조적조 스레트지붕위 함석지붕
단층 주택
(나) 판넬조 천막지붕 단층 주택
(다) 조적조 기와지붕 단층 주택

게다가 경매에 나온 자루형 모양의 토지와 그 외의 토지 위에 걸쳐진 건물도 있었다. 자루형 토지에 속한 건물 두 동뿐만 아니라 걸쳐진 건물까지 철거해야 하는 사건이었다.

지분은 18분의 4이기에 과반수에는 미치지 않았다. 하지만 해당 토지는 이미 안○○ 씨가 18분의 14를 소유했고 그 위의 건물 또한 사실상 소유하고 있으므로, 18분의 4 지분에 해당하는 토지 지료에 관해서는 자유로울 수 없었다. 추후 건물 철거로 이어질 수도 있기 때문에 결국 안○○ 씨에게는 18분의 4밖에 안 되는 토지가 치명적인 아킬레스건으로 작용하는 꼴이었다.

안○○ 씨에게 방법이 없는 것은 아니었다. 입찰 당시 안○○ 씨는 공유자의 지위였기에 입찰장에 나와서 공유자우선매수 신청을 할 수 있었다. 하지만 입찰장에 나오지 않았고, 필자가 최고가 매수인이 되었다. 낙찰 당일에 바로 사건 기록을 열람한 필자는 18분의 14 지분을 지닌 안○○ 씨가 어떤 생각을 하고 있는지 궁금해하며 만남을 요청했다.

안○○ 씨는 동생인 안△△ 씨에게 소액의 빚이 있다는 사실을 알고 있었다. 하지만 오래전 일이고, 지금은 동생과 연락이 닿지 않는다고 했다. 자신의 빚이 아니기에 그냥 방치해 둔 것이었다. 향후 18분의 4 지분이 어떻게 작용할지 예상할 수 없었던 안○○ 씨는 필자의 여러 가지 제안에도 쉽게 답하지 못했다. 결국 믿을 만한 법률 자문가를 대동해서 다시 만나기로 했다.

며칠 지나지 않아 안○○ 씨에게 연락이 왔다. 변호사 사무실에서 만나기로 했는데 마침 필자의 사무실 근처였다. 당시 안○○ 씨의 변호사가 대뜸 "이런 어려운 물건을 왜 받았어요?" 하고 물었다. 이에 필자는 "어려우니까 받았습니다"라고 대답한 기억이 난다. 이윽고 변호사가 법정지상권 성립을 운운하기에 오히려 필자가 두 가지 제안을 했다.

첫 번째는 법정지상권 유무를 따지고 싶다면 소송으로 다투되 시간 소요가 많을 테니, 법정지상권이 성립하지 않는다는 필자 측 승소 판결을 받으면 자진 철거하거나 18분의 4 지분을 5,000만 원에 매수하라는 제안이었다. 두 번째는 공유자우선매수 신청으로 필자의 지분을 넘기는 제안이었다. 동생인 안△△ 씨와 연락이 닿지 않으므로 경매 사건 자체를 취하하는 일은 어렵겠지만, 불행 중 다행인 점은 지분 사건이라는 사실이었다. 필자가 낙찰 잔금을 미납하면 18분의 4 지분은 재매각될 것이다. 재매각 때는 보통 심리적으로 위축돼서 이전 낙찰가보다 낮은 금액에 낙찰될 가능성이 있다. 그때 공유자우선매수 신청을 하면 서로 윈윈 하는 방향으로 정리할 수 있었다.

안○○ 씨가 첫 번째 안을 선택하면 이길지 질지 모를 소송에 출자해야 하는 변호사 비용만 500만 원 이상이다. 게다가 소송에서 지면 취득세 등을 합해서 지분 매수 비용으로 5,000만 원 이상이 나갈 것이다. 설령 소송에서 이기더라도 필자 측이 저가에 팔 마음이 없어 지료를 받으며 토지 전체를 공유물 분할 소송해 버리면 토지와 주택이 제삼자에게 매각되는 것을 막기 위해 방어적으로 높은 가격을 써야 할지도 모른다.

두 번째 안을 선택한다면 필자에게 미납으로 날리게 될 보증금이 포함된 약 1,000만 원의 금액을 지불해도 다음 재매각 시에 공유자우선매수를 할 수 있으니 3,000만 원도 안 되는 비용으로 해결할 수 있다. 만약 재매각으로 1,800만 원에 낙찰되어 공유자우선매수를 한다면 경매 사건에서 배당될 금액은 '미납 보증금 145만 원 + 1,800만 원 = 1,945만 원'이다. 청구 채권이 1,600여만 원이기 때문에 나아가 안△△ 씨의 채무도 거의 전액 변제할 수 있는 효과까지 노려볼 수 있었다.

이렇게 두 가지 제안을 하고 변호사 사무실을 나왔는데, 한 시간이 채 되지 않아 연락이 왔다. 그리고 다음과 같은 합의를 하게 되었다.

합의 내용

1. 신청인의 요청에 따라 피신청인은 위 사건의 최고가 매수인의 지위를 포기한다.

1-1. 피신청인은 최고가 매수인의 지위를 포기함과 동시에 해당 사건에 대하여 잔대금 납부 및 추후 입찰에 관여치 아니한다.

2. 신청인은 피신청인에게 위의 1항에 대목되는 일체의 반대급부로 보증금을 포함한 금 ○천 ○백만 원(○○,000,000원)을 지급한다.

3. 참관인은 추후 신청인이 위 사건에 대하여 공유자 매수 신청을 할 수 있도록 협조한다.

2017타경■■■■

소 재 지	부산광역시 금정구 ■■■ ■■							
물건종별	대지	감 정 가	14,532,000원	오늘조회: 1 2주누적: 0 2주평균: 0			
				구분	매각기일	최저매각가격	결과
토지면적	전체: 109㎡(32.97평) 지분: 24.22㎡(7.33평)	최 저 가	(100%) 14,532,000원	1차	2018-04-06	14,532,000원	매각
				매각 18,838,000원(129.63%) / 4명 / 미납 (차순위금액:15,270,000원)			
건물면적	건물은 매각제외	보 증 금	(20%) 2,906,400원	2차	2018-06-15	**14,532,000원**	
				매각 : 18,160,000원 (124.97%)			
매각물건	토지만 매각이며, 지분 매각임	소 유 자	안○○	(입찰4명,매수인:부산시 금정구 안○○ (공유자우선매수) / 차순위금액 15,370,000원)			
개시결정	2017-07-10	채 무 자	안○○	매각결정기일 : 2018.06.22 - 매각허가결정			
				대금지급기한 : 2018.07.25			
사 건 명	강제경매	채 권 자	서울보증보험(주)	대금납부 2018.07.13 / 배당기일 2018.08.08			
				배당종결 2018.08.08			

자료: 옥션원

거절할 수 없는 제안을 던져라

필자는 보증금을 포함해서 약 1,000만 원 정도로 합의했다. 낙찰 대금 미납으로 수익을 만든 것이다. 이후 재매각이 이루어졌고, 안○○ 씨의 공유자우선매수로 사건은 종결되었다.

이번 사례는 입찰 전 사건 분석과 전략을 토대로 한 협상이 얼마나 중요한지 알 수 있는 사건이었다. 나아가 협상을 할 때 상대방이 선택할 수밖에 없는 제안을 하는 것이 핵심이다. 수익과 직결되는 협상이야말로 특수물건의 꽃이라고 필자는 확신한다.

재개발 내 농지로 39일 만에
2억 원 수익을 낸 협상

　간혹 물건이 꽤 괜찮아서 경쟁자가 많으리라 짐작되는 사건이 있다. 그런 사건들은 십중팔구 낙찰 가격이 높고, 예상대로 경쟁자도 많다. 그런데 이런 물건 중에서 어느 날 갑자기 경매 입찰 기일이 변경되거나 입찰 전날 취하되는 일이 생길 때가 있다. 채권자가 변경 신청을 하거나 채무자가 채무를 변제한 뒤 취소하는 경우도 있지만, 모두 다 그런 것은 아니다.

　법원 경매 페이지에 물건이 등록되면 본의 아니게 전국에 광고되는 효과가 나타난다. 그중 괜찮은 물건은 경매로 매각되기 전에 부동산 업자 등이 접근해서 사전에 매수하기도 한다. 이번 사건도 그러한 물건 중 하나였다.

2019타경▮▮▮

소 재 지	부산광역시 해운대구 ▮▮▮▮▮							
물건종별	농지	감 정 가	82,410,000원		오늘조회: 1 2주누적: 0 2주평균: 0			
토지면적	전체: 703㎡(212.66평) 지분: 67㎡(20.27평)	최 저 가	(100%) 82,410,000원	구분	매각기일		최저매각가격	결과
					2019-12-12		82,410,000원	
건물면적		보 증 금	(10%) 8,241,000원					
매각물건	토지지분매각	소 유 자	김○○					
개시결정	2019-03-06	채 무 자	김○○					
사 건 명	임의경매	채 권 자	정○○					

자료: 옥션원

수업을 진행했던 한 그룹의 회원이 해당 물건의 위치가 해운대 우3구역 재개발 지역 내 위치한 토지라 지분이라도 65제곱미터를 초과하기에 공인중개사 사무소를 통해서도 충분히 4억 원 정도에 거래할 수 있다고 이야기했다. 당시는 부산에 재개발 붐이 막 시작되는 시기였다. 필자는 사건을 본격적으로 들여다보기 전에 그 시세가 맞는지 재차 알아보았다. 그리고 충분히 4억 원에 매매 가능하다는 사실을 확인했다.

자료: 네이버 지도

다른 요인을 모두 제외해도 부산 해운대 우동 3구역 재개발 지역 내에 위치했다는 것만으로 충분히 가치 있는 부동산이었다. 필자는 곧바로 사건을 분석하기 시작했다.

매각토지.건물현황(감정원 : 삼일감정평가 / 가격시점 : 2019.03.20)

목록	지번	용도/구조/면적/토지이용계획		㎡당 단가 (공시지가➕)	감정가	비고
토지	우동 ■■.■	지역특화발전특구,상대보호구역,가축사육제한구역	답 67㎡ (20.27평)	1,230,000원 (1,370,000원)	82,410,000원	☞ 전체면적 703㎡중 공유자 김○○ 지분 67/703 매각
감정가		토지:67㎡(20.27평)		합계	82,410,000원	토지지분매각
현황 위치	* '해운대역(폐역)' 북동측 인근에 위치하며 부근은 우동3구역 주택재개발정비사업구역 내 단독주택 및 공동주택 근린생활시설 등으로 형성되어있음. * 본건까지 차량접근 가능하며 인근에 버스정류장 및 도시철도2호선 '해운대역'이 소재하는바, 제반교통사정은 보통임. * 인접지와 대체로 등고평탄한 부정형의 토지로서, 지목 답이나 현황 도로 등으로 이용중임. * 본건이 폭 약 8미터 내외의 현황도로이며, 남서측으로 폭 약 8~10미터 내외의 도로에 접함.					

임차인현황 (말소기준권리 : 2016.03.07 / 배당요구종기일 : 2019.05.17)

===== 조사된 임차내역 없음 =====

기타사항	☞현장에서 소유자등을 만날수 없어 점유및 임대차 여부는 알수 없음. ☞동사무소에 전입세대를 열람한바, 전입세대 없음.

토지등기부 (채권액합계 : 231,914,871원)

No	접수	권리종류	권리자	채권금액	비고	소멸여부
1(갑9)	2005.08.02	이상만지분중일부이전	김○○		매매, 67/703	
2(을1)	2016.03.07	김○○지분전부근저당	정○○	120,000,000원	말소기준등기	소멸
3(갑24)	2018.08.31	김○○지분가압류	부산신용보증재단	40,500,000원	2018카단■■■	소멸
4(갑25)	2018.09.03	김○○지분가압류	신용보증기금	66,200,000원	2018카단■■■	소멸
5(갑26)	2019.02.21	김○○지분가압류	아주캐피탈(주)	5,214,871원	2019카단■■■	소멸
6(갑27)	2019.03.06	김○○지분임의경매	정○○	청구금액: 90,000,000원	2019타경■■	소멸
7(갑28)	2019.06.17	김○○지분압류	마산세무서장			소멸

자료: 옥션원

  김○○ 씨는 2005년 8월 2일 자로 전체 면적 703제곱미터인 해당 토지를 67제곱미터 매수했다. 당시 거래 관행을 유추해 보면, 이른바 기획부동산의 권유로 매수했을 가능성이 매우 높았다. 그렇게 토지를 지분 형태로 보유한 뒤 별일 없이 지내다가 2016년 3월 7일 자로 개인에게 대출을 받았는데 채권 최고액이 1억 2,000만 원이었다.

  그리고 몇 년 지나지 않은 2018년 무렵부터 신용보증재단과 보증기금, 그리고 캐피탈에서 각각 가압류 등기되었다. 낙찰받은 다음 공유자와 접촉해서 협상하는 단기 전략이 애초에 먹히지 않는 사건이었다. 여럿이 지분 형태로 공유하고 있지만 공유자들끼리 서로 특별한 이해관계가 없어 보였기 때문이다.

  특별한 전략을 세우지 못하고 입찰에만 참여해야 하기에 감정가이자 최저가인 8,241만 원에서 도대체 얼마나 더 써야 낙찰될지 고민할 수밖에 없었다. 이 글을 읽는 독자 여러분도 4억 원에 거래될 수 있는 물건이 최저가격 8,000여만 원에 경매로 나왔다면 얼마를 써넣을지 고민스러울 것이다. 게다가 얼마나 많은 사람이 입찰에 들어올지 알 수 없어 더욱 고민이었다.

  필자는 열정 가득한 한 회원에게 경매로 낙찰받을 확신은 없어도 사건에 열의를 쏟아부을 자신은 있는지 물었다. 그 회원은 망설임 없이 곧바로 그렇다고 답

재개발 내 농지로 39일 만에 2억 원 수익을 낸 협상

했고, 필자는 방안을 제시했다. 먼저 경매 기일이 촉박하니 지분 근저당권자를 만나 확정채권(채권자들이 이의를 제기하지 않는 채권으로, 확정채권을 가진 사람만이 배당받을 수 있음)을 매입해 올 것을 권했다. 채권자에게 막연히 경매를 연기해 달라고 요구해 봤자 응하지 않을 확률이 높았다. 차라리 근저당권이 설정된 채권 전부를 이전받은 다음 경매 연기를 신청하는 것이 시간을 버는 방법이었다.

노력하면 운도 따라 준다고 했던가. 경매를 신청한 채권자 측에서 도리어 근저당권을 사고 싶어 하는 이유를 물었다. 필자 측은 경매가 아닌 일반 매매로 정리하기 위해서라는 뜻을 밝혔다. 그러자 순순히 기일 연기를 해 주었다.

2019타경 ▇▇▇							
소 재 지	부산광역시 해운대구 ▇▇▇▇▇				오늘조회: 1 2주누적: 0 2주평균: 0		
물건종별	농지	감 정 가	82,410,000원	구분	매각기일	최저매각가격	결과
토지면적	전체: 703㎡(212.66평) 지분: 67㎡(20.27평)	최 저 가	(100%) 82,410,000원		2019-12-12	82,410,000원	변경
건물면적		보 증 금	(10%) 8,241,000원		2020-01-30	0원	취하
매각물건	토지지분매각	소 유 자	김〇〇	본사건은 취하(으)로 경매절차가 종결되었습니다.			
개시결정	2019-03-06	채 무 자	김〇〇				
사 건 명	임의경매	채 권 자	정〇〇				

자료: 옥션원

일단 시간을 1개월 이상 벌어 놓고 가압류 채권자들인 신용보증재단과 신용보증기금에 접촉하는 동시에 채무자와의 연락을 시도했다. 공기업의 경우 적정한 금액으로 가압류 말소를 해 주는 일이 더러 있기 때문이었다. 반면에 민간 기업은 대개 채무 전액을 변제하지 않으면 말소해 주지 않기에 아주캐피탈의 채무는 전액 변제로 가닥을 잡았다.

'첫술에 배부르랴'라는 말이 있듯이 1차 협상에서는 실패했다. 이후 2차 시도와 3차 시도도 전부 실패했다. 보통은 이쯤에서 포기하기 마련이지만, 열정 가득한 회원은 계속해서 협상을 시도했다. 이윽고 네 번째 시도에서 약간의 성과가 있었고, 다섯 번째 시도에서 채권자 모두를 비롯해 채무자이자 소유자와의 협상이 이루어졌다.

필자 측은 1억 8,000만 원을 출자해서 채권자들과 협의를 통해 가압류를 하나씩 말소했다. 이후 남은 잔액을 채무자 겸 소유자에게 지급했다.

부동산 매매 시 다수의 채권자가 있는 경우 동시이행을 하는 것이 아니라면 상당히 위험할 수 있다. 그래서 담보 금액이 가장 큰 근저당권을 인수하는 시점부터 해당 부동산에 가등기 설정을 권유했다. 가등기를 설정하고 나머지 채권자들과 금액 협상을 마무리할 수 있었다.

순위번호	등 기 목 적	접 수	등 기 원 인	권리자 및 기타사항
31	9번김■■지분전부 이전청구권가등기	2020년1월20일 제6883호	2020년1월20일 매매예약	가등기권자 지분 703분의 67 주식회사■■■■■■ ■■■ ■1-■■■■■■ 부산광역시 금정구 ■■ ■■■■ ■■, ■■■■ ■■■ ■ ■■■, ■■ ■■■ ■■■ ■■■■
	9번김■■지분전부 이전	2020년1월31일 제10658호	2020년1월20일 매매	공유자 지분 703분의 67 주식회사■■■■■■ ■■■ ■1-■■■■■■ 부산광역시 금정구 ■■ ■■■■ ■■, ■■■■ ■■■ ■ ■■■, ■■ ■■■ ■■■ ■■■■ 거래가액 금180,000,000원

자료: 등기부등본

경쟁자가 많은 매각 물건을 낙찰받으려면 금액을 높이는 것 말고는 딱히 방법이 없다. 그런데 이번 사례에서는 될지 안 될지 모르는 입찰을 준비하기보다 협상으로 사건을 마무리하고 일반 매매를 진행했다. 빠른 거래를 위해 처음 예상한 4억 원에서 2,000만 원 저렴한 3억 8,000만 원에 매매했다. 끈질긴 노력으로 아주 확실한 수익을 만들어 낸 것이다.

2020년 1월 20일 자에 해당 토지를 매수한 금액이 1억 8,000만 원이었다. 매도 잔금 날짜를 2월 28일 자로 잡았으니, 정확히 39일 만에 세전 2억 원의 수익을 만든 것이다. 필자도 내심 놀라움을 금치 못했다.

순위번호	등 기 목 적	접 수	등 기 원 인	권리자 및 기타사항
32	25번가압류등기말소	2020년1월20일 제7177호	2020년1월20일 일부해제	
33	24번가압류등기말소	2020년1월28일 제8919호	2020년1월21일 해제	
34	26번가압류등기말소	2020년1월28일 제9276호	2020년1월22일 해제	
35	27번임의경매개시결 정등기말소	2020년1월30일 제10287호	2020년1월30일 취하	
36	31번주식회사 ▨▨ ▨▨▨지분전부이전	2020년2월28일 제22275호	2020년2월10일 매매	공유자 지분 1406분의 67 이▨▨ 78▨ ▨▨-******* 부산광역시 북구 ▨▨▨▨ ▨▨, ▨▨▨ ▨▨▨ ▨▨ ▨▨ ▨▨▨▨▨▨ 지분 1406분의 67 장▨▨ 60▨ ▨▨-******* 부산광역시 북구 ▨▨▨▨ ▨▨, ▨▨▨ 거래가액 금380,000,000원

어떤 문제를 맞닥뜨렸을 때 적당히 해 보고 안 되면 그만두는 사람이 태반이다. 하지만 이번 사례는 달랐다. 특수물건은 알아야 할 것이 많아서 까다롭다고 생각하는데, 열정과 노력으로 부딪혀서 수익을 냈다. 법조문이나 판례를 많이 알아서도 아니고, 경매를 오래해서도 아니었다. 단지 협상에 초점을 맞추고 집요하게 움직인 결과였다.

비단 경매 사건뿐만 아니라 어떤 일이든 열정만 있다면 어떻게든 좋은 결과를 만들 수 있다는 사실을 다시 한번 확인했다. 이 책을 읽는 독자 여러분도 언제였는지 모를, 열정적으로 무언가에 도전했던 때의 모습을 다시 떠올려 보았으면 좋겠다.

Chapter 3 특수물건의 꽃은 협상, 협상이 곧 수익이다

낙찰금 미납으로
수익을 올리는 협상

   부산에서 실시한 특수물건 그룹 PT 수업 때의 일이다. 수강생 중에는 전업 투자를 하는 회원이 있었는데, 상당히 의욕적이었다. 필자도 사람인지라 잘하고 못하고를 떠나서 열심히 하는 수강생에게 하나라도 더 챙겨 주고 싶은 마음이 든다. 그러던 중 나타난 것이 다음 사건이었다.

2020타경 ▩▩▩▩

소 재 지	부산광역시 남구 ▩▩▩▩▩							
새 주 소	부산광역시 남구 ▩▩▩▩							
물건종별	아파트	감 정 가		49,000,000원	오늘조회: 1 2주누적: 2 2주평균: 0			
					구분	매각기일	최저매각가격	결과
대 지 권	전체: 50.75㎡(15.35평) 지분: 16.92㎡(5.12평)	최 저 가		(80%) 39,200,000원	1차	2021-06-07	49,000,000원	매각
건물면적	전체: 75.67㎡(22.89평) 지분: 25.22㎡(7.63평)	보 증 금		(20%) 7,840,000원				
매각물건	토지및건물 지분 매각	소 유 자		주○○				
개시결정	2020-07-09	채 무 자		주○○				
사 건 명	강제경매	채 권 자		(주)대한채권관리대부				

매각물건현황 (감정원 : 센텀감정평가 / 가격시점 : 2020.07.23)

목록	구분	사용승인	면적	이용상태	감정가격	기타
건1	▩▩동 ▩▩▩ (4층중1층)	78.12.15	25.22㎡ (7.63평)	주거용	25,000,000원	☞ 전체면적 75.67㎡중 공유자 주○○지분 1/3 매각 * 도시가스에 의한 개별난방설비
토1	대지권		2681㎡ 중 16.916㎡		24,000,000원	☞ 전체면적 50.75㎡중 공유자 주○○지분 1/3 매각

현황 위치	* "▩▩▩박물관" 북측 인근에 위치하며, 주위는 공동주택, 단독주택, 근린생활시설 등으로 형성되어 있음. * 본건까지 차량접근 가능하고 인근에 시내버스정류장이 소재하동 전반적인 교통사정은 보통시됨. * 인접지와 대체로 등고평탄한 부정형의 토지로서, 공동주택(아파트) 부지로 이용중임. * 남측으로 폭 약 16미터, 북측으로 폭 약 6미터 내외의 포장도로에 각각 접함.
참고사항	▶ 본건매각 2021.06.07 / 매각가 50,070,000원 / OOO / 1명 입찰 / 대금미납 * 현장호칭은 C동으로 사용중임.

임차인현황 (말소기준권리 : 2019.04.29 / 배당요구종기일 : 2020.09.23)

	===== 임차인이 없으며 전부를 소유자가 점유 사용합니다. =====
기타사항	* 실내 성명미상여는 채무자가 아들이라고하며, 조사취지를 알려 주었으나, 나가라고 하며, 문을 닫아버려 더이상 탐문할수 없었으며, 조사취지를 알리는 안내문은 우편함에 꽂아 두었음. * 주소지로 전입신고된 세대 열람한바, 소유자 조▩▩(세대주 모 장▩▩) 세대가 전입되어 있었음.

등기부현황 (채권액합계 : 36,658,429원)

No	접수	권리종류	권리자	채권금액	비고	소멸여부
1(갑2)	2018.09.27	소유권이전(상속)	주○○		협의분할에 의한 상속, 주○○장▩ 주▩▩ 각 1/3	
2(갑3)	2019.04.29	주○○지분가압류	(주)대한채권관리대부	9,692,429원	말소기준등기 2019카단▩	소멸
3(갑4)	2019.09.27	주○○지분압류	부산지방검찰청동부지청			소멸
4(갑5)	2020.02.26	주○○지분압류	부산지방검찰청			소멸
5(갑6)	2020.05.14	주○○지분가압류	진○○	13,470,000원	2020카단▩	소멸
6(갑7)	2020.06.08	주○○지분가압류	(주)▩	13,496,000원	2020카단▩	소멸
7(갑8)	2020.07.09	주○○지분강제경매	(주)대한채권관리대부	청구금액: 10,761,361원	2020타경▩, 주식회사대한채권관리대부 가압류의 본 압류로의 이행	소멸
8(갑9)	2020.08.06	주○○지분압류	국민건강보험공단			소멸

자료: 옥션원

　　사건은 2018년 9월 27일 자로 상속이 이루어지면서부터 시작되었다. 주○○, 장○○, 주△△이 각각 3분의 1씩 공동소유한 부동산이었는데, 2019년 4월 29일 자로 주○○의 지분이 가압류되었다. 이후 형사 사건 벌금 등으로 압류가 이루어졌고, 개인과 법인으로부터 각각 상거래 채권으로 추정되는 가압류가 걸렸다. 결국 최초 가압류권자인 대부 업체에서 경매 신청을 했다. 형사 사건의 벌금 등은 알 수 없으나, 나머지 가압류 금액이 많지 않아서 단기에 해결될 가능성이 있겠다 싶었다.

송달내역

송달일	송달내역	송달결과
2020.07.07	채권자 주OOO OOOOOOOO 보정명령등본 발송	2020.07.08 도달
2020.07.07	채권자 주OOO OOOOOOOO 보정명령능본 발송	2020.07.08 도달
2020.07.15	주무관서 부OOOO OO 최고서 발송	2020.07.16 송달간주
2020.07.15	가압류권자 진OO 최고서 발송	2020.07.16 송달간주
2020.07.15	가압류권자 주OOOOO 최고서 발송	2020.07.16 송달간주
2020.07.15	가압류권자 주OOOOOOOOOOO 최고서 발송	2020.07.16 송달간주
2020.07.15	압류권자 부OOOOO OOOO 최고서 발송	2020.07.16 송달간주
2020.07.15	압류권자 부OOOOOO 최고서 발송	2020.07.16 송달간주
2020.07.15	주무관서 수OOOO 최고서 발송	2020.07.16 송달간주
2020.07.15	주무관서 국OOOOOOO OOOOOO 최고서 발송	2020.07.16 송달간주
2020.07.15	공유자 장OO 통지서 발송	2020.07.16 송달간주
2020.07.15	감정인 장OO 평가명령 발송	2020.07.20 도달
2020.07.15	집행관 부OOOOOOO OOO 조사명령 발송	2020.07.15 도달
2020.07.15	채무자겸소유자 주OO 개시결정정본 발송	2020.07.17 수취인불명
2020.07.15	채권자 주OOO OOOOOOOO 개시결정정본 발송	2020.07.17 도달
2020.07.15	공유자 주OO 통지서 발송	2020.07.16 송달간주
2020.07.23	채권자 주OOO OOOOOOOO 주소보정명령등본 발송	2020.07.24 도달
2020.07.28	채무지겸소유자 1 주OO 개시결정정본 발송	2020.08.09 기타송달불능
2020.08.11	채무지겸소유자 1 주OO 개시결정정본 발송	2020.08.23 기타송달불능
2020.08.29	채무지겸소유자 1 주OO 개시결정정본 발송	2020.09.06 기타송달불능
2020.09.09	채권자 주OOO OOOOOOOO 주소보정명령등본 발송	2020.09.10 도달
2020.09.14	채무자겸소유자1 주OO 개시결정정본 발송	2020.09.29 도달

자료: 옥션원, 문건/송달내역

송달내역을 보면 법원의 경매개시결정 정본이 수차례 도달되지 않았다. 최종적으로 2020년 9월 14일에 발송해서 2020년 9월 29일에 도달된 결과는 십중팔구 공시송달이었다.

청구된 채권이 소액이었기에 경매 취하 작업으로 간단하게 해결할 수 있지 않을까 하는 생각으로 계속해서 사건을 살펴보는데, 발목을 잡을 만한 내용이 있었다.

	===== 임차인이 없으며 전부를 소유자가 점유 사용합니다. =====
기타사항	☞실내 성명미상여는 채무자가 아들이라고하며, 조사취지를 알려 주었으나, 나가라고 하며, 문을 닫아버려 더이상 탐문할수 없었으며, 조사취지를 알리는 안내문은 우편함에 꽂아 두었음. ☞주소지로 전입신고된 세대 열람한바, 소유자 조■■(세대주 모 장■■) 세대가 전입되어 있었음.

집행관이 직접 찾아가서 조사 취지를 알려 주었다는 문구와 문전박대한 내용이 현황 조사에 기재되어 있는 것이었다. 구체적인 상황에 따라 다르지만, 대개 이러한 경우 공유자와의 협상이 쉽지 않았다.

낙찰 후에도 지분을 상속받은 모친과 두 자녀가 해당 부동산에 거주하고 있으니 부당이득을 청구할 수 있겠지만, 애초에 단기 투자를 목표로 했기에 선뜻 입찰을 결정하지 못했다. 그러던 중 등기부등본에서 뜻밖의 내용을 발견하게 되었다.

【 갑　　구 】	(소유권에 관한 사항)			
순위번호	등 기 목 적	접　　수	등 기 원 인	권리자 및 기타사항
1 (전 4)	소유권이전	1994년2월19일 제1943호	1994년2월4일 매매	소유자 주■■ 43■■■-******* 　　　부산 남구 ■■■■ ■■■■ ■■■
				부동산등기법 제177조의 6 제1항의 규정에 의하여 2001년 03월 15일 전산이기
2	소유권이전	2018년9월27일 제47867호	2018년6월21일 협의분할에 의한 상속	공유자 지분 3분의 1 장■■ 48■■-******* 　　부산광역시 남구 ■■■■ ■■ ■■■ 지분 3분의 1 주■■ 75■■-******* 　　부산광역시 남구 ■■■■ ■■■ 지분 3분의 1 주■■ 78■■-******* 　　부산광역시 남구 ■■■■ ■■■ 　　■■■■ ■■ ■■ ■■■

【 을 구 】	(소유권 이외의 권리에 관한 사항)			
순위번호	등 기 목 적	접 수	등 기 원 인	권리자 및 기타사항

1
(전 15)
	근저당권설정	1994년4월11일
		제1297호
			1994년4월11일
			설정계약
				채권최고액 금36,000,000원
				채무자 주▮▮▮
				  부산 남구 ▮▮▮ ▮▮▮ ▮▮▮▮▮ ▮▮▮▮▮
				근저당권자 농업협동조합중앙회
				  ▮▮▮▮▮▮▮▮▮
				  서울 중구 ▮▮▮ ▮▮▮▮▮
				  ▮ ▮▮▮▮▮▮▮▮

				부동산등기법 제177조의 6 제1항의 규정에 의하여 2001년 03월 15일 전산이기

2	근저당권설정	2014년3월25일
		제15927호
			2014년3월25일
			설정계약
				채권최고액 금22,800,000원
				채무자 주▮▮
				  부산광역시 서구 ▮▮▮ ▮▮▮▮▮▮▮
				근저당권자 농협은행주식회사 ▮▮▮▮ ▮▮ -▮▮▮▮▮▮
				  서울특별시 중구 ▮▮▮ ▮▮▮▮

3	1번근저당권설정, 2번근저당권설정 등기말소	2018년8월20일 제41429호	2018년8월20일 해지	

4	갑구2번장▮▮지분
	전부근저당권설정
		2018년9월27일
		제47868호
			2018년9월12일
			설정계약
				채권최고액 금40,000,000원
				채무자 장▮▮
				  부산광역시 남구 ▮▮▮▮ ▮▮▮ ▮▮ ▮▮▮▮
				  ▮▮▮▮▮▮ ▮▮ ▮▮▮▮▮▮
				근저당권자
				  주▮▮ 71▮▮▮▮-*******
				  부산광역시 서구 ▮▮▮ ▮▮▮▮▮▮▮▮▮
				  ▮▮▮▮▮ ▮
				  주▮▮ 74▮▮▮-*******
				  부산광역시 기장군 ▮▮▮ ▮▮▮▮ ▮▮, ▮▮▮
				  ▮ ▮▮▮ ▮▮▮▮▮

2018년 9월 27일 자 협의분할에 의한 상속등기 이전의 2014년 3월 25일 자 말소등기에 주목했다. 당시 소유자는 부친이었는데, 자녀로 추정되는 주선 ○이 부친을 물상보증인으로 대출받은 적이 있었다. 그런데 상속등기 이전에 채무를 전액 상환한 주선○ 씨가 뜬금없이 모친인 장○○ 씨의 지분에 근저당권을 설정한 것이었다.

최초 협의분할 상속을 모친이나 맏이로 몰아주는 일이 많은데, 필자의 경험칙상 그러지 못한 상황에서 장○○ 씨의 지분이 불안해 보일 수 있기에 자녀들로 추정되는 주선○ 씨와 주◇◇ 씨가 모친의 지분에 근저당권을 설정한 것으로 보였다. 부친이 살아 있을 때 물상보증까지 해 주던 집안이므로 사망 이후 별도의 차용증을 써서 지분에 근저당권까지 설정할 이유가 없을 가능성이 크기 때문이다. 따라서 이 사건은 얼마나 협상이 진척될 수 있는지가 관건이었다.

필자는 의욕적인 수강생에게 방향을 제시했고, 수강생은 입찰에 참여했다. 감정가보다 시세가 높았기에 신건에 단독으로 낙찰받았다. 이후 곧바로 협상을 시도했다.

하지만 아니나 다를까 문전박대를 당하기 일쑤였다. 이후 두 차례 더 찾아가 보았지만, 여전한 냉대에 수강생은 점차 무력감을 느꼈다. 이에 필자는 장○○ 씨의 지분에 방어적으로 근저당권을 설정한 주선○ 씨를 찾아가 보라고 권했다. 등기부등본에 이름과 주민등록번호 앞자리와 주소가 적혀 있었기에 근저당 설정 이후 이사하지 않았다면 해당 주소지에 거주하고 있을 것이 분명했다.

결국 주선○ 씨의 주선으로 공유자들과 협상을 시도할 수 있었다. 주○○ 씨의 채무 및 형사 사건 때문에 많은 사람이 찾아와서 이것저것 물어보고 귀찮게 하니 문전박대하게 되었다고 했다.

처음에는 소극적이던 공유자 측에서 점차 필자 측의 이야기에 귀를 기울이기 시작했다. 어떤 경우의 수를 대입해도 이미 낙찰된 지분 문제를 해결하지 않으면 살고 있는 집에서 쫓겨나듯이 나가야 하는 상황이었기 때문이다. 필자 측이 낙찰받았지만 아직 잔금 납부 전이었기에 충분히 협상의 골든타임이 남아 있었다. 경매 취하를 진행할 수도 있고, 지분 사건이기에 낙찰 잔금을 미납하고 재매각 시 공유자우선매수를 할 수도 있는 타이밍이었다.

주거용 부동산은 현물 분할이 어렵기 때문에 법원은 지분율이 아무리 낮아도 공유물 분할의 소를 제기하면 조정 또는 판결로 경매를 통한 분할을 진행한다. 그러면 전체 지분을 일괄 매각해야 한다. 공유물 분할을 위한 경매 시 무조건 낙찰받지 못하면 종국에는 주거지에서 나가야 하는 상황인 것이다. 물론 부동산에 미련이 없다면 서로 협의해서 일반 매매로 내놓고 해결할 수도 있다.

공유자 측은 신중하게 고민하고 일주일 정도 협상 끝에 최선의 선택을 했다. 필자 측이 낙찰 잔금을 미납해서 재매각을 유도하면, 추후 공유자우선매수 신청을 하기로 결정한 것이다.

2020타경 ███ █

소재지	부산광역시 남구 ███ ██ █ , ███████ ██ ██ ███						
새 주소	부산광역시 남구 ██████ █ ██ █ █ █ ███████						
물건종별	아파트	감 정 가	49,000,000원	오늘조회: 1 2주누적: 2 2주평균: 0			
				구분	매각기일	최저매각가격	결과
대 지 권	전체: 50.75㎡(15.35평) 지분: 16.92㎡(5.12평)	최 저 가	(80%) 39,200,000원	1차	2021-06-07	49,000,000원	매각
				매각 50,070,000원(102.18%) / 1명 / 미납			
건물면적	전체: 75.67㎡(22.89평) 지분: 25.22㎡(7.63평)	보 증 금	(20%) 7,840,000원	2차	2021-09-27	49,000,000원	유찰
				3차	2021-11-01	39,200,000원	
매각물건	토지및건물 지분 매각	소 유 자	주○○	매각 45,890,000원 (93.65%)			
				(입찰1명,매수인:부산시남구 장○○ (공유자우선매수))			
개시결정	2020-07-09	채 무 자	주○○	매각결정기일 : 2021.11.08 - 매각허가결정			
사 건 명	강제경매	채 권 자	(주)대한채권관리대부	대금지급기한 : 2021.12.06			
				대금납부 2021.11.22 / 배당기일 2022.01.05			
				배당종결 2022.01.05			

자료: 옥션원

신건에서 단독 입찰되다 보니 재매각 때는 아무도 응찰하지 않았다. 유찰될수록 낙찰가가 떨어지기 때문에 공유자 측에는 유리한 상황이었다. 이후 다음 차수에서 낙찰되었고, 어렵지 않게 공유자우선매수를 했다.

낙찰금 미납으로 수익을 올리는 협상

수강생은 1개월이 채 되지 않은 기간에 보증금 490만 원이 포함된 1,000만 원의 합의금으로 수익을 만들어 냈다. 공유자 측도 저가에 지분을 매수하게 되어 서로 윈윈 하는 결과를 낳았다.

만약 장○○ 씨의 문전박대에 실망감을 느끼고 낙찰 잔금을 납부한 다음에 협상을 진행했다면 상황은 좀 더 복잡해졌을 것이다. 그러나 할 수 있다는 마음과 집요한 노력으로 협상을 이끌어 냈기에 단기에 수익을 올릴 수 있었다.

어떤 일을 할 때 적당히 해 보다가 잘되지 않으면 이내 포기하는 사람이 많다. 그사이에 힘들어도 끈기 있게 노력하는 사람이 있다면 당연히 좋은 결과를 맞을 수밖에 없다. 이 사건처럼 노력에 따라 경매의 성패가 좌지우지된다는 점을 다시 한번 강조하고 싶다.

상대방의 의중을 헤아리면
협상이 쉬워진다

앞서 이야기했듯이 일반물건 경매는 명도가 중요하지만, 특수물건 경매는 어떻게 협상하느냐에 따라 수익 방향이 달라진다. 경매 이론은 정형화되어 있어 열의를 가지고 공부하다 보면 통달할 수도 있는 영역이지만, 협상의 영역은 변수가 워낙 다양해서 정형화하기가 어렵다. 다만 최상의 결과와 최악의 결과만 존재할 뿐이다.

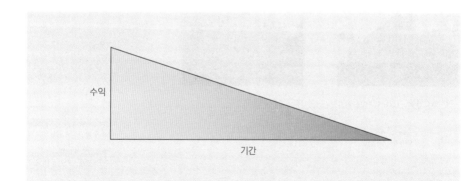

특수물건 경매에서는 협상 기간이 짧을수록 수익이 늘어난다. 그리고 일반물건 경매에서는 같은 비용의 이사비를 지출하더라도 기간이 길어질수록 여러 가지 안 좋은 상황이 발생할 수 있다. 따라서 마찬가지로 협상을 통해 빠르게 명도하는 것이 좋다.

앞의 그림처럼 세로가 수익 구간이고 가로가 기간(시간)일 때 협상이 이루어지는 순간을 점으로 찍다 보면 그래프 안이 온통 점으로 가득 찰 것이다. 그만큼 사건마다 협상이 이루어지는 타이밍은 제각각이다. 이때 보통은 협상 시간이 짧을수록 수익이 커진다. 이처럼 최상의 결과와 최악의 결과 안에서 사건을 해결하기 위해 노력하는 일이 바로 협상이다. 다음 사건의 경우도 마찬가지였다.

2017타경 ████

소재지	부산광역시 동래구 ████						
새 주소	부산광역시 동래구 ████						
물건종별	아파트	감 정 가	152,000,000원	구분	매각기일	최저매각가격	결과
대지권	전체: 18.91㎡(5.72평) 지분: 18.91㎡(5.72평)	최 저 가	(80%) 121,600,000원	1차	2018-04-25	152,000,000원	유찰
				2차	2018-05-30	**121,600,000원**	
건물면적	전체: 84.05㎡(25.43평) 지분: 42.03㎡(12.71평)	보 증 금	(10%) 12,160,000원	매각 : 133,883,800원 (88.08%)			
				(입찰4명,매수인:부산시동래구 주○○ / 차순위금액 126,600,000원)			
매각물건	토지및건물 지분 매각	소 유 자	박○○	매각결정기일 : 2018.06.05 - 매각허가결정			
개시결정	2017-08-07	채 무 자	박○○	대금지급기한 : 2018.07.06			
				대금납부 2018.07.06 / 배당기일 2018.08.02			
사 건 명	강제경매	채 권 자	██회계법인	배당종결 2018.08.02			

매각물건현황(감정원 : 명신감정평가 / 가격시점 : 2017.08.16)

목록	구분	사용승인	면적	이용상태	감정가격	기타
건1	████동 ███ (13층중10층)	89.02.08	42.03㎡ (12.71평)	주거용	91,200,000원	☞ 전체면적 84.05㎡중 목적 공유자 박○○의 지분 1/2 매각 * 중앙집중식 난방
토1	대지권		41579㎡ 중 18.91㎡		60,800,000원	☞ 전체면적 18.91㎡중 목적 공유자 박○○의 지분 1/2 매각
현황 위치	* '██초등학교'북서측 인근에 위치하며 부근은 공동주택 및 단독주택, 근린생활시설 등으로 형성되어 있으며, 제반 주위환경은 보통 시됨. * 본건까지 차량접근 가능하며, 인근에 시내버스 및 마을버스정류장이 소재하여 대중교통사정은 무난한 편임. * 남하향의 완경사지를 택지 조성한 부정형의 토지로서 공동주택(아파트) 건부지로 이용중임. * 아파트단지내 가로망 정비되어 있으며, 주차장 시설 되어 있음.					
참고사항	* -현칭 "██동"임.					

임차인현황 (말소기준권리 : 2005.12.23 / 배당요구종기일 : 2017.10.18)

===== 임차인이 없으며 전부를 소유자가 점유 사용합니다. =====

기타사항	☞ ① 현장에서 만난 소유자의 처 김▮▮에 의하면 본건 부동산은 소유자 가족이 전부 점유 사용한다 하였음. ☞ ② 전입세대열람 내역에 박○○(소유자) 세대가 전입 되어 있음

등기부현황 (채권액합계 : 104,000,000원)

No	접수	권리종류	권리자	채권금액	비고	소멸여부
1(갑1)	2000.08.28	소유권이전(매매)	박○○		각 1/2	
2(을5)	2005.12.23	근저당	국민은행 (수안동지점)	104,000,000원	말소기준등기	소멸
3(갑16)	2017.08.07	박○○지분강제경매	▮▮회계법인	청구금액: 100,000,000원	2017타경▮▮▮▮	소멸

자료: 옥션원

분석 단계에서는 얼핏 다른 사건보다 단순해 보였다. 2000년 8월 28일 소유권 이전 당시에는 대출 없이 부부 공동명의로 매매했는데, 이후 자금이 필요했는지 2005년 12월 23일 자로 대출을 일으켰다. 근저당이라고 표기된 것을 보면, 부부 중 1인을 채무자로 설정하고 각각의 지분을 묶어서 하나의 대출을 받았다고 유추할 수 있다. 그다음 2017년 8월 7일에 ○○회계법인이 부부 중 박○○ 씨의 지분에 강제경매를 신청했다.

박○○ 씨가 회계법인 업무를 하거나 이와 관련한 채무 관계가 생긴 것이 틀림없었다. 현황 조사서에는 박○○ 씨의 세대가 전입되어 있기에 부부가 함께 사는 것으로 판단했다. 회원 중 일대일 수업을 받는 수강생이 단기 투자를 목적으로 이 사건에 입찰하기를 원했는데, 단기 투자가 이루어지지 않으면 해당 부동산을 소유하고자 했다. 부부가 공동 점유하고 있기에 낙찰 후 협상이 성사되지 않는다면 공유자에게 임료를 청구해서 지분에 경매를 신청한 다음, 공유자우선매수를 해서 전체 부동산을 소유하는 방향으로 가닥을 잡았다.

세 명이 응찰한 경매에서 수강생이 최고가 매수인으로 낙찰받았다. 곧바로 공유자와 협상하기 위해 찾아갔는데, 평일 낮이었기 때문인지 사람이 없었다. 하는 수 없이 낙찰받은 사실과 연락을 부탁한다는 내용의 메모를 적어서 문에 붙여 두고 돌아왔다. 그리고 하루가 지나지 않아서 연락이 왔는데, 살면서 처음으로 경매를 당해서 황당하기도 하고 어떻게 해야 할지 모르겠다고 얘기했다. 사실 어느 누가 경매를 당하고 싶겠는가. 또한 살면서 경매를 당하는 일이 몇 번이나 있겠는가. 경매를 당하는 대다수가 처음으로 이런 일을 겪는다.

명도나 협상을 진행할 때 가장 고려해야 할 점은 일방적으로 나의 의견을 주장하는 것이 아니라 상대방의 의중을 헤아리는 것이다. 낙찰자야 당장이라도 집을 비워 주면 좋지만, 점유자는 아직 준비되지 않았다. 그런데 낙찰자들은 대개 언제까지 집을 비워 달라고 강압 아닌 강압을 행사한다. 그러니 점유자는 일단 알겠다고 답하게 된다.

이후 통보했던 날까지 부동산을 인도받지 못한 낙찰자는 스트레스를 받는다. 낙찰자의 일방적인 통보로 명도 기간이 정해지고, 점유자는 구체적인 계획 없이 대답만 했기 때문에 이런 상황이 생기는 것이다. 오랜 경험을 통해 필자는 이러한 상황을 해결하는 요령을 터득했다. 바로 선택권을 주는 것이다. 이사비를 넉넉히 받아 가는 대신 빠른 명도를 요청하거나, 이사 나가기까지 시간의 여유를 제공하는 대신 소정의 증거금을 위탁하고 합의서를 작성하는 식으로 선택지가 있는 제안을 한다.

필자는 명도나 협상을 진행할 때마다 상대방에게 "비록 웃을 수 있는 사이는 아니지만 서로 얼굴 붉히지는 맙시다"라고 말한다. 이것은 필자의 진심이기도 하다. 반갑게 만나서 도움을 주고받을 사이는 아니라도 최대한 손해를 줄여서 사건을 마무리해야 필자의 마음도 편하기 때문이다. 물론 이렇게 해도 합의되지 않을 때가 있다. 그러면 불가피하게 인도명령으로 강제집행을 할 수밖에 없다. 필자의 방식이 정답은 아닐 수 있지만, 여태껏 300건 이상 명도를 진행하면서 행방불명인 점유자를 제외하고 강제집행을 한 것은 단 두 건뿐이었다.

박○○ 씨와 만난 필자 측은 향후 진행 과정을 설명했다. 낙찰 잔금 납부 뒤에는 공유자에게 임료를 청구할 것이며, 임료를 납부하지 않으면 나머지 지분에 경매를 신청하고 필자 측이 매수하는 일이 벌어질 것이라고 전했다. 다른 방안으로는 필자 측 지분을 적정한 가격에 공유자가 매수해서 정리하는 방법도 설명했다.

　박○○ 씨 측은 부동산을 지키고 싶어 했다. 그 의사를 받아들여 2분의 1 지분 공유자인 박○○ 씨 배우자에게 필자 측 지분을 매매하는 계약서를 작성하고, 전체 지분을 보유했다는 가정하에 대출받는 방법을 제시했다. 일반 매매를 할 때 계약서를 작성한 다음 대출받거나 경매로 낙찰받은 다음 경락잔금대출을 알아보는 것처럼, 전체 지분을 보유하면 대출받는 일이 가능해진다.

[집합건물] 부산광역시 동래구 ▓▓▓▓▓▓▓▓▓▓▓▓▓▓▓▓▓▓▓▓▓▓

순위번호	등 기 목 적	접 수	등 기 원 인	권리자 및 기타사항
17	1번박▓ 지분전부이전	2018년7월9일 제30279호	2018년7월6일 강제경매로 인한 매각	공유자　지분 2분의 1 주식회사▓▓　▓▓▓▓-▓▓▓▓▓ 부산광역시 동래구 ▓▓▓▓ ▓▓ ▓▓▓ ▓ ▓▓▓▓ ▓ ▓▓▓▓
18	16번강제경매개시결정등기말소	2018년7월9일 제30279호	2018년7월6일 강제경매로 인한 매각	
19	17번주식회사▓▓지분전부이전	2018년8월10일 제36507호	2018년8월10일 매매	공유자　지분 2분의 1 김▓▓ 71▓▓-******* 부산광역시 동래구 ▓▓▓▓▓▓▓ ▓ ▓ ▓▓▓▓▓▓▓▓ 거래가액 금145,000,000원

자료: 등기부등본

순위번호	등 기 목 적	접 수	등 기 원 인	권리자 및 기타사항
7	근저당권설정	2018년8월10일 제36508호	2018년8월10일 설정계약	채권최고액　금216,000,000원 채무자 김▓▓ 부산광역시 동래구 ▓▓▓▓▓▓ ▓ ▓▓▓▓ ▓ ▓▓▓▓▓▓▓▓ 근저당권자　대형선망수산업협동조합 ▓▓▓▓-▓▓▓▓▓ 부산광역시 서구 ▓▓▓▓ ▓▓ ▓▓▓▓▓ ▓ ▓▓▓
7-1	7번근저당권이전	2020년5월26일 제32328호	2020년4월28일 확정채권양도	근저당권자　한국자산관리공사 ▓▓▓▓-▓▓▓▓▓▓ 부산광역시 남구 ▓▓▓▓▓ ▓▓

자료: 등기부등본

박○○ 씨 측은 지분 형태라 따로 대출받지 못할 것으로 판단했는지 필자가 제시한 방법에 따라 지분 매수와 대출을 진행했다. 결과적으로는 1억 3,388만 3,800원에 2분의 1 지분을 매수해서 잔금을 납부한 뒤, 1개월여 만에 1억 4,500만 원에 매도해서 세전 1,000만 원 이상의 수익을 만들었다.

만약 공유자의 의중을 무시하고 일방적으로 임료 채권을 만들어 지분에 경매를 신청했다면 상대방도 반발했을지 모른다. 그랬다면 매매까지의 기간(시간)은 점점 길어지고 수익도 줄어들었을 것이다. 어차피 경매 사건은 매일 나오므로 유연한 협상 마인드를 가진다면 독자 여러분도 좋은 결과를 만들 수 있으리라 확신한다.

협상의 우위를 선점하게 만든
한마디

이번 사례는 부산에서 실시한 특수물건 그룹 PT 시간에 소개했던 사건 중 하나였다.

당시 일대일 PT를 듣는 대다수 수강생은 자금력이 크지 않아서 입찰할 수 있는 물건도 한정적이었다. 게다가 실행력의 개인차도 너무 컸다. 필자는 이를 보완하기 위해 그룹을 형성해서 소액 자본금을 모아 공투('공동 투자'의 줄임말)를 하게 했다.

여러 명이 넓은 시각으로 다양한 물건을 찾고, 수업이 진행되는 동안 안전하게 낙찰받을 수 있도록 필자가 직접 경매 사건을 중재하며 서포트해 주는 것이 특수물건 그룹 PT의 목적이었다. 수업이 진행되는 기간 내에 단기 협상으로 수익을 낼 수 있는 물건을 만나면 수업료도 충당하고 지식까지 남길 수 있는 것이다.

이때 한 회원이 유독 관심을 가지고 입찰한 다음 직접 협상까지 했던 사건이었다.

2019타경■■■

소 재 지	부산광역시 부산진구 ■■■■■ ■■■ ■ ■■■ ■ ■■■ ■■■■ ■■■ ■■ ■■ ■■
새 주 소	부산광역시 부산진구 ■■■■ ■ ■■■ ■■■ ■■■ ■ ■■ ■■ ■

물건종별	아파트	감 정 가	170,500,000원
대 지 권	15.55㎡(4.7평)	최 저 가	(80%) 136,400,000원
건물면적	전체: 59.907㎡(18.12평) 지분: 29.95㎡(9.06평)	보 증 금	(10%) 13,640,000원
매각물건	토지및건물 지분 매각	소 유 자	한○○
개시결정	2019-01-08	채 무 자	한○○
사 건 명	임의경매	채 권 자	(주)굿모닝자산관리대부

	오늘조회: 1 2주누적: 1 2주평균: 0		
구분	매각기일	최저매각가격	결과
1차	2020-01-14	170,500,000원	유찰
2차	2020-02-18	136,400,000원	
매각 : 150,050,500원 (88.01%)			
(입찰8명,매수인:부산시 해운대구 박○○ / 차순위금액 143,110,000원)			
매각결정기일 : 2020.02.25 - 매각허가결정			
대금지급기한 : 2020.03.30			
대금납부 2020.03.04 / 배당기일 2020.04.29			
배당종결 2020.04.29			

매각물건현황 (감정원 : 미르감정평가 / 가격시점 : 2019.01.21 / 보존등기일 : 2011.12.29)

목록	구분	사용승인	면적	이용상태	감정가격	기타
건1	■■동 ■■■ (22층중7층)	11.12.02	29.95㎡ (9.06평)	주거용	51,200,000원	※ 전체면적 59.9074㎡중 한■■■,한■■■,한■■■ 한■■,한■■,한■■ 각 지분 1/ 12 매각
토1	대지권		46894.7㎡ 중 15.55㎡		119,300,000원	※ 전체면적 31.0932㎡중 한■■■,한■■,한■■■ 한■■,한■■,한■■ 각 지분 1/ 12 매각

현황 위치	* ■■■초등학교 북서측 인근에 위치하며, 부근은 아파트 단지 및 각종 근린생활시설 등이 혼재하는 지역으로 형성되어 있음. * 본건까지 제반차량 접근 가능하고, 인근에 시내버스 정류장이 소재하여 대중교통 사정은 보통시 됨. * 아파트부지와 연접한 도로 부지로 이용중이며 전체적으로 부정형의 토지임. * 본건 아파트 단지 주변으로 약 10-20 미터 폭의 포장도로에 접하고 있음.
참고사항	* 외필지: ■■■동 ■■■, ■■■, ■■■

임차인현황 (말소기준권리 : 2017.07.21 / 배당요구종기일 : 2019.03.22)

===== 조사된 임차내역 없음 =====

기타사항	▶ 기타점유 ▶ 폐문부재하여 안내문을 우편함에 넣어 두었더니, 한■■■으로 부터 소유자 한■■■은 언니인데 2018.12.31. 사망하였으며, 본 건 목적물은 한■■ 본인이 점유 사용한다는 연락이 왔음. ▶ 전입세대열람 내역에 한■■■ 세대가 전입되어 있음.

등기부현황 (채권액합계 : 241,141,319원)

No	접수	권리종류	권리자	채권금액	비고	소멸여부
1(갑2)	2014.07.15	김■■,강■■지분중일부 이전	한○○		매매, 1/2	
2(을9)	2017.07.21	한○○지분전부근저당	(주)굿모닝자산관리대부	228,000,000원	말소기준등기	소멸
3(갑4)	2019.01.09	한○○지분임의경매	(주)굿모닝자산관리대부	청구금액: 152,432,054원	2019타경■■■	소멸
4(갑5)	2019.01.30	한○○지분가압류	애니원캐피탈대부(주)	10,008,769원	2019카단50272	소멸
5(갑6)	2019.02.28	한○○지분전부이전	한○○		상속, 한■■,한■■,한 ■■,한■■,한■■ ■ ■■ 각 1/12	
6(갑7)	2019.03.29	한○○지분가압류	웰컴저축은행	3,132,550원	2019카단■■■	소멸
7(갑8)	2019.07.17	한○○지분압류	북구(부산광역시)			소멸

자료: 옥션원

한○○ 씨와 한미○ 씨는 각각 2분의 1씩 부담해서 2014년 7월 15일 자로 해당 부동산을 구매했다. 구매 당시에는 자금이 있었는지, 따로 대출받은 흔적은 없었다. 이후 한○○ 씨는 어떠한 이유에서인지 2015년 4월 30일 자를 시작으로 자기 지분에 대출을 받기 시작했다. 등기부 요약이 아닌 등기부등본 말소 사항에서 이를 먼저 확인할 수 있었다.

순위번호	등 기 목 적	접 수	등 기 원 인	권리자 및 기타사항
3	갑구2번한○○지분 전부근저당권설정	2015년4월30일 제30445호	2015년4월29일 설정계약	채권최고액 금90,000,000원 채무자 한○○ 　부산광역시 부산진구 ○○○ ○○○ ○○○ 근저당권자 주식회사찬호영론대부 　 ○○○-○○○○○○ 인천광역시 부평구 ○○ ○○○ ○○○
4	갑구2번한○○지분 전부근저당권설정	2015년10월29일 제75455호	2015년10월29일 설정계약	채권최고액 금45,000,000원 채무자 한○○ 　부산광역시 부산진구 ○○○ ○○○ ○○○ 근저당권자 주식회사찬호영론대부 인천광역시 부평구 ○○ ○○○ ○○○
5	갑구2번한○○지분 전부근저당권설정	2016년3월22일 제13798호	2016년3월22일 설정계약	채권최고액 금187,500,000원 채무자 한○○ 　부산광역시 부산진구 ○○○ ○○○ 근저당권자 안○○ 68○○○○-○○○○○○○ 　부산광역시 부산진구 ○○○ ○○○ ○○○
6	3번근저당권설정, 4번근저당권설정 등기말소	2016년3월24일 제14259호	2016년3월22일 해지	
7	갑구2번한○○지분 전부근저당권설정	2016년12월26일 제76196호	2016년12월26일 설정계약	채권최고액 금217,500,000원 채무자 한○○ 　부산광역시 부산진구 ○○○ ○○○ ○○○ 근저당권자 주식회사찬호영론대부 인천광역시 부평구 ○○ ○○○ ○○○

자료: 등기부등본

대출금은 조금씩 커지다가 이윽고 2017년 7월 21일 자로 상환 대출을 실행했다. 처음 대출한 2015년 4월 30일부터 살펴보면, 자매로 보이는 한○○ 씨와 한미○ 씨는 공동명의로 부동산을 살 정도로 가까웠지만 금전적인 도움을 줄 수 있는 상황은 아니었던 것으로 보인다. 그래서 한○○ 씨 단독명의로 대출받지 않았나 미루어 짐작했다.

이후 한○○ 씨가 사망하면서 이 사건이 시작되었다. 등기부등본 요약으로는 임의경매개시결정 이후 상속등기가 이루어진 것으로 보이지만, 실상은 사망 이후 이자가 들어오지 않자 대부 회사에서 경매를 신청한 후 사망 사실을 대위등기한 것이다.

해당 물건은 당시 시세로 3억 5,000만 원 정도에 너끈히 팔 수 있는 부동산이었다. 집행관의 현황조사서에 따르면, 한미○ 씨가 거주하고 있으며 언니인 한○○ 씨는 경매개시결정 이전에 사망했다. 사건 분석 결과 공유자우선매수 신청이 들어올 것이라는 생각이 강하게 들었다. 하지만 제삼자에게 낙찰되면 한미○ 씨는 임료(부당이득금)에서 자유롭지 못할 것이다. 등기부등본상으로 한미○ 씨에게는 다른 채무가 없기 때문에 배당 순위가 낮은 임료 채권도 충분히 받아 낼 가능성이 컸다. 아울러 공유자에게 채무가 없다는 점은 협상을 시도하기에 유리한 조건이다. 앞의 사건처럼 필자 측 지분을 매매 계약하면서 대출받을 수 있는 가능성이 있기 때문이다.

그런데 2020년 2월 18일 경매일에 공유자우선매수 신청이 들어오지 않았다. 입찰 경험이 있는 사람들은 매각 기일을 눈여겨보지만, 보통은 법률적인 조력을 받지 않는 이상 경매일이 언제인지도 모르는 일이 많다. 또한, 공유 지분을 제삼자가 낙찰받은 이후 어떤 일이 일어날지 신경 쓰지 못하는 사람도 많다. 그러다 보니 공유자우선매수가 가능한 상황에서도 입찰장에 나타나지 않는 일이 빈번하다. 결국 필자 측은 여덟 명과의 입찰 경쟁에서 어렵지 않게 낙찰받는 데 성공했고, 다음 단계인 협상을 시도했다.

하지만 앞서 말했듯 협상 과정에는 워낙 변수가 많아서 어디로 나아갈지 섣불리 예측할 수 없다. 때로는 이해관계자들이 협상 테이블에 마주 앉는 것조차 쉽지 않다. 당연히 가만히 기다리기만 해서는 아무것도 이루어지지 않는다.

한미○ 씨 측은 문전박대로 협상을 거부했고, 자칫하면 사건은 소송을 통한 장기전으로 흘러갈 듯했다. 이에 필자 측은 우선 인도명령을 신청했다. 당시의 판례 기조는 다음과 같은 조문에 힘을 실어 줬기 때문이다.

민법
타법개정 2023. 5. 16. [법률 제19409호, 시행 2024. 5. 17.] 법무부

제3절 공동소유

제262조(물건의 공유)
① 물건이 지분에 의하여 수인의 소유로 된 때에는 공유로 한다.
② 공유자의 지분은 균등한 것으로 추정한다.

제263조(공유지분의 처분과 공유물의 사용, 수익)
공유자는 그 지분을 처분할 수 있고 공유물 전부를 지분의 비율로 사용, 수익할 수 있다.

제264조(공유물의 처분, 변경)
공유자는 다른 공유자의 동의없이 공유물을 처분하거나 변경하지 못한다.

제265조(공유물의 관리, 보존)
공유물의 관리에 관한 사항은 공유자의 지분의 과반수로써 결정한다. 그러나 보존행위는 각자가 할 수 있다.

자료: 대법원 종합법률정보

민법 제265조에 근거해서 과반수의 지분권자는 '관리에 관한 사항', 즉 '사용, 수익'에 대한 의결을 가질 수 있다. 여기서 '보존행위는 각자 할 수 있다'는 말은 소수의 지분권자라도 해당 공유물(부동산)을 보존하기 위해 조치를 취할 수 있다는 의미다. 즉, 공유자를 인도명령으로 내보낼 수 있다는 것이다. 그리고 공유자를 내보낼 수 있다는 것은 상대방을 협상 테이블에 강제로 앉혀 대화를 시도해 볼 수 있다는 뜻이다.

그러나 2020년 5월 21일 자 대법원 판례[2020. 5. 21 선고 2018다287522]의 판시 사항을 보면 다음과 같다.

> 공유물의 소수지분권자가 다른 공유자와 협의 없이 공유물의 전부 또는 일부를 독점적으로 점유·사용하고 있는 경우, 다른 소수지분권자가 공유물의 보존행위로서 공유물의 인도를 청구할 수 있는지 여부(소극) 및 자신의 지분권에 기초하여 공유물에 대한 방해 상태를 제거하거나 공동 점유를 방해하는 행위의 금지 등을 청구할 수 있는지 여부(적극)

자료: 대법원 종합법률정보

이어서 판결 요지 일부를 살펴보면 다음과 같다.

> [다수의견] (가) 공유물의 소수지분권자인 피고가 다른 공유자와 협의하지 않고 공유물의 전부 또는 일부를 독점적으로 점유하는 경우 다른 소수지분권자인 원고가 피고를 상대로 공유물의 인도를 청구할 수는 없다고 보아야 한다. 상세한 이유는 다음과 같다.
> ① 공유자 중 1인인 피고가 공유물을 독점적으로 점유하고 있어 다른 공유자인 원고가 피고를 상대로 공유물의 인도를 청구하는 경우, 그러한 행위는 공유물을 점유

하는 피고의 이해와 충돌한다. 애초에 보존행위를 공유자 중 1인이 단독으로 할 수 있도록 한 것은 보존행위가 다른 공유자에게도 이익이 되기 때문이라는 점을 고려하면, 이러한 행위는 민법 제265조 단서에서 정한 보존행위라고 보기 어렵다.

② 피고가 다른 공유자를 배제하고 단독 소유자인 것처럼 공유물을 독점하는 것은 위법하지만, 피고는 적어도 자신의 지분 범위에서는 공유물 전부를 점유하여 사용·수익할 권한이 있으므로 피고의 점유는 지분비율을 초과하는 한도에서만 위법하다고 보아야 한다. 따라서 피고가 공유물을 독점적으로 점유하는 위법한 상태를 시정한다는 명목으로 원고의 인도청구를 허용한다면, 피고의 점유를 전면적으로 배제함으로써 피고가 적법하게 보유하는 '지분비율에 따른 사용·수익권'까지 근거 없이 박탈하는 부당한 결과를 가져온다.

자료: 대법원 종합법률정보

두 사람이 2분의 1씩 지분을 나눠 가졌다면 지분 보유자 둘 다 과반수 이상을 소유하지 못했기에 소수 지분권자에 해당한다. 대법원 판례가 변경되기 전에는 민법이 정한 보존행위로, 명도 청구부터 하는 강제적(?) 협상이 가능했다. 하지만 해당 판례가 나오면서부터 2분의 1 지분을 가진 공유자에게도 명도 청구는 위법이기에, 강제적(?) 협상은 더 이상 쓸모가 없어졌다. 하지만 여전히 임료(부당이득금)는 지급해야 한다.

이번 사례는 위와 같은 판례가 나오기 전의 사건이라 어렵지 않게 인도명령 결정을 받고, 강제집행을 위한 계문(강제로 문을 여는 것)까지 할 수 있었다.

사정이 이렇다 보니 한미○ 씨가 2분의 1을 소유한 집이지만 일단은 나가야 했다. 공인중개사를 통해 매매하거나, 경매로 넘기거나, 협상을 하는 세 가지 방법 중 하나를 선택할 수밖에 없는 것이다.

한미○ 씨 측은 협상의 우위를 선점하기 위해 공인중개사 사무소에 내놓고 빨리 팔자는 식으로 낮은 가격을 불렀다. 그러면 필자 측이 아쉬워하리라 생각

협상의 우위를 선점하게 만든 한마디

기본내용

사건번호	2020타인■■■	사건명	부동산인도명령
재판부	경매12계		
접수일	2020.03.17	종국결과	2020.03.17 인용

일자	내용	결과	공시문
2020.03.17	**신청서접수**		
2020.03.17	결정		
2020.03.17	신청인1 박■■에게 결정정본 송달	2020.03.20 도달	
2020.03.17	피신청인1 한■■에게 결정정본 송달	2020.03.23 도달	
2020.03.17	**종국 : 인용**		
2020.03.27	신청인 박■■ 집행문부여신청		
2020.03.27	신청인 박■■ 송달증명		

자료: 법원, 나의 사건 검색

한 것이다. 하지만 낙찰자였던 필자 측 회원이 그 가격이면 직접 매수하겠다고 나섰다. 상대방은 되레 당황했고 오히려 필자 측이 협상의 우위를 선점하게 되었다.

[집합건물] 부산광역시 부산진구 ■■■ ■■■ ■■■ ■■■ ■■■ ■■■ ■■■

순위번호	등기목적	접수	등기원인	권리자 및 기타사항
9	3번한미■을 제외한 공유자전원지분전부 이전	2020년3월12일 제14651호	2020년3월4일 임의경매로 인한 매각	공유자 지분 2분의 1 박■■ 83■■■-******* 부산광역시 해운대구 ■■■■■■, ■■■ ■■■■ ■■■■ ■■■
10	4번임의경매개시결 정, 5번가압류, 7번가압류, 8번압류등기말소	2020년3월12일 제14651호	2020년3월4일 임의경매로 인한 매각	
11	9번박■■지분전부 이전	2020년4월24일 제24544호	2020년4월11일 매매	공유자 지분 2분의 1 임■■ 69■■■-******* 부산광역시 부산진구 ■■■ ■, ■■■ 거래가액 금170,500,000원

자료: 등기부등본

밀고 당기기를 여러 차례 시도한 끝에 적정한 매매 가격으로 협상을 이루어 냈다. 낙찰 잔금 납부 후 1개월 정도 만에 해당 지분을 1억 7,050만 원에 한미 ○ 씨의 배우자 임○○ 씨에게 매매했다.

1억 5,000여만 원에 매수해서 1억 7,000여만 원에 매매했으니, 단기간에 세전 2,000여만 원의 수익을 본 것이다. 협상에서 말 한마디가 얼마나 중요한지 확인할 수 있는 사건이었다.

복잡한 사건도
협상의 쟁점은 단순하다

　특수물건 경매를 하다 보면 권리가 골치 아프게 꼬인 사건을 접할 기회가 종종 있다. 그런 사건을 만나면 필자도 멈칫하면서 조사해야 할지 말아야 할지 고민한다. 권리가 복잡할수록 사건 분석에 많은 시간이 필요하기 때문이다. 여러 날을 투자했는데 낙찰받지 못하면 소중한 시간을 낭비한 꼴이 된다. 시간 여유가 없어서 차일피일 미루다가 어느덧 누군가에게 낙찰되어 버리고 마는 일도 있다.

　혹자는 물건을 낙찰받으면 수익으로 보상을 받으니 시간을 투자할 만한 가치가 있지 않냐고 묻는다. 맞는 말이다. 시간과 노력을 들여서 사건 분석을 하면 대체로 수익을 만들 수 있다. 다만 계속해서 많은 양의 사건 분석을 해야 하는 물건만 하다 보면 양을 줄이고 질을 높이고 싶어진다. 즉 수고는 줄이고 수익은 높이고 싶은 마음이 드는 것이다. 또한, 권리가 복잡한 사건일수록 보상심리가 커지기 때문에 협상할 때도 이성적으로 판단하기보다 자칫 무리한 주장을 할 수 있다.

　이처럼 여러 가지 이유로 수강생들이 꺼려서 회사 자본으로 직접 입찰을 진행했던 권리가 복잡한 사건을 소개한다.

2018타경 ████

소 재 지	부산광역시 부산진구 ██████ ██████			

물건종별	대지	감 정 가	14,630,000원
토지면적	전체: 38㎡(11.5평) 지분: 19㎡(5.75평)	최 저 가	(100%) 14,630,000원
건물면적	건물은 매각제외	보 증 금	(10%) 1,463,000원
매각물건	토지만 매각이며, 지분 매각임	소 유 자	정○○
개시결정	2018-02-26	채 무 자	정○○
사 건 명	강제경매	채 권 자	아주캐피탈(주)

오늘조회: 1 2주누적: 0 2주평균: 0 [조회동향]

구분	매각기일	최저매각가격	결과
1차	2018-11-21	14,630,000원	

매각: 18,838,000원 (128.76%)

(입찰5명,매수인:부산시 서구 Mj○○ /
차순위금액 17,330,000원)

매각결정기일 : 2018.11.28 - 매각허가결정

대금지급기한 : 2019.01.08

대금납부 2018.12.06 / 배당기일 2019.01.31

배당종결 2019.01.31

매각토지.건물현황 (감정원 : 부경감정평가 / 가격시점 : 2018.03.23)

목록	지번	용도/구조/면적/토지이용계획		㎡당 단가 (공시지가)	감정가	비고
토지	██동 ██████	가로구역별 최고높이 제한지역,제2 종일반주거지역	대 19㎡ (5.75평)	1,100,000원 (870,000원)	20,900,000원	☞ 전체면적 38㎡중 목적 공유자 정○○의 지분 1/ 2 매각 ▶제시외건물소재 감안한 토지평가액:@770,000 원/㎡=14,630,000원
제시외 건물	1	1층	점포	24.4㎡(7.38평)	266,000원	6,490,400원	매각제외 ☞ 전체면적 48.8㎡중 목 적공유자 정██의 지분 1/2 매각
	██동 ██ ██ 조적조슬래브지붕 등 ✓	2	2층	주택	43.75㎡(13.23평)	311,000원	13,606,250원
		3	3층	다용도실	5.5㎡(1.66평)	80,000원	440,000원

(제시외 2층 주택 비고: 매각제외 ☞ 전체면적 87.5㎡중 목적공유자 정██의 지분 1/2 매각)

(제시외 3층 다용도실 비고: 매각제외)

제시외건물 매각제외

감정가	토지:19㎡(5.75평)				합계	14,630,000원	토지만 매각이며, 지분 매각임

현황 위치	• ██████아파트 남서측 인근에 위치하고, 부근은 단독주택, 공동주택, 일부 소규모 점포 등으로 형성되어 있으며, 제반 주위환경은 보통시됨. • 본건까지 차량접근 가능하며, 인근에 시내버스정류장이 소재하여 대중교통사정은 무난한 편임. • 다소 고지대의 남동하향의 사다리형의 토지로서 주상용 건부지로 이용중임. • 남측으로 약 5미터 폭의 포장도로와 접하며, 서측 모서리부분 극히 일부는 서측으로 약 11미터 폭의 포장도로에 접함.

자료: 옥션원

복잡한 사건도 협상의 쟁점은 단순하다

임차인현황 (말소기준권리 : 2016.08.17 / 배당요구종기일 : 2018.05.23)

임차인	점유부분	전입/확정/배당	보증금/차임	대항력	배당예상금액	기타
차○○	주거용 전부(제시외건물)	전입일자: 1994.10.13 확정일자: 2018.04.02 배당요구: 2018.04.10	보37,000,000원		소액임차인	[현황서상 용도:주거및점포]

기타사항
- ☞ 소유자 누나 정■■에 의하면 제시 외 건물은 전 소유자 차■■이 지었다고 함
- ☞ 1층은 부식가게, 2층과 3층은 주택으로 사용하고 있으며, 폐문되어 출입문에 안내문을 넣어 두었으니 소유자의 누나 정■■로부터 연락이 왔는데 1층, 2층, 3층 전부를 차■■이 보증금 37,000,000원에 임대차계약을 하고 점유 사용한다 하였음.
- ☞ 전입세대열람 내역에 정○○(소유자), 차■■ 세대가 전입되어 있으며, 위 정■■에 의하면 정○○은 주소만 전입되어 있고 거주치 않는다 하였음.
- ☞ 상가건물임대차 현황서에 해당사항 없음.

토지등기부 (채권액합계 : 29,939,210원)

No	접수	권리종류	권리자	채권금액	비고	소멸여부
1(갑1)	1983.12.21	(주)■■지분36231/4807000이전	정○○		매매, 36231/4807000	
2(갑2)	1985.08.21	정■■지분36231/4807000이전 청구권가등기	최○○		매매예약	인수
3(갑12)	2012.01.31	소유권이전(매매)	정○○		각 1/2, 거래가액:63,000,000원	
4(갑17)	2016.08.17	정○○지분가압류	아주캐피탈(주)	25,259,189원	말소기준등기 2016카단■■■	소멸
5(갑18)	2016.08.29	정○○지분가압류	재단법인신용보증재단중앙회	4,680,021원	2016카단■■■	소멸
6(갑19)	2017.07.12	정○○지분압류	부산광역시부산진구			소멸
7(갑20)	2018.02.26	정○○지분강제경매	아주캐피탈(주)	청구금액: 11,595,822원	2018타경■■■	소멸
8(갑21)	2018.05.31	정○○지분압류	부산광역시부산진구			소멸

건물등기부	※주의 : 건물은 매각제외		채권최고액	비고	소멸여부
	☞ 건물등기부는 전산발급이 되지않아 등재하지 못함.				

자료: 옥션원

지분 사건이며 건물은 매각 제외인 '토지만 매각' 사건이었다. 법정지상권에 관해 다루어야 하는 것은 물론이고, 말소기준권리 위에 선순위 가등기가 있는 복잡한 사건이기도 했다. 그룹 PT 수업에서 과제로 내주었지만 누구도 손대지 않았고, 일대일 수강생 중에서도 눈여겨보는 사람이 없어서 오롯이 필자의 몫이 되었다. 이왕 분석하는 김에 재능 기부라고 생각하고 사무실 직원들에게 공투를 제안한 다음 하나씩 조사해 나갔다.

토지만 매각인 법정지상권 물건이기에 최초 감정가격 대비 30퍼센트 저감된 1,463만 원으로 신건을 맞이할 수 있었다. 법정지상권을 판단하기 위해 현황

조사서를 살펴보니, 차○○ 씨가 건물을 지었다고 경매 지분 소유자의 누나 정△△ 씨가 진술한 내용이 있었다(추후 알고 보니 남매가 아닌 자매 사이였다).

사진상으로 봤을 때 건물이 지어진 시점은 1990년대 초반으로 추정되었다. 등기부등본 요약으로 2012년 1월 31일에 정○○ 씨와 정△△ 씨가 매매로 소유권 이전한 사실을 알 수 있었다. 보통은 토지 소유권을 이전하면서 건물 소유권도 같이 이전하기 마련인데, 무허가 미등기 건물이라면 당연히 별도로 등기되지 않기에 토지 매매만 하고 건물은 별도로 구청에 취득 신고를 안 하는 경우가 태반이다.

토지 등기부등본을 확인해 보면 차○○ 씨는 해당 토지의 전전 소유자였다. 이후 2007년에 김○○ 씨가 매수했고, 최종적으로 정○○ 씨와 정△△ 씨가 매매했다.

[토지] 부산광역시 부산진구 ▨▨▨ ▨-▨

순위번호	등기목적	접수	등기원인	권리자 및 기타사항
4 (전 2)	소유권이전	1993년12월21일 제2743호	1993년11월19일 매매	소유자 차▨▨ 55▨▨-******* 부산 부산진구 ▨▨▨ ▨▨▨▨
⋮				
10	소유권이전	2007년7월2일 제37437호	2007년6월2일 매매	소유자 김▨▨ 75▨▨-******* 부산광역시 사하구 ▨▨▨ ▨▨▨ 거래가액 금50,000,000원
11	9번압류등기말소	2009년8월28일 제41465호	2009년8월28일 해제	
12	소유권이전	2012년1월31일 제5915호	2012년1월30일 매매	공유자 지분 2분의 1 정▨▨ 71▨▨-******* 부산광역시 부산진구 ▨▨▨▨▨ ▨▨▨▨ 지분 2분의 1 정▨▨ 63▨▨-******* 경상남도 창원시 ▨▨▨ ▨▨▨▨▨▨ 거래가액 금63,000,000원

자료: 등기부등본

복잡한 사건도 협상의 쟁점은 단순하다

2007년의 토지 거래 가격은 5,000만 원이었고, 2012년에는 6,300만 원인 점을 주의해서 보았다. 전전 토지 주인이자 건물을 지은 차○○ 씨가 현재 임차인인 점으로 미루어 짐작했을 때, 차○○ 씨는 소유권을 매매하면서도 계속 거주하기를 원했을 것이다. 총 1억 원의 매매 금액에서 보증금 3,700만 원을 제외한 나머지 금액으로 토지만 이전해 준 것으로 판단했다. 나아가 임차인 현황서를 보면 차○○ 씨는 보증금 3,700만 원으로 버젓이 배당요구까지 했다. 그것도 토지 지분에 관한 경매개시결정이 진행되는 2018년 2월 26일 이후인 2018년 4월 2일로 확정일자를 받아 놓고 말이다. 사건 분석 당시에는 법정지상권이 성립하지 않으니 뭐라도 걸어 놓고 싶은 마음이었나 싶었다. 법정지상권은 아래의 판례와 같은 이유로 성립하지 않았다.

대법원 1996. 6. 14. 선고 94다53006 판결

[가건물철거등][공1996.8.1.(15),2144]

【판시사항】

[1] 등기부표시와 실제 건물의 동일 여부에 대한 결정 기준

[2] 증축 부분이 기존 건물에 부합되는지 여부에 대한 판단 기준

[3] 독립된 부동산으로서의 '건물'의 요건

[4] 미등기 무허가건물의 양수인에게 소유권 내지는 소유권에 준하는 관습상 물권이 존재하는지 여부(소극)

[5] 소유권에 기한 미등기 무허가건물 반환청구에 점유권에 기한 반환청구의 취지도 포함되는지 여부(소극)

[6] 토지임대차계약상의 시설물 명도약정의 효력을 임대인의 지위 승계가 다투어지고 있는 승계참가인이 주장할 수 있는지 여부(소극)

【판결요지】

[1] 건물에 관한 소유권보존등기가 당해 건물의 객관적, 물리적 현황을 공시하는 등기로서 효력이 있는지의 여부는, 등기부에 표시된 소재, 지번, 종류, 구조와 면적 등이 실제 건물과 간에 사회통념상 동일성이 인정될 정도로 합치되는지의 여부에 따라 결정된다.

[2] 건물이 증축된 경우에 증축 부분의 기존 건물에 부합 여부는 증축 부분이 기존 건물에 부착된 물리적 구조뿐만 아니라, 그 용도와 기능면에서 기존 건물과 독립한 경제적 효용을 가지고 거래상 별개의 소유권의 객체가 될 수 있는지의 여부 및 증축하여 이를 소유하는 자의 의사 등을 종합하여 판단하여야 한다.

[3] 독립된 부동산으로서의 건물이라고 함은 최소한의 기둥과 지붕 그리고 주벽이 이루어지면 법률상 건물이라고 할 수 있다.

[4] 미등기 무허가건물의 양수인이라 할지라도 그 소유권이전등기를 경료받지 않는 한 건물에 대한 소유권을 취득할 수 없고, 그러한 건물의 취득자에게 소유권에 준하는 관습상의 물권이 있다고 볼 수 없다.

[5] 소유권에 기하여 미등기 무허가건물의 반환을 구하는 청구취지 속에는 점유권에 기한 반환청구권을 행사한다는 취지가 당연히 포함되어 있다고 볼 수는 없고, 소유권에 기한 반환청구만을 하고 있음이 명백한 이상 법원에 점유권에 기한 반환청구도 구하는지의 여부를 석명할 의무가 있는 것은 아니다.

자료: 대법원 종합법률정보

다시 말해 차○○ 씨가 토지를 소유할 당시 건물을 완성했다면, 이후 토지와 건물을 함께 매매해서 소유권이 달라져도 미등기된 그 건물은 여전히 차○○ 씨의 소유다. 관습법상 법정지상권이 성립될 수 있지만, 토지를 매수한 사람은 건물에 관한 소유권 이전을 한 적이 없으므로 동일 소유가 아니다. 즉 정○○ 씨의 법정지상권은 성립될 수 없다. 따라서 새로이 나타날 토지 낙찰자에게 법정지상권을 주장할 수 없다.

자, 그럼 법정지상권은 해결되었고 이제 말소기준권리 위의 선순위 가등기를 살펴볼 차례다. 해당 가등기는 소유권이 몇 차례 바뀌는 동안 그대로 방치되었다. 접수일이 1985년 8월 21일로, 무려 지분 경매가 나오기 33년 전의 가등기였다. 별다른 사정이 없는 한 이러한 가등기는 애초의 목적인 인정 등기를 청구하는 형태가 아닌, 금전 채권을 청구하는 채권적 형태만 띤다. 아래 판례에 따르면, 약정 기간을 설정하지 않은 채권의 소멸시효는 10년이다. 이처럼 소멸시효가 있는 가등기는 추후 가등기 말소 청구 소송을 통해서 없앨 수 있다.

대법원 1992. 7. 28. 선고 91다44766, 44773(반소) 판결
[가등기말소·가등기에기한본등기][공1992.9.15.(928),2552]

【판시사항】
매매예약완결권의 행사기간

【판결요지】
민법 제564조가 정하고 있는 매매의 일방예약에서 예약자의 상대방이 매매완결의 의사를 표시하여 매매의 효력을 생기게 하는 권리(이른바 예약완결권)는 일종의 형성권으로서 당사자 사이에 그 행사기간을 약정한 때에는 그 기간내에, 그러한 약정이 없는 때에는 예약이 성립한 때부터 10년 내에 이를 행사하여야 하고 위 기간을 도과한 때에는 상대방이 예약목적물인 부동산을 인도받은 경우라도 예약완결권은 제척기간의 경과로 인하여 소멸된다.

자료: 대법원 종합법률정보

권리를 하나하나 푸는 과정에서 해당 부동산이 재개발 지역 인근인 점을 발견했다. 자매로 보이는 정○○ 씨와 정△△ 씨가 해당 부동산을 포기하기로 마음먹지 않은 이상 경매 사건을 그냥 방치하지는 않을 것으로 판단했다.

사건 분석 초기에는 개시결정 정본이 공시송달된 것을 보고 혹시 경매 사실을 모른다면 상황을 인지시킨 다음 정리하는 전략도 고려했다. 하지만 현황조사서에 버젓이 집행관과 마주한 정△△ 씨의 진술 내용이 있는 것으로 보아 경매 사건을 인지하고 있으리라 예상했다. 따라서 공유자우선매수 신청을 배제할 수 없는 상황이었다.

그런데 정△△ 씨 측은 입찰장에 나타나지 않았다. 결국 다섯 명의 응찰자 중 최고가 매수인이 되어 낙찰받았다. 습관처럼 곧바로 사건 기록을 열람한 뒤, 공유자 정△△ 씨에게 연락했다.

필자의 예상대로 무허가 미등기 건물에 거주하는 차○○ 씨는 이전 소유자가 맞았다. 차○○ 씨가 건물을 등기하지 못한 채 정○○ 씨와 정△△에게 1억 원에 매도했다. 정○○ 씨와 정△△는 토지를 6,300만 원, 건물을 3,700만 원으로 측정해서 추후 재개발 시 보상받으려고 했다. 그런데 경매에 나오는 바람에 차○○ 씨가 부랴부랴 계약서를 만들어 배당요구를 했고, 정△△ 씨는 어떻게 해서든 해당 부동산을 지킬 수 있게 도와달라는 취지의 이야기를 한 시간가량 했다.

필자는 낙찰 잔금을 미납하는 방법을 포함해서 다양한 협상 방안을 고려했다. 그러던 중 갑자기 정△△ 씨가 연락을 회피했다. 최대한 서로 윈윈 할 수 있는 협상 방안을 고민하고 있던 터라 괘씸한 마음이 없지는 않았지만, 사실 필자는 애초에 공유자 측의 말을 다 믿지는 않았다.

애초에 계획한 대로 낙찰 잔금 납부 후에 지료를 청구해서 토지를 먼저 가지고 올 참이었다. 지료 청구는 법정지상권 성립 여부와 관계없이 가능한데, 정○○ 자매는 미등기된 건물도 자신들의 소유라고 주장했기에 토지 일부를 낙찰받은 필자 측에서는 토지 위 건물에 대해 정○○ 자매에게 지료를 청구할 수 있었다.

기본내용

사건번호	2018가단▦▦▦	사건명	[전자] 부당이득금반환 등
원고	엠제이경매 주식회사	피고	정▦▦
재판부	민사 제 10 단독		
접수일	2018.12.18	종국결과	

자료: 법원, 나의 사건 검색

필자는 2018년 12월 18일 자로 부당이득과 건물 철거에 관한 소를 제기하고 상대방이 어떻게 나올지 기다렸다. 정△△ 씨는 소송 절차 송달을 받고 난 뒤에야 연락해 왔다. 그러고서는 합의할 마음이 있으니 금액을 계속 낮춰 달라는 말만 했다. 재개발만 보고 기다려 왔기에 이제 와서 뺏기기는 싫은 모양이었다.

정△△ 씨 측은 제값에 주고 사지는 못할지언정 계속해서 필자가 낙찰받은 금액만 운운하며 사정했다. 보통은 적당한 선에서 합의하는 편이지만, 자기들이 더 이득을 보려고 어렵게 낙찰받은 물건을 거저나 다름없는 가격에 취하겠다는 심보가 매우 불순했다. 끝까지 가 보겠다고 마음먹은 찰나 법원에서 소송 사건을 조정에 회부했다. 하지만 정△△ 씨 측은 조정 기일에도 양보해 달라는 말만 계속했다.

두 차례 조정 기일을 거치면서도 별다른 진척은 없었다. 잃을 게 없는 사람이 무섭다고, 상대는 필자 측의 정보를 알고 있다는 협박조의 의미로 사무실 이름까지 들먹이며 읍소했다. 이에 조정위원도 적정한 선에서 타협하기를 권고해서 결국 한발 물러서기로 했다. 세금 등을 종합적으로 감안해서 타협한 금액으로 지분을 정△△ 씨에게 매도해 주었다.

기본내용

사건번호	2019머■■■■	사건명	[전자] 부당이득금반환 등
원고	엠제이경매 주식회사	피고	정■■
재판부	민사제30단독(조정) (전화:(051)■■■■■)		
접수일	2019.03.08	종국결과	2019.05.23 기타

진행내용

전체 ∨

일자	내용	결과	공시문
2019.03.08	접수		
2019.03.18	원고 엠제이경매 주식회사에게 조정기일통지서 송달	2019.03.20 도달	
2019.03.18	피고 정■■에게 조정기일통지서 송달	2019.03.21 도달	
2019.04.09	조정위원 윤■■ 사무수행보고서 제출		
2019.04.09	원고 엠제이경매 주식회사 참고자료 제출		
2019.04.09	조정기일(469호 조정실 14:00)	속행	
2019.04.10	원고 엠제이경매 주식회사에게 조정기일통지서 송달	2019.04.15 도달	
2019.04.10	피고 정■■에게 조정기일통지서 송달	2019.04.16 도달	
2019.05.08	조정위원 윤■■ 사무수행보고서 제출		
2019.05.08	조정기일(469호 조정실 10:30)	속행	
2019.05.09	피고 정■■에게 조정기일통지서 송달	2019.05.13 도달	
2019.05.09	원고 엠제이경매 주식회사에게 조정기일통지서 송달	2019.05.13 도달	
2019.05.23	원고 엠제이경매 주식회사 소취하서(추송) 제출		
2019.05.23	종국 : 기타		

자료: 법원, 나의 사건 검색

결과적으로 약 5개월여 만에 세전 1,200만 원에 가까운 수익을 얻었다. 필자가 처음 목표했던 금액보다 턱없이 적은 액수였지만, 기간 대비 수익률로는 나쁘지 않은 금액이었다.

복잡한 사건도 협상의 쟁점은 단순하다

순위번호	등 기 목 적	접 수	등 기 원 인	권리자 및 기타사항
22	12번정█지분전부이전	2018년12월10일 제62593호	2018년12월6일 강제경매로 인한 매각	공유자 지분 2분의 1 엠제이경매주식회사 ████-██████ 부산광역시 서구 ████████ ███ ███
23	17번가압류, 18번가압류, 19번압류, 20번강제경매개시결정, 21번압류 등기말소	2018년12월10일 제62593호	2018년12월6일 강제경매로 인한 매각	
24	22번엠제이경매주식회사지분전부이전	2019년5월20일 제21405호	2019년5월20일 매매	공유자 지분 2분의 1 정█ 63████-******* 부산광역시 사상구 ██████ ███ ██ ████ 거래가액 금20,000,000원

자료: 등기부등본

    이처럼 복잡해 보이는 사건도 막상 수익을 결정짓는 협상의 쟁점은 의외로 단순할 때가 있다. 또한 누가 더 간절한지 여부가 협상의 결말을 판가름하는 열쇠가 되기도 한다. 이 사건에서는 부동산을 지키기 위해 거듭 매달렸던 상대 측의 간절함이 더욱 컸기에 결국 필자 측이 한발 양보하는 결과를 끌어냈다.

상대를 매료시키는
협상의 덫

소액으로 단기 투자해서 수익을 내는 것은 누구나 바라는 일인 동시에 쉽지 않은 일이다. 하지만 이 책을 보고 있는 독자 여러분이라면 열정과 노력만으로도 충분히 가능할 수 있다는 사실을 이제는 어느 정도 이해했을 것이다.

'세상에 공짜는 없다'는 말이 있다. 필자는 여기에 '선불 아니면 후불이다'라는 말을 덧붙이고 싶다. 선불이란 투자하기에 앞서 노력과 열정을 투입한다는 의미이고, 후불은 노력과 열정을 추후 금전으로 대신 지급하는 것을 뜻한다.

이번 사건도 마찬가지였다. 노력과 열정을 바탕으로 특수물건의 꽃이라 불리는 협상에 매진한 사건이다. 이렇게 선불을 지급했기에 보증금만으로도 단기에 수익을 낼 수 있었다.

부산 사상구에 위치한 아파트의 지분 사건이었다. 당시 특수물건 그룹 PT 수업을 듣던 회원 한 명이 해당 사건에 청구된 채권 금액이 소액인 것을 보고 협상만 잘하면 단기 수익이 가능하지 않을까 생각하며 필자에게 문의했다.

일반물건이었다면 최초에 국민은행이 설정한 1992년 9월 18일 자 근저당이 말소기준권리가 되기에 나머지 근저당과 함께 인수되지 않고 소멸하는 것이 맞다. 하지만 특수물건의 특성상 좀 더 꼼꼼하게 사건 분석을 해야 하므로 우선 강제경매가 개시된 시점을 확인하고 그 이유를 살펴보았다.

2020타경 █████

소재지	부산광역시 사상구 ████████████████████████						
새 주소	부산광역시 사상구 ██████████████████████████						

물건종별	아파트	감 정 가	22,000,000원	오늘조회: 1 2주누적: 0 2주평균: 0			
				구분	매각기일	최저매각가격	결과
대지권	전체: 71㎡(21.48평) 지분: 15.78㎡(4.77평)	최 저 가	(100%) 22,000,000원	1차	2021-04-27	22,000,000원	매각
건물면적	전체: 49.94㎡(15.11평) 지분: 11.1㎡(3.36평)	보 증 금	(20%) 4,400,000원				
매각물건	토지및건물 지분 매각	소 유 자	강○○				
개시결정	2020-05-21	채 무 자	강○○				
사 건 명	강제경매	채 권 자	(주)씨엔에스대부				

매각물건현황 (감정원: 한마음감정평가 / 가격시점: 2020.06.02)

목록	구분	사용승인	면적	이용상태	감정가격	기타
건1	██동 ██층 (15층중4층)	92.07.08	11.1㎡ (3.36평)	주거용	13,200,000원	☞ 전체면적 49.94㎡중 강○ ○ 지분 2/9 매각 * 도시가스 개별난방설비
토1	대지권		149683.1㎡ 중 15.78㎡		8,800,000원	☞ 전체면적 71㎡중 강○○ 지분 2/9 매각

현황 위치	* ██초등학교 남측 인근에 위치. 부근은 아파트단지 및 단지내 상가, 다세대주택, 근린생활시설 등으로 형성되어 있으며, 제반 주위 환경은 보통시 됨. * 본건까지 차량접근 가능하며, 인근에 시내버스정류장이 소재하여 대중교통사정은 무난한 편임. * 북서하향 경사지를 택지 조성한 부정형의 토지로서 공동주택(아파트) 부지로 이용중임. * 아파트단지 가로망 정비되어 있으며, 주차장 시설 되어 있음.
참고사항	▶본건매각 2021.04.27 / 매각금액 28,838,000원 / 부산복구 OOO / 3명 입찰 / 대금미납

임차인현황 (말소기준권리 : 1992.09.18 / 배당요구종기일 : 2020.08.14)

===== 조사된 임차내역 없음 =====

기타사항	▶폐문으로 거주자등을 만날수 없어, 점유및 임대차 관계등은 알수 없었음. ▶본건 부동산 전입신고된 세대 열람한바, 소유자의 모친 장██ 세대 전입되어 있었음.

등기부현황 (채권액합계 : 31,200,000원)

No	접수	권리종류	권리자	채권금액	비고	소멸여부
1(갑1)	1992.09.18	소유권이전(매매)	강○○			
2(을1)	1992.09.18	근저당	국민은행	15,600,000원	말소기준등기	소멸
3(을2)	1993.07.21	근저당	국민은행	15,600,000원		소멸
4(갑2)	2020.04.02	소유권이전(상속)	강○○		강○○ 강██ 강██ 각 2/9, 장██ 3/9	
5(갑3)	2020.05.21	강○○지분강제경매	(주)씨엔에스대부	청구금액: 15,084,612원	2020타경██████	소멸

2020년 5월 21일에 대부 회사에서 경매를 신청했는데, 경매 신청 이전인 2020년 4월 2일 자로 상속등기가 되었다. 상속등기를 한 뒤 한 달 보름 만에 경매 신청을 했다는 것은 채권자가 대위등기를 한 다음 경매를 신청한 것으로 볼 수 있다. 확실한 사실은 등기부등본을 확인하면 알 수 있다.

[집합건물] 부산광역시 사상구 ▒▒▒▒▒▒▒▒▒▒▒▒▒▒▒▒▒▒▒▒▒▒▒▒▒

순위번호	등 기 목 적	접 수	등 기 원 인	권리자 및 기타사항
2	소유권이전	2020년4월2일 제20311호	1994년7월25일 상속	공유자 지분 9분의 2 강▒▒ 81▒▒▒-******* 　부산광역시 사상구 ▒▒▒▒▒▒▒▒▒▒ 　▒▒▒▒▒▒▒▒▒▒▒▒▒▒▒▒▒▒▒ 지분 9분의 2 강▒▒ 78▒▒▒-******* 　부산광역시 해운대구 ▒▒▒▒▒▒▒ 　▒▒▒▒▒▒▒▒▒▒▒▒▒▒▒▒▒▒ 지분 9분의 2 강▒▒ 80▒▒▒-******* 　충청남도 당진시 ▒▒▒▒▒▒▒▒▒ 　▒▒▒▒▒▒▒▒▒▒▒▒▒▒▒ 지분 9분의 3 장▒▒ 54▒▒▒-******* 　부산광역시 사상구 ▒▒▒▒▒▒▒ 　▒▒▒▒▒▒▒▒▒▒▒▒▒▒▒▒
				대위자　주식회사씨엔에스대부 　서울특별시 구로구 ▒▒▒▒▒▒▒▒▒ 대위원인　2014년8월23일 서울중앙지방법원 　2014차▒▒▒▒ 양수금사건의 확정판결

자료: 등기부등본

등기부등본을 보면 1994년 7월 25일 자 상속이 등기 원인이며, 2020년 4월 2일이 등기가 접수된 날이다. 여기서 등기부등본상 '등기 원인'과 '접수' 항목을 간단히 설명하자면, 예를 들어 부동산 매매 계약을 한다고 가정해 보자. 이때 매매 계약서를 작성하는 날이 '등기 원인'이 되고, 매매 잔금을 납부하고 소유권 이전등기를 하는 날이 '접수' 일자가 된다. 따라서 1994년 7월 25일이 실제 사망이 일어난 날이며, 그로 인한 상속등기를 접수한 날이 2020년 4월

2일이 되는 셈이다.

결과적으로 뒤늦게 상속등기가 이루어진 이유는 채권자가 대위등기를 했기 때문이고, 대위등기 후에 채권을 청구하기 위해 경매를 실행했다고 유추할 수 있다. 참고로 상속등기에도 나름의 규칙이 있는데, 부친이나 모친의 사망 이후 배우자와 두 자녀가 남겨졌다면 상속은 대개 1.5(배우자) 대 1(자녀) 대 1(자녀)의 비율로 이루어진다. 이 규칙을 염두에 두고 사건의 지분율을 살펴보면 강○○ 씨 9분의 2, 강△△ 씨 9분의 2, 강◇◇ 씨 9분의 2, 장○○ 씨 9분의 3이다. 그러므로 장○○ 씨는 모친일 가능성이 매우 크다.

대위로 인한 상속등기 이후 근저당권자의 움직임도 살펴보았다. 경매가 접수된 2020년 5월 21일부터 첫 경매가 진행된 2021년 4월 27일까지 아무런 움직임이 없었던 점을 비롯해, 1992년 9월 18일 자 근저당과 1993년 7월 31일 자 근저당이 경매 시점보다 무려 28년 이상 경과된 점이 눈에 띄었다. 일반물건이라면 말소기준권리이기에 신경 쓰지 않아도 되지만, 특수물건이므로 따져볼 필요가 있었다. 낙찰 이후 채무자나 나머지 지분 공유자가 부동산을 지키길 원할 때, 남은 채무만큼 부담이 더하거나 덜하기 때문에 추후 협상을 위해서도 알아 두는 것이 좋다.

보통 이 정도 오래 경과된 근저당이라면 실질적인 채무(대출 당시 빌렸던 원금)는 전액 상환했을 가능성이 높다. 하지만 그렇지 않고 근저당권이 전액 살아 있다면, 근저당권 금액이 최초 감정가인 2,200만 원보다 훨씬 높기에 무잉여(채권자에게 한 푼도 배당되지 않는 것)로 인한 경매 취소가 일어날 것이다.

등기부등본에 채권 금액이 기재되어 있어도 실체법상 잔존 채무가 0원이면 경매를 건 채권자인 대부 업체가 선순위로 배당받는다. 근저당권자가 받을 채권이 없기 때문에 배당금이 고스란히 다른 채권자에게 넘어가는 것이다.

여기서 기억해야 할 점은 근저당권의 잔존 채무가 실제로 0원이더라도 말소기준권리에는 변함이 없다는 사실이다. 표면상 근저당권의 금액이 기재되어 있고 실제 잔존 채무가 0원이라 하더라도, 우리나라 등기법상 말소 절차를 따로 진행하지 않는 이상 등기부에 공시된 내용을 보고 거래하는 것을 인정한다. 예를 들어, 이 사건의 말소기준권리는 1992년 9월 18일 자 근저당권인데 전입신고 확정일자가 1993년 1월 1일인 임차인이 있다고 가정해 보자. 말소기준권리인 근저당권의 잔존 채무가 0원이기에 대항력 있는 임차인으로 해석할수도 있다. 하지만 이 사건처럼 근저당권이 말소되지 않고 등기부등본에 남아 있다면, 말소기준권리는 공시된 대로 따라야 한다. 확정일자가 근저당 설정 이후이므로 대항력 없는 임차인이 되는 것이다(이러한 경우 임차인이 대위해서 근저당을 말소하거나, 채무 금액이 적으면 대위변제 후 근저당을 말소해서 대항력이 있는 임차인의 지위로 바꿀 수 있다). 특수물건을 주업으로 다루다 보면 자연스레 등기법과 배당 절차까지 흡수하게 되는 것도 이러한 이유 때문이다.

　상속 비율과 현황조사서 내용으로 알 수 있듯이 강○○ 씨의 9분의 2 지분이 경매에 나왔고, 해당 부동산에는 모친인 장○○ 씨도 거주하고 있었다. 재차 등기부등본을 확인해도 최초 사용승인 시점부터 줄곧 거주해 온 것을 알 수 있다. 그러므로 강○○ 씨의 지분이 제삼자에게 낙찰되고 끝내 되찾아오지 못한다면, 결국 집을 매각해야 하는 수순을 밟는 것 말고는 달리 방도가 없다.

　경매에는 세 명이 입찰했고 필자 측이 낙찰받았다. 이후 곧바로 협상에 임했는데, 예상대로 공유자 측은 분양받아서 30여 년 살아온 터전을 9분의 2 지분으로 말미암아 잃어버리고 싶지 않아 했다. 또한, 근저당을 걸었던 국민은행의 잔존 채무도 남아 있지 않아서 대부 업체에서 배당받으면 끝나는 상황이었다.

　이러면 필자는 대개 경매 취하를 권유하는데, 공유자들로부터 "강○○은 연락이 되지 않고, 이 사건 외에 또 다른 채권이 있을 가능성이 높다"라는 답변을 듣고 생각을 달리했다. 낙찰 잔금 미납으로 재매각을 유도해서 공유자우선매수로 공유자 측이 지분을 가져갈 수 있게 진행해야 뒤탈이 없겠다는 생각이 강하게 들었다.

필자는 협상을 할 때마다 '손해 보지 않는 선에서 도움을 주자'고 생각하는 편이다. 협의해서 수익을 얻어도 시세보다 저렴하게 거래하는 것이 보통이다. 입찰할 때도 1원이라도 더 높은 금액을 썼기에 필자 측이 낙찰받은 것이므로, 채권자들 역시 1원이라도 더 배당받아 갈 수 있는 것이다. 높은 수익을 얻는 것도 좋지만, 이러한 사사로운 배려를 통해 낙찰 이후 깔끔하게 뒷마무리를 할 수 있다면 나름의 윈윈이 아닐까 생각한다.

2020타경 ▒▒▒

소 재 지	부산광역시 사상구 ▒▒▒						
새 주 소	부산광역시 사상구 ▒▒▒						
물건종별	아파트	감 정 가	22,000,000원	오늘조회: 1 2주누적: 0 2주평균: 0			
				구분	매각기일	최저매각가격	결과
대 지 권	전체: 71㎡(21.48평) 지분: 15.78㎡(4.77평)	최 저 가	(100%) 22,000,000원	1차	2021-04-27	22,000,000원	매각
				매각 28,838,000원(131.08%) / 3명 / 미납 (차순위금액:23,111,000원)			
건물면적	전체: 49.94㎡(15.11평) 지분: 11.1㎡(3.36평)	보 증 금	(20%) 4,400,000원	2차	2021-07-06	22,000,000원	
				매각 23,611,000원 (107.32%)			
매각물건	토지및건물 지분 매각	소 유 자	강○○	(입찰4명,매수인:충남당진 강○○ (공유자우선매수) / 차순위금액 23,200,000원)			
개시결정	2020-05-21	채 무 자	강○○	매각결정기일 : 2021.07.13 - 매각허가결정			
사 건 명	강제경매	채 권 자	(주)씨엔에스대부	대금지급기한 : 2021.08.20			
				대금납부 2021.07.26 / 배당기일 2021.09.15			
				배당종결 2021.09.15			

자료: 옥션원

공유자 측과의 협상을 통해 2주 정도의 시간 안에 사건을 마무리할 수 있었다. 필자 측은 낙찰 잔금 미납을 전제로 합의금을 받았고, 이후 공유자우선매수 신청을 도와주었다. 당시 입찰 보증금이 220만 원이었고, 합의한 금액이 약 500만 원이었던 것으로 기억한다.

특수물건 경매에서는 사건 분석과 전략도 중요하지만, 결국 어떻게 협상에 임하는지에 따라 결과가 정해진다. 이는 곧 상대를 매료시키는 덫이 될 수 있다고 생각한다. 협상을 잘해서 상대방이 혹할 수 있는 제안을 하면, 상대방은 필자를 지분을 놓고 대립하는 사람이 아니라 복잡한 문제를 정리해 주는 고마운 사람으로 볼 수도 있기 때문이다.

협상이 어긋나면
다 차린 밥상을 내줄 수도 있다

이번 사례는 일대일 PT 수업으로 진행했던 사건이다. 당시 본업으로 바빴던 한 수강생이 물건 추천을 요청했다. 어느 정도 자금력이 확보된 수강생이었기 때문에 추천에 큰 어려움은 없었다. 다만 단기 수익보다는 안정적인 수익 확보를 원했기에 다음 물건을 추천하게 되었다.

2018타경**

소 재 지	경상남도 김해시						
새 주 소	**경상남도 김해시**						
물건종별	아파트	감 정 가	103,500,000원	오늘조회: 1 2주누적: 0 2주평균: 0			
				구분	매각기일	최저매각가격	결과
대 지 권	18.61㎡(5.63평)	최 저 가	(80%) 82,800,000원	1차	2019-02-19	103,500,000원	유찰
				2차	2019-03-19	82,800,000원	
건물면적	전체: 59.843㎡(18.1평) 지분: 29.92㎡(9.05평)	보 증 금	(10%) 8,280,000원				
매각물건	토지및건물 지분 매각	소 유 자	백○○				
개시결정	2018-08-16	채 무 자	백○○				
사 건 명	강제경매	채 권 자	장○○				

매각물건현황(감정원 : 가온감정평가 / 가격시점 : 2018.08.31 / 보존등기일 : 2013.07.05)

목록	구분	사용승인	면적	이용상태	감정가격	기타
건1	▇▇동 ▇▇호 (18층중3층)	13.06.13	29.92㎡ (9.05평)	주거용	비준가격 103,500,000원	☞ 전체면적 59.8434㎡중 백○○ 지분 1/2 매각
토1	대지권		26794.2㎡ 중 18.61㎡			☞ 전체면적 37.2297㎡중 백○○ 지분 1/2 매각

현황 위치	* ▇▇노인종합복지관 남측 인근에 위치하는 아파트로서주변은 아파트단지 및 근린생활시설등으로 형성되어 있으며 주위환경은 보통시됩니다. * 본건까지 차량접근 가능하며 제반 교통사정은 보통시됩니다. * 부정형 평지로서 아파트부지로 이용중입니다. * 동측으로 왕복 3차선의 도로와 접합니다.

임차인현황 (말소기준권리 : 2017.04.20 / 배당요구종기일 : 2018.11.09)

===== 임차인이 없으며 전부를 소유자가 점유 사용합니다. =====

등기부현황 (채권액합계 : 333,946,684원)

No	접수	권리종류	권리자	채권금액	비고	소멸여부
1(갑2)	2013.08.26	소유권이전(매매)	백○○		백○○,김▇▇ 각 1/2, 거래가액:181,500,000원	
2(을6)	2017.04.20	근저당	지리산청학농협	308,400,000원	말소기준등기	소멸
3(갑3)	2018.02.27	백○○지분가압류	안○○	1,500,000원	2018카단▇	소멸
4(갑5)	2018.04.02	백○○지분가압류	장○○	2,490,320원	2018카단▇	소멸
5(갑7)	2018.04.18	백○○지분압류	국민건강보험공단			소멸
6(갑8)	2018.05.24	백○○지분가압류	(주)▇▇▇	12,000,000원	2018카단▇	소멸
7(갑9)	2018.05.28	백○○지분가압류	하나카드(주)	9,556,364원	2018카단▇	소멸
8(갑10)	2018.08.16	백○○지분강제경매	백○○	청구금액: 2,490,320원	2018타경▇▇▇, 장▇ ▇ 가압류의 본 압류로 의 이행	소멸

자료: 옥션원

　김해시에 있는 부동산이었다. 최초 사용승인 일자는 2013년 6월 13일이며, 백○○ 씨와 김○○ 씨가 2013년 8월 26일 자로 분양받았다. 분양 당시에는 자금력이 괜찮았는지 대출을 받지는 않았다. 하지만 몇 년 후인 2017년 4월 20일 자로 농협에서 대출을 받았는데, 공동명의를 묶어서 대출받은 것으로 확인되었다. 이후 소액의 가압류가 이어진 다음 경매에 부쳐졌다.

　사건 분석을 할 때 경매 접수된 채권이 소액인 것만 보고 단기에 협상이 가능하리라 섣불리 판단하면 오산이 될 수도 있다. 등기부 요약에서 알 수 있듯이 약 3억 원으로 설정된 2017년 4월 20일 자 농협의 근저당권이 채권 최고액인데, 1·2금융권에서는 실제보다 110~120퍼센트 높여서 근저당을 설정하는 것이 일반적이므로 실채무는 약 2억 원이 넘을 것이다. 따라서 무잉여로 경매 자체가 취소될 수도 있었지만, 경매를 신청한 채권은 임금채권(노동을 제공하고 청구할 수 있는 권리로, 다른 채권보다 우선시되기에 근저당보다 먼저 배당받을 수 있음)이기에 무잉여로 경매가 취소되지는 않으리라 판단했다. 어쨌든 당시 해당 부동산의 시세가 2억 원 조금 넘는 가격이었기 때문에 근저당 채무를 막기는 힘들 것으로 짐작할 수 있었다.

그럼에도 입찰을 결심한 이유는 낙찰되면 근저당권이 지분 형태로 나누어질 것이기 때문이었다. 또한 기한이익 상실 및 불완전 담보 형태가 될 것이기에 나머지 지분에 경매를 신청하리라 예상했다.

순위번호	등 기 목 적	접 수	등 기 원 인	권리자 및 기타사항
6	근저당권설정	2017년4월20일 제35795호	2017년4월18일 설정계약	채권최고액 금308,400,000원 채무자 김■■ 경상남도 김해시 ■■■■■■■■■■■, ■■■■■■■■, 근저당권자 지리산청학농업협동조합 ■■■■■■-■■■■■■ 경상남도 하동군 ■■■■■■■■■ L

선순위 채권자인 농협은 경매에 나온 백○○ 씨의 지분이 낙찰되어도 전액을 배당받지는 못할 것이다. 근저당의 실존 채무 금액을 2억 원 이상으로 추정했기에 2분의 1 지분의 낙찰 금액이 1억 원 미만이면 전액 배당은 이루어질 수 없다. 그러면 남은 채권은 결국 채무자인 김○○ 씨에게 청구될 것이다. 따라서 먼저 백○○ 씨의 지분을 저렴하게 낙찰받고 추후 김○○ 씨 지분이 경매에 나오면 역시 저렴하게 공유자우선매수를 하는 것으로 전략을 짠 다음 회원에게 해당 사건을 추천했다.

경매 결과는 단독 입찰이었다. 특수물건 사건 중 대출이 되지 않는 물건은 입찰 가격이 높을수록 응찰자 수가 줄어드는 것이 특징이다. 또한 어쩌다 한번

2018타경■■■■								
소 재 지	경상남도 김해시 ■■■							
새 주 소	경상남도 김해시 ■■■							
물건종별	아파트	감 정 가	103,500,000원	오늘조회: 1 2주누적: 0 2주평균: 0				
				구분	매각기일	최저매각가격	결과	
대 지 권	18.61㎡(5.63평)	최 저 가	(80%) 82,800,000원	1차	2019-02-19	103,500,000원	유찰	
건물면적	전체: 59.843㎡(18.1평) 지분: 29.92㎡(9.05평)	보 증 금	(10%) 8,280,000원	2차	2019-03-19	82,800,000원		
				매각: 83,883,800원 (81.05%)				
				(입찰1명,매수인:En○○)				
매각물건	토지및건물 지분 매각	소 유 자	백○○	매각결정기일 : 2019.03.26 - 매각허가결정				
개시결정	2018-08-16	채 무 자	백○○	대금지급기한 : 2019.04.25				
				대금납부 2019.04.22 / 배당기일 2019.05.28				
사 건 명	강제경매	채 권 자	장○○	배당종결 2019.05.28				

자료: 옥션원

시도해 보는 경우를 제외하면 대부분 전문가의 영역으로 여겨서 도전하지 않는다. 지분 투자를 해 본 사람이 계속해서 투자하는 사례가 대다수다. 상황이 이렇다 보니 투자자들에게 자금 여유가 없으면 입찰에 참여하지 못해서 유찰되기도 하고, 어떨 때는 자금 회수가 되어 특정 시간대에 많은 인원이 몰리는 일도 발생한다.

낙찰받은 이후에는 필자의 예상대로 흘러갔다. 전액 배당을 받지 못한 근저당은 지분 근저당 형태로 남겨졌고, 이내 나머지 2분의 1 지분에 경매 신청을 하기에 이르렀다.

그런데 공유자우선매수 신청을 준비하는 과정에서 낙찰받은 회원에게 급작스러운 통보를 받았다. 공유자우선매수 신청을 하지 않겠다는 것이었다. 나머지 지분을 싸게 살 수 있는 것은 물론이고, 낙찰이 보장된 것이나 다름없는 방법을 포기하겠다는 얘기에 필자는 당황할 수밖에 없었다.

당시는 부동산 규제가 막 발표된 시기였다. 법인의 취득세율이 12퍼센트로 대폭 인상되고 종합부동산세 세율 또한 최대 6퍼센트가 된다고 하니 심리적으로 상당히 부담스러웠던 것은 사실이다. 하지만 아깝다는 생각이 들어 재차 공유자우선매수를 권했지만 결국 거부했다. 아쉬운 마음에 다른 회원에게 입찰

협상이 어긋나면 다 차린 밥상을 내줄 수도 있다

소 재 지	경상남도 김해시 ██████ ██ ██████ ██ ██ ██ ██ ██						
새 주 소	경상남도 김해시 ██████ ██, ██████ ██ ██						
물건종별	아파트	감 정 가	92,000,000원	오늘조회: 1 2주누적: 1 2주평균: 0			
대 지 권	전체: 37.23㎡(11.26평) 지분: 18.61㎡(5.63평)	최 저 가	(64%) 58,880,000원	구분	매각기일	최저매각가격	결과
				1차	2020-08-20	92,000,000원	유찰
건물면적	전체: 59.843㎡(18.1평) 지분: 29.92㎡(9.05평)	보 증 금	(10%) 5,888,000원	2차	2020-09-22	73,600,000원	유찰
				3차	2020-10-22	58,880,000원	
				매각: 74,190,000원 (80.64%)			
매각물건	토지및건물 지분 매각	소 유 자	김○○	(입찰3명 매수인:차○○ / 차순위금액 68,838,000원)			
개시결정	2019-10-23	채 무 자	김○○	매각결정기일 : 2020.10.29 - 매각허가결정 대금지급기한 : 2020.12.03			
사 건 명	임의경매	채 권 자	지리산청학농협	대금납부 2020.11.10 / 배당기일 2021.01.22 배당종결 2021.01.22			

등기부현황 (채권액합계 : 326,457,069원)

No	접수	권리종류	권리자	채권금액	비고	소멸여부
1(갑2)	2013.08.26	소유권이전(매매)	백○○		거래가액 금181,500, 000원, 각 1/2	
2(을6)	2017.04.20	김○○지분전부근저당	지리산청학농협	308,400,000원	말소기준등기	소멸
3(갑13)	2019.06.07	김○○지분가압류	신한카드(주)	12,607,841원	2019카단██████	소멸
4(갑14)	2019.06.28	김○○지분가압류	현대캐피탈(주)	5,449,228원	2019카단██████	소멸
5(갑15)	2019.07.29	김○○지분압류	김천세무서장			소멸
6(갑16)	2019.10.23	김○○지분임의경매	지리산청학농협	청구금액: 143,851,879원	2019타경██████	소멸
7(갑17)	2019.11.20	김○○지분압류	국민건강보험공단			소멸

자료: 옥션원

을 권유했지만 보기 좋게 2등으로 떨어지고 말았다.

낙찰받은 최고가 매수인은 다른 경매 학원의 수강생이었다. 가격이 너무 내려갔기에 입찰하긴 했지만 공유자우선매수 신청이 들어올 것으로 예상했다고 했다. 아무튼 각각의 지분이 모두 낙찰되었으므로 빠르게 매도하는 것을 새로운 목표로 잡았다. 다른 경매 학원의 수강생과 함께 공인중개사를 통한 일반 매매를 진행했고, 얼마 지나지 않아 매각했다.

필자 측은 거래가액 2억 원의 절반인 1억 원을 받았다. 계획과는 달리 세전

[집합건물] 경상남도 김해시 ▓▓▓ ▓▓ ▓▓▓▓▓ ▓ ▓▓ ▓▓ ▓▓▓.

순위번호	등기목적	접수	등기원인	권리자 및 기타사항
19	13번가압류, 14번가압류, 15번압류, 16번임의경매개시결 정, 17번압류등기말소	2020년11월16일 제97673호	2020년11월10일 임의경매로 인한 매각	
20	공유자전원지분전부 이전	2021년1월15일 제3771호	2020년11월26일 매매	소유자 강▓▓ 88▓▓▓-******* 경상남도 김해시 ▓▓▓▓▓▓▓▓▓ ▓▓, ▓▓▓ ▓▓▓ ▓▓▓▓▓ 거래가액 금200,000,000원

자료: 등기부등본

1,500만 원 정도의 수익밖에 얻지 못한 것이다. 이에 갑작스러운 부동산 규제 정책을 원망하기도 했다.

이 사건의 핵심 전략은 2분의 1 지분을 먼저 낙찰받은 다음 나머지 지분을 가져오는 것이었다. 하지만 경매를 진행한 회원과의 소통에 문제가 생겨서 공유자우선매수를 하지 못했다. 상대측이 아닌 회원과의 협상에서 예상하지 못한 난관에 부딪힌 것이다. 이후 나머지 지분을 낙찰받은 다른 학원 수강생과도 감정적인 마찰이 일어날 수 있는 상황이었다. 필자 측이 다 된 밥상을 만들어 놓았는데, 그중 절반을 선뜻 내준 꼴이 되다 보니 기분이 좋지 않았던 것이 사실이다. 그로 인해 자칫 사건 해결이 장기화될 수도 있었지만, 결과적으로는 이성적으로 판단해서 협상을 통해 단기에 매도했다.

이처럼 경매 사건을 진행하면서 만나는 다양한 사람들과 어떻게 협상하느냐에 따라 전혀 다른 결과를 맺을 수 있다. 이때 협상의 대상은 반드시 상대측만 해당하는 것은 아니다. 상대측을 비롯해 함께 사건을 진행하는 동료들까지 누구나 협상의 대상이 될 수 있다는 점을 기억해 두자.

Chapter 4

시각을 달리하면
블루오션이 보인다

지금껏 특수물건 경매에서 '사건 분석 → 전략 구상 → 협상'의 과정을 통해 수익을 실현하는 방법을 이야기했다. 그중 협상이 제일 중요한 과정인 것은 부정할 수 없는 사실이다. 특수물건이 아닌, 일반물건 경매 또한 마찬가지다. 보통 경매에서 가장 중요한 것을 명도라고 하는데, 명도 역시 협의를 잘해야 수익과 연결되기 때문이다. 여기에서 더 나아가 시각을 달리해서 사건을 바라보면 새로운 수익 포인트를 발견하거나 더욱더 높은 수익을 실현하는 일도 가능하다.

　2층짜리 주택을 매입해서 1층을 상가로 개조하거나, 구축 아파트를 매입해서 차별화된 인테리어를 한 다음 매각하는 것으로 수익을 만들 수 있다. 이는 일반적인 부동산 투자에서도 종종 활용되는 방법이다. 많은 사람이 부동산의 속성 및 주변 요건을 최대한 활용해서 가치를 높이는 투자를 한다. 여기서 부동산을 취득하는 방법이 경매라면, 효율을 더욱 극대화할 수 있는 것이다.

　부동산 경매 중에서도 특수물건 사건은 대체로 법률적인 하자를 풀어내는 방식으로 수익을 만들곤 한다. 이는 금액을 높이는 것 말고는 확실한 취득 방법이 없는 일반물건보다 비용이 적게 든다는 장점이 있다. 또한 까다롭다는 편견 때문에 응찰자 수가 적어 낙찰 확률도 높다. 이렇게 낙찰받은 특수물건 부동산에 새로운 시각을 적용해서 매각하는 일은 그야말로 블루오션이다.

거듭 미납된 소액 토지 낙찰로
평생 연금 수령하기

이번 사건은 수업 이해도가 높은 일대일 PT 수강생의 투자 물건을 핸들링한 사례다. 회원 개인의 투자 포트폴리오상 단기 차익 또는 수익형 부동산을 보유하는 방향과 일치해서 진행하게 된 사건이다.

자료: 옥션원

해당 물건은 부산 진구 서면에 있는 토지였다. 부산 최고의 번화가라고도 할 수 있는 곳의 토지가 경매에 나온 사건이었다.

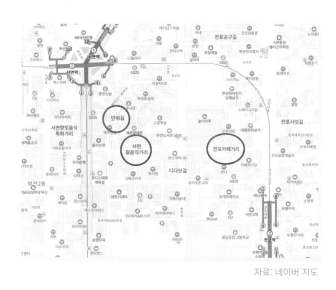

자료: 네이버 지도

지도에 표시된 위치 인근 토지의 거래 가격은 조금씩 차이가 있긴 하지만, 당시 평균적으로 평당 5,000만 원은 줘야 거래가 가능했다. 경매 나온 토지의 면적은 6.3제곱미터(1.91평)였는데, 신건에서 네 명이 응찰했다. 낙찰된 1등의 가격은 5,050만 원이었으며, 2등 입찰자는 아쉬움에 차순위 신고를 신청했다.

낙찰되어 진행되지 않는 사건이었는데, 어느 날 물건 검색을 하다가 재매각 사건으로 분류된 것을 발견했다. 최고가 매수인이 잔금을 납부하지 않아도 차순위자가 잔금을 넣고 해결할 만한 사건이었다. 그런데 최고가 매수인이 미납했고, 차순위 신고인에 대한 매각허가결정이 이루어져 잔금 납부 기일이 도래했지만 역시 미납했다. 필자는 놀란 마음을 뒤로하고 사건을 분석해 보기로 했다.

매각토지.건물현황(감정원 : 극동감정평가 / 가격시점 : 2018.12.17)

목록	지번	용도/구조/면적/토지이용계획	㎡당 단가 (공시지가) +	감정가	비고
토지	▮▮동 ▮.▮▮▮▮	일반상업지역,방화지구,가로 구역별 최고높이 제한지역	대 6.3㎡ (1.91평)	5,730,000원 (1,240,000 원)	36,099,000원	* 현 도로 등
감정가		토지:6.3㎡(1.91평)		합계	36,099,000원	토지 매각

현황 위치	* ▮▮▮도서관 서측 인근에 위치하고 있으며 주위는 후면지의 건물및 숙박시설등으로 형성되어 있음. * 본건에의 소형차량접근 가능하고 인근에 시내버스정류장이 소재하는등대중교통사정은 대체로 무난치 됨. * 인접지와는 대체로 등고평탄한 폭이 좁고 긴 형태의 세장형의 토지임. [남측인접의 현황도로(부전동 ▮▮▮ ▮▮▮)와 경계구분없는 도로 상태로 추정됨] * 남측으로 폭약3-4미터의 현황도로(본건포함)에 접하고 있으며, 서측으로도 골목길(본건 토지의 일부포함)이 소재하고 있음.

참고사항	▶ 본건매각 2019.12.10 / 매각가 50,500,000원 / 경북 구미시 OOO / 4명 입찰 / 대금미납 * ▮▮▮▮호텔 입구에 있는 대지로, 육안으로 경계를 명확하게 구분할 수 없음. * 면적, 지목, 용도 등을 개략적인 측정등을 기준으로 사정하였는바, 정확을 요할 시에는 측량하기 바람.

임차인현황 (말소기준권리 : 2018.12.12 / 배당요구종기일 : 2019.02.21)

	===== 조사된 임차내역 없음 =====
기타사항	☞점유자 및 관계자를 만나지 못하여 점유 및 임대차관계 알 수 없었음. ☞전입세대열람 내역에 전입된 세대가 없음.

토지등기부

No	접수	권리종류	권리자	채권금액	비고	소멸여부
1(갑1)	1967.12.08	소유권이전(매매)	황○○			
2(갑2)	2018.12.12	강제경매	한국자산관리공사 (부산지역본부)	청구금액: 117,562,373원	말소기준등기 2018타경▮▮▮▮	소멸

관련정보	[관련사건] 양수금-부산지방법원 2013가단▮▮▮▮ ▮ 판결정본 내용보기

자료: 옥션원

등기부동본 요약상으로는 1967년 12월 8일 이후 어떠한 기록이 없다가 2018년 12월 12일 자로 강제경매가 접수되었다.

해당 물건지의 사진을 본 다음, 인근 건물들도 확인했다. 경매에 나온 토지는 도로에 인접해 있었고, 바로 뒤의 168-○○○ 대지와 필지만 달랐다. 168-○○○ 대지에는 신축한 지 얼마 되지 않은 건물이 있었는데, 해당 토지는 이 건물의 진·출입로로 이용되고 있었다.

최고가 매수인과 차순위 매수 신고인이 왜 미납했는지 의문이었다. 애초에 경매에 참여한 이유는 해당 토지를 낙찰받아서 168-○○○ 토지를 맹지(주위가 온통 다른 사람의 토지로 둘러싸여 도로와 닿는 부분이 없는 한 필지의 토지)로 만드는 동시에, 168-○○○ 토지 위의 건물을 건축법상 불법 건축물로 등재해서 협상하려는 의도였을 것이다. 이에 필자는 해당 지역의 구청 건축과에 위법건

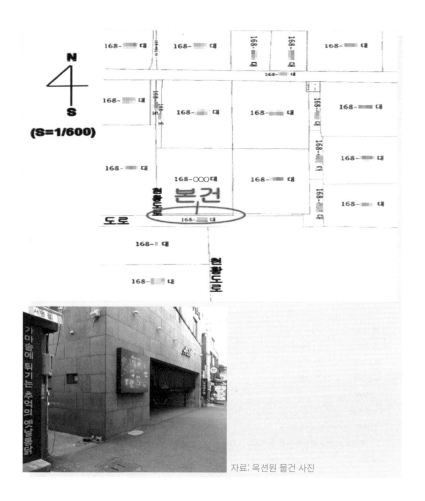

자료: 옥션원 물건 사진

축물 등재가 가능한지 문의했는데, 앞서 낙찰받았던 사람들 역시 같은 문의를 했던 것으로 확인되었다. 건축과에서는 당시 적법하게 허가받은 상태로, 건축 후퇴선(도로를 기점으로 1.5미터 뒤)까지 문제가 되지 않기에 해당 건물은 위법건축물로 등재할 수 없다고 답했다.

정리하자면, 낙찰자들은 건축법상 168-○○○ 토지 위의 건물이 존재하려면 경매에 나온 토지가 필요하리라 판단했다. 그런데 이 토지가 없어도 건물의 존재에는 아무런 영향을 미치지 않는다는 사실을 확인해서 낙찰 후 잔금을 미납한 것으로 추정할 수 있었다.

우선 낙찰받은 다음 건축법상 건물의 위법 여부를 새롭게 다투어 볼 수도 있겠지만, 필자는 시각을 달리해서 생각해 보았다. 해당 지역은 저녁만 되면 사람들이 붐비는 곳이고, 경매에 나온 토지를 지나지 않고서는 건물에 진입하는 일이 불가능하다는 점에 초점을 맞추었다.

필자 외에도 입찰자가 한 명 더 있었는데, 애초에 단독 입찰을 예상하지 않았기에 가격을 살짝 올려서 기재한 것이 낙찰로 이어졌다.

기본내용

사건번호	2020가단	사건명	[전자] 토지인도 등
원고	박	피고	이
재판부	민사제2단독		
접수일	2020.09.22	종국결과	
원고소가	3,118,500	피고소가	
수리구분	제소	병합구분	없음
상소인		상소일	
상소각하일		보존여부	기록보존됨
인지액	원		
송달료,보관금 종결에 따른 잔액조회			
판결도달일	2021.09.10	확정일	2021.09.25

최근기일내용

일자	시각	기일구분	기일장소	결과
2021.05.06	10:50	변론기일	법정 205호	속행
2021.06.17	11:30	변론기일	법정 205호	기일변경
2021.07.22	11:20	변론기일	법정 205호	변론종결
2021.09.09	14:00	판결선고기일	법정 205호	판결선고

최근 기일 순으로 일부만 보입니다. 반드시 상세보기로 확인하시기 바랍니다.

최근 제출서류 접수내용

일 자	내 용
2021.06.30	원고 박 답변서 제출

자료: 법원, 나의 사건 검색

재차 미납되었던 사건이라 그랬는지 168-○○○ 토지 및 그 위 건물의 소유
주는 '현황도로'이기 때문에 별문제 없다는 태도를 고수했다. 이에 필자는 낙
찰받은 토지를 진입로로 이용하는 것에 대한 부당이득 소송을 제기하는 동시
에 측량을 실시했다.

자료: 직접 찍은 현장 사진

소송에 맞서 상대측은 변호사를 선임했다. 원래 경매에 나온 토지까지 매매
했는데, 매매 과정에서 누락이 발생했다고 했다. 실제로 해당 토지는 도로 일
부에 포함되어 있으며, 일반 공중을 위한 용도로 제공했다고 볼 수 있기에 사
용 수익을 포기한 것으로 간주해야 한다는 얘기였다. 설령 지료가 발생한다고
해도 도로로 판단해야 한다고 주장했다.

1. 원고의 토지인도 청구에 관하여
　　이 사건에서 **피고는 원고가 이 사건 토지를 경락받기 훨씬 전부터 모
텔 숙박업을 운영하고 있었으며, 이 사건 모텔 부지는 애초에 피고가 모**

두 2015. 2. 16. 매매로 소유권 이전등기를 받은 것이었으나 이후 등기소의 착오 발견으로 이 사건 토지만 2017. 12. 11. 자 다른 사람의 소유로 등기가 되었던 것으로 보여집니다.

(중략)

2. 원고의 임료 청구에 관하여

(1) 배타적 사용 수익권의 포기에 관하여

　우선 이 사건 토지는 2000. 3. 13. 자 전산이기로 말소 후 2017. 12. 11. 자 등기 착오 발견으로 재등기 시까지 소유자의 권리 행사가 일체 없었습니다.

　이 사건 토지 현황은 약 2평의 긴 막대 형태로 건축 구조물 설치가 어려우며 토지 활용성이 매우 떨어짐으로 인하여 **실제 현황은 도로 일부에 포함되어 서면 번화가 골목 내 사람 및 차량 통행료로 별다른 이의 없이 사용되고 있어 왔습니다.**

　이에 원고는 이 사건 토지와 극히 인접한 부지에 숙박 건축물 허가를 득하여(허가일 2013. 9. 3.), 사용허가(2015. 1. 23.) 후 지금까지 별 무리 없이 영업 중에 있습니다. **원고는 처음 숙박시설에 관한 부지를 매입할 당시 당연히 이 사건 토지도 그 부지에 포함되어 있는 줄 알았으며,** 최근 이러한 사건이 벌어지고 나서야 비로소 등기소의 등기 착오 발견으로 인하여 이 사건 토지가 문제가 된다는 점을 인식하게 되었습니다.

　게다가 당초에 이 사건 토지 소유자는 착오 등기로 말소된 토지의 회복등기도 신청하지 않았으며 이후 채권자인 한국자산공사의 신청으로 회복등기된 사실이 있습니다.

따라서 위와 같은 사정들을 종합하여 볼 때, 당초에 이 사건 토지 소유자는 토지의 사용 수익권을 포기하였으며 일반 공중을 위한 용도로 제공하였던 것으로 보는 것이 타당합니다(대법원 2019. 1. 24. 선고 2016다 264556 전원합의체 판결 등 참조).

그러므로 **원고는 배타적 사용 수익권이 없는 토지를 경매받은 것이기에 애초에 임료 청구를 할 권리가 없는 것**입니다.

(2) 가사 백번 양보하여 원고가 임료 청구를 할 수 있다고 할지라도 2021. 6. 15. 자 귀 원에 제출된 감정평가회보 기재 내용에 따라, **실제 현황인 도로로 판단하여 그 임료를 계산하여야 할 것**입니다.

3. 결론

이상과 같이 원고의 주장은 부당하므로, 원고의 청구를 모두 기각하여 주시기 바랍니다.

여기서 눈여겨볼 사항은 상대측이 토지와 건물을 매수한 2015년 2월 16일 이전부터 이 사건의 토지가 방치되어 있었다는 점이다. 시간을 거슬러 올라가 보면 십중팔구 이전 소유자가 아닌, 전전 소유자가 소유권 이전 당시 해당 토지를 매매에 산입하지 않고 누락한 것을 확인할 수 있다. 이는 개인 간 거래에서 일어나는 실수다. 공인중개사를 통해서 거래하면 발견할 수 있는 부분이지만, 간단한 매매계약서 한 장을 쓰는 데 중개 비용까지 내는 것이 아깝다고 여기는 사람들이 있다 보니 종종 이런 일이 생긴다.

한편, 소액 토지를 전문적으로 다루는 경매 투자자들은 이러한 형태의 사건을 곧잘 찾아내서 입찰한다. 낙찰받아서 부당이득을 청구하고 협상을 통해 수익을 만드는 것이다. 보통 부동산을 매매할 때 진입로는 필지가 달라도 크게 신경 쓰지 않기 때문에 이런 수익 모델이 나타난 것이다. 다음 사례를 보면 알 수 있다.

2018타경 ▓▓▓

소 재 지	부산광역시 사하구 ▓▓▓▓▓▓▓					
물건종별	공장	감 정 가	947,815,120원	오늘조회: 1 2주누적: 0 2주평균: 0		
토지면적	전체: 1029㎡(311.27평) 지분: 464.39㎡(140.48평)	최 저 가	(80%) 758,252,000원	구분 / 매각기일 / 최저매각가격 / 결과		
건물면적	369.47㎡(111.76평)	보 증 금	(10%) 75,825,200원	1차 2019-04-23 947,815,120원 유찰		
매각물건	건물전부, 토지지분	소 유 자	▓▓▓▓▓(주)	2차 2019-05-28 758,252,000원		
개시결정	2018-04-19	채 무 자	▓▓▓▓▓(주)	매각: 792,110,000원 (83.57%)		
사 건 명	임의경매	채 권 자	대구은행외 2명	(입찰1명,매수인:부산동래구 주○○) 매각결정기일 : 2019.06.04 - 매각허가결정 대금지급기한 : 2019.07.10 대금납부 2019.07.04 / 배당기일 2019.08.08 배당종결 2019.08.08		
관련사건	2017타경 ▓▓(병합)					

매각토지.건물현황(감정원 : 산하늘감정평가 / 가격시점 : 2018.05.01 / 보존등기일 : 2014.06.03)

목록	지번	용도/구조/면적/토지이용계획	㎡당 단가 (공시지가)	감정가	비고
토지 1	▓▓동 845-59	준공업지역,현상변경허가 대상구역	공장용지 398㎡ (120.4평)	1,689,000원 (1,048,000원)	672,222,000원	
토지 2	▓▓동 845-23	준공업지역,현상변경허가 대상구역	도로 35.74㎡ (10.81평)	340,000원 (250,800원)	12,151,600원	☞ 전체면적 355㎡중 ▓▓주식회사 지분 35.74/355 매각
토지 3	▓▓동 845-60	준공업지역,현상변경허가 대상구역	도로 30.65㎡ (9.27평)	340,000원 (300,300원)	10,421,000원	☞ 전체면적 276㎡중 ▓▓주식회사 지분 30.65/276 매각
	면적소계 464.39㎡(140.48평)			소계 694,794,600원	
건물 1	[▓▓▓▓▓동 845-59] 일반철골구조 판넬지붕	1층	공장(상호:▓▓▓(주))	232㎡(70.18평)	716,000원	166,112,000원	* 사용승인:2014.05.21 * 북서향 * 공부상 제2종근린생활시설
건물 2		1층	공장(상호:▓▓(주))	117.47㎡(35.53평)	716,000원	84,108,520원	* 사용승인:2014.05.21 * 북서향 * 공부상 제2종근린생활시설
	면적소계 349.47㎡(105.71평)			소계 250,220,520원	

자료: 옥션원

'건물 전부, 토지 지분'으로 표시된 사건이다. ○○동 845-59번지 토지와 그 위의 건물은 일괄매각이고, 해당 건물의 진입로인 ○○동 845-23번지와 ○○동 845-60번지의 토지는 지분 매각이다. 여기서 진입로인 도로의 지분을 획득하지 못하면 추후 부당이득의 대상이 될 수 있다.

자료: 토지이음

긴 도로 곁으로 많은 토지가 인접해 있다. 하지만 개인 간 거래를 할 때는 이런 사실을 외면한 채 건물과 건물이 앉아 있는 토지의 소유권만 이전한다. 그래서 추후 이전하지 못한 토지를 발견한 채권자가 경매를 신청하면 도로 지분만 경매에 나오게 되며, 이는 해당 건물의 부당이득으로 이어진다.

이번 사건은 거래 관행에 따라 개인 간 매수를 하면서 놓쳐 버린 토지가 경매에 나왔을 가능성이 매우 크다. 그런데 토지의 지목이 대지이기에 가치를 높게 볼 수 있었다. 다음은 필자가 제출한 답변서 내용의 일부다.

1. 피고의가 주장하는 배타적 사용 수익권의 포기에 대하여

가. 피고가 제시한 판례(대법원 2019. 01. 24 선고 2016다 264556)는 당초 토지 소유자 그 소유의 토지를 일반 공중을 위한 용도로 제공한 경우에 한하여 성립되는 법리로서, **피고가 원고의 토지인도 청구 배척에 있어서 피고가 매매로 인한 소유권 이전 과정에서 누락되었음을 자백하였습니다.**
(2021. 06. 21. 자 준비서면 1쪽 1항)

나. 피고가 피고 소유의 모텔을 소유할 당시 이 사건 토지를 미처 매수하지 못하였다면 그건 별도의 소유권 회복의 소를 통하면 될 것이고 그렇지 않다면 원칙적으로 민법 186조에 의거 물권의 변동은 등기를 하여야 효력을 발합니다.

다. 또한 원고가 제출한 갑제 2호증 지적측량결과부뿐만 아니라 지적편집도를 들여다봐도 공동으로 이용하는 도로가 전혀 아닙니다.
피고는 주위토지통행권을 근거로 제시하고 있으나 주위토지통행권이란 **"어느 토지와 공로(公路) 사이에 그 토지의 사용에 필요한 통로가 없는 경우에 그 토지 소유자가 주위의 토지를 통행할 수 있는 권리"**입니다.
허나 피고는 피고 소유의 모텔 사용을 위한 차량 진출입로로 사용하고 있음으로 그 궤를 전혀 달리하고 있습니다.

2. 원고의 소유권 행사 방해에 대하여

가. 이 사건의 토지가 약 2평밖에 되지 않아 건축 구조물 설치가 어렵다고

피고는 주장하나 원고의 토지는 가로 약 35cm 세로 약 2m로서, 최초 소장 접수 당시 휴대폰 케이스, 귀금속 악세사리, 각종 의류 등 간이판매 및 무인판매 시설을 불법적이지 않고 사업자등록증을 적법하게 낼 수 있는 위치로 공적장부상 지목이 대지임이 분명합니다.

지목이 도로인 경우 관할 지자체에 사업자 등록이 되지 않지만 지목이 대지인 경우 관할 지자체에 간이판매업으로 사업자 등록이 가능합니다.

소송의 특성상 서로 자기에게 유리한 주장을 공격적으로 펼친다. 그럼에도 가장 중요한 점은 필자가 낙찰받은 토지를 거치지 않고서는 건물 출입이 제한적일 수밖에 없다는 사실이었다.

법원의 권고로 조정 기일이 열렸지만 입장 차이가 크다 보니 지료에 관한 감정평가를 했다. 그 결과를 토대로 다음과 같은 판결을 받았다.

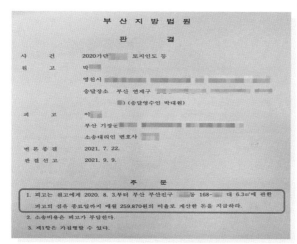

자료: 해당 판결문

거듭 미납된 소액 토지 낙찰로 평생 연금 수령하기

낙찰받은 금액 대비 월 1퍼센트, 연 12퍼센트에 가까운 지료 판결을 받았다. 이후 건물 소유자는 적정 금액에 매수하기를 원했지만, 필자 측은 응하지 않았다. 공실의 위험성도 없고 별도로 관리할 필요도 없는 훌륭한 수익형 부동산이었기 때문이다. 또한 토지의 가치는 지속적으로 상승할 테니, 적당한 지료 재감정만 하면 더 높은 지료를 받을 수 있었다. 일시불로 연금에 가입해서 매월 즉시 수령하는 것이나 다름없었다.

토지를 낙찰받고 불법건축물을 빌미로 단기 협상을 해서 수익을 보려다가 뜻대로 되지 않아 미납한 이들은 아쉽겠지만, 이 사건은 시각을 조금 달리해서 수익형 부동산으로 접근하면 새로운 수익 포인트를 발견할 수 있는 사례였다. 이처럼 특수물건은 어떤 방법으로 투자하느냐에 따라 얻을 수 있는 만족도가 다르다.

재개발 지역의 무허가 건물로
수익 내기

　이번 사례는 부산 해운대구 반송동의 경매 사건이다. 당시 부산은 재개발 분위기 초입이었기에 저가로 매입하면 충분히 고수익을 올릴 수 있는 물건이었다.

2018타경▩▩▩

소 재 지	부산광역시 해운대구 반송동 ▩▩▩							
물건종별	대지	감 정 가	35,280,000원	오늘조회: 1 2주누적: 0 2주평균: 0 조회동향				
				구분	매각기일	최저매각가격		결과
토지면적	45㎡(13.61평)	최 저 가	(80%) 28,224,000원	1차	2018-12-13	35,280,000원		유찰
				2차	2019-01-17	28,224,000원		
건물면적	건물은 매각제외	보 증 금	(10%) 2,822,400원	매각 : 31,660,000원 (89.74%)				
매각물건	토지만 매각	소 유 자	주○○	(입찰1명,매수인:부산시서구 주○○ / 차순위금액 29,283,000원)				
개시결정	2018-02-01	채 무 자	김○○	매각결정기일 : 2019.01.24 - 매각허가결정				
				대금지급기한 : 2019.02.19				
사 건 명	임의경매	채 권 자	동부산새마을금고	대금납부 2019.02.19 / 배당기일 2019.04.02				
				배당종결 2019.04.02				

재개발 지역의 무허가 건물로 수익 내기

목록	지번	용도/구조/면적/토지이용계획			㎡당 단가 (공시지가)	감정가	비고
토지	반송동 ▩▩▩	가축사육제한구역,주거환경개선지구,제2종일반주거지역,상대보호구역		대 45㎡ (13.61평)	1,120,000원 (753,700원)	50,400,000원	▶제시외건물 소재 감안한 토지평가액: @784,000원/㎡ = 35,280,000원
제시외 건물	반송동 ▩▩▩ 조적조 슬래브지붕 등	1	1층	작업장(창고)	51.2㎡(15.49평)	220,000원	11,264,000원	매각제외
		2	2층	주택	51.2㎡(15.49평)	272,000원	13,926,400원	매각제외 * 유류보일러 난방
		3	3층	주택	51.2㎡(15.49평)	272,000원	13,926,400원	매각제외 * 유류보일러 난방
		4	옥상	계단실 및 창고	9.4㎡(2.84평)	90,000원	846,000원	매각제외
		5	옥상	보일러실	1㎡(0.3평)	20,000원	20,000원	매각제외
		제시외건물 매각제외						
감정가		토지:45㎡(13.61평)			합계	35,280,000원	토지만 매각

현황 위치
* '▩▩초등학교'북서측 인근에 위치하고, 부근은 단독주택 및 근린생활시설 등으로 형성되어 있으며, 제반 주위환경은 보통시됨.
* 본건까지 차량접근 가능하며, 인근에 시내버스정류장이 소재하여 대중교통사정은 무난한 편임.
* 인접지와 대체로 등고 평탄한 사다리형에 유사한 토지로서 주거용 등의 건부지로 이용 중임.
* 남측으로 약 5~6미터, 북동측으로 약 2미터 폭의 포장도로와 각각 접함.

참고사항
* 제시외건물 제외.
* 본건 토지상에 제시외건물이 소재하는바 이를 감안하여 평가하였음(감정평가서). 제시외건물 일부는 인접토지(▩▩번지 외)상에 걸쳐 소재하고 있음.
* 반송동 ▩▩▩, ▩▩▩) 보록크조 스레트가 주택 7.27평(㎡) 멸실추정.
☞현황서상 제시외: 본건 지상위 제시로 추정되는 슬라브조 3층건물이 소재하며 부동산표시상의 브록크조 스레트주택과의 동일성 여부는관계인 만날수 없어 확인할수 없었음.

자료: 옥션원

건물은 제외하고 '토지만 경매'로 나온 사건이었다. 건물이 있는 토지(건부지)이다 보니 최초 감정가인 5,040만 원에서 30퍼센트 저감된 3,528만 원에 시작 가격이 측정되었다(건부지 감가는 법원마다 상이하기 때문에 토지만 매각 사건은 항상 눈여겨보아야 한다).

공시가격(제곱미터당 75만 3,700원) 기준 45제곱미터의 가격은 3,391만 6,500원이었다. 하지만 1회 유찰되고, 최저가격 2,822만 4,000원으로 다음 기일이 잡혔다. 필자는 이때부터 사건을 분석하기 시작했다.

임차인현황 (말소기준권리 : 1990.10.25 / 배당요구종기일 : 2018.04.16)

임차인	점유부분	전입/확정/배당	보증금/차임	대항력	배당예상금액	기타
김○○	주거용 전부 (방 2칸)	전입일자: 2003.03.27 확정일자: 2003.03.27 배당요구: 2018.03.30	보15,000,000원		소액임차인	
김○○	주거용	전입일자: 2012.02.29 확정일자: 미상 배당요구: 없음		미상	배당금 없음	

임차인수: 2명 , 임차보증금합계: 15,000,000원

기타사항	☞ 본건 목적물 폐문으로 점유자 만나지 못하여 본 사건의 취지를 알리는 통지서 등을 현장에 두고 왔으나 관계서류 제출 하는자 없었음. ☞ 주민센터(구 동사무소)에 전입세대 열람한바, 소유자와의 관계를 알수없는 김▮▮, 김▮▮ 세대가 전입되어 있으며 점유 및 임대차여부는 알수없음. ☞ 김▮▮:2018.03.30.자 권리신고및배당요구신청서상 전입일자를 2001.10.19.자로 기재함.

건물등기부 (채권액합계 : 190,818,646원)

No	접수	※주의 : 건물은 매각제외		채권금액	비고	소멸여부
1(갑1)	1982.06.24	소유권이전(매매)	김○○			
2(을1)	1990.10.25	근저당	반송2동새마을금고	27,000,000원		
3(을2)	1992.12.16	근저당	반송2동새마을금고	21,000,000원		
4(갑2)	2002.10.28	소유권이전(매매)	주○○			
5(을5)	2002.11.09	근저당	김○○	15,000,000원		
6(갑4)	2003.02.27	가압류	한마음상호저축은행	15,000,000원	2003카단▮▮▮	
7(갑5)	2003.03.06	가압류	한부교회신협	1,588,305원	2003카단▮▮▮	
8(갑6)	2003.03.11	가압류	농협중앙회	12,999,101원	2003카단▮▮▮	
9(갑7)	2003.04.10	가압류	김○○	28,000,000원	2003카단▮▮▮	
10(갑9)	2006.05.19	가압류	예금보험공사	24,066,598원	2006카단▮▮▮, 파산자 한나라상호저축은행의 파산관재인	
11(갑12)	2011.01.19	가압류	솔로몬저축은행	28,795,805원	2011카단▮▮▮	
12(갑13)	2015.06.17	가압류	하이대부자산관리유한회사	17,368,837원	2015카단▮▮	

자료: 옥션원

재개발 지역의 무허가 건물로 수익 내기

토지등기부 (채권액합계 : 190,818,646원)

No	접수	권리종류	권리자	채권금액	비고	소멸여부
1(갑1)	1982.06.24	소유권이전(매매)	김○○			
2(을1)	1990.10.25	근저당	동부산새마을금고	27,000,000원	말소기준등기	소멸
3(을2)	1992.12.16	근저당	동부산새마을금고	21,000,000원		소멸
4(갑3)	2002.10.28	소유권이전(매매)	주○○			
5(을5)	2002.11.09	근저당	김○○	15,000,000원		소멸
6(갑5)	2003.02.27	가압류	한마음상호저축은행	15,000,000원	2003카단 ▨▨▨	소멸
7(갑6)	2003.03.06	가압류	한부교회신협	1,588,305원	2003카단▨▨▨	소멸
8(갑7)	2003.03.11	가압류	농협중앙회	12,999,101원	2003카단▨▨▨	소멸
9(갑8)	2003.03.14	압류	부산광역시해운대구			소멸
10(갑9)	2003.04.10	가압류	김○○	28,000,000원	2003카단▨▨▨	소멸
11(갑12)	2006.05.19	가압류	예금보험공사	24,066,598원	2006카단▨▨▨, 파산자 한나라상호저축은행의 파산관재인	소멸
12(갑15)	2011.01.19	가압류	솔로몬저축은행	28,795,805원	2011카단 ▨	소멸
13(갑16)	2015.06.17	가압류	하이대부자산관리유한회사	17,368,837원	2015카단 ▨ ▨▨	소멸
14(갑18)	2018.02.01	임의경매	동부산새마을금고	청구금액: 48,000,000원	2018타경 ▨▨, 변경전:반송2동새마을금고	소멸

자료: 옥션원

먼저 사건 내용부터 파악했다. 처음에는 건물 등기부등본이 있어서 어려움이 없겠다고 생각했는데 사건을 들여다볼수록 그렇지 않았다.

1982년 6월 24일 자로 김○○ 씨가 최초 소유한 이후 두 차례에 걸쳐 새마을금고에서 대출받은 기록이 있었다. 그다음 2002년 10월 28일 자로 주○○ 씨에게 소유권이 이전되었는데, 토지와 건물 모두 이전등기를 경료했다. 그리고 수년이 지난 시점에서 두 차례 대출해 준 새마을금고로부터 경매 신청이 되었다. 토지와 건물에 동일하게 걸린 근저당권인데도 불구하고 토지만 매각에 나와 버린 것이다.

건축물대장 및 건물 등기부등본을 찾아보았는데, 경매 나온 토지 위의 건물은 애당초 멸실되었는지 일치하지 않았다. 이처럼 멸실된 건물의 등기부는 말소되어야 하는데 그대로 존치된 것이다. 새마을금고에서는 토지와 건물 모두 경매 신청했지만, 실존하는 건물의 소유권자를 밝히지 못해서 토지만 경매에 나오게 되었다.

실제 건물 모습

자료: 옥션원 물건 사진

[건물] 부산광역시 해운대구 반송동 ▨▨▨▨ ▨▨▨ ▨▨▨▨▨▨▨

【 표 제 부 】 (건물의 표시)				
표시번호	접 수	소재지번 및 건물번호	건 물 내 역	등기원인 및 기타사항
~~1~~ (전-1)	~~1979년7월14일~~	~~부산광역시 동래구 반송동~~ ▨▨▨-▨ ▨▨▨-▨▨	~~조표제55174호 보록크조 스레트가 평가건 주택 건평7평2홉7작~~	~~도면편철장 재126책제350장~~
				부동산등기법 제177조의 6 제1항의 규정에 의하여 1999년 05월 07일 전산이기
2		부산광역시 해운대구 반송동 ▨▨-▨ ▨▨-▨▨	조표제55174호 보록크조 스레트가 평가건 주택 건평7평2홉7작	1978년 1월 1일 행정구역변경으로 인하여 1999년5월25일 등기 도면편철장 제126책제350장

자료: 등기부등본

[건물] 부산광역시 해운대구 반송동 ▓▓▓▓▓▓▓▓▓▓▓▓▓

순위번호	등 기 목 적	접 수	등 기 원 인	권리자 및 기타사항
14	임의경매개시결정	2018년2월1일 제8501호	2018년2월1일 부산지방법원 동부지원의 임의경매개시결 정(2018타경▓▓)	채권자 동부산새마을금고(변경전: 반송2동새마을금고) ▓▓▓▓▓▓▓ 부산 해운대구 반송로▓▓▓▓▓▓▓▓
15	14번임의경매개시결 정등기말소	2018년3월28일 제24059호	2018년3월26일 취하	

자료: 등기부등본

사진으로 확인할 수 있듯이 실존하는 건물은 3층짜리인데, 등기부에는 7평 2홉 7작(7.27평으로, 약 24제곱미터)으로 기록되어 있었다. 사진만으로는 건물이 지어진 정확한 시기를 알 수 없지만, 외관상 2002년 10월 28일에 주○○ 씨에게 소유권이 이전된 것은 분명해 보였다. 이전 소유자인 김○○ 씨가 등기부등본상에 기재된 건물을 허물고 사진의 건물을 신축했을 것이라는 쪽에 무게가 실렸다. 그렇다면 새마을금고에서 근저당을 설정한 1990년도 10월 25일에 분명 무슨 일이 있었을 것이다. 하지만 입찰 전에는 개인정보에 해당하는 자세한 내용을 파악하기가 힘들었다.

더욱이 이상한 점은 근저당권이 고스란히 살아 있음에도 주○○ 씨가 소유권 이전을 한 것이다. 특별한 사정이 없다면 아마도 김○○ 씨와 주○○ 씨는 이해관계인일 것으로 판단했다. 부동산 거래 시 대출을 승계하는 조건부 계약은 당연히 근저당권을 고스란히 놔둔 상태에서는 진행하지 않는 것이 일반적이다. 또한, 승계할 경우 채무자를 변경해서 등기부에 새롭게 변경등기를 한다.

아무튼 주○○ 씨가 소유권 이전등기를 한 이후 채무가 꾸준히 늘어나다가 경매가 진행되었다. 이제부터는 이 사건을 어떤 시각으로 바라보고 방향을 잡을 것인지가 관건이었다.

먼저 법정지상권이 성립되는지 여부를 살펴보았다. 근저당권이 설정된 건물은 주○○ 씨가 매수한 건물이 아니다. 따라서 주○○ 씨는 실제 소유자가 아니며, 전 소유자인 김○○ 씨의 소유로 봐야 한다. 김○○ 씨가 토지를 소유했을 당시에 새롭게 지은 건물은 무허가 미등기였기에 주○○ 씨에게 이전할 때 말소되어야 했을 이전 건물의 등기부등본을 그대로 사용했다면, 주○○ 씨는 서류상으로 실존하는 건물을 매수한 것이 아니기에 법정지상권을 취득할 수 없다.

다음은 사건 이해를 위해 건물과 토지의 소유권 이전 상황을 정리한 표와 관련 판례다.

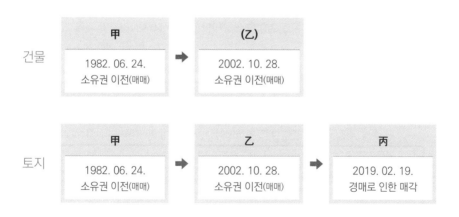

【판시사항】

[1] 미등기건물을 대지와 함께 매수하였으나 대지에 관하여만 소유권 이전등기를 넘겨받고 대지에 대하여 저당권을 설정한 후 저당권이 실행된 경우, 민법 제366조 소정의 법정지상권이 성립하는지 여부(소극)

[2] 미등기건물을 대지와 함께 매도하였으나 대지에 관하여만 매수인 앞으로 소유권 이전등기가 경료된 경우, 관습상의 법정지상권이 성립하는지 여부(소극)

【판결요지】

[1] 민법 제366조의 법정지상권은 저당권 설정 당시에 동일인의 소유에 속하는 토지와 건물이 저당권의 실행에 의한 경매로 인하여 각기 다른 사람의 소유에 속하게 된 경우에 건물의 소유를 위하여 인정되는 것이므로, 미등기건물을 그 대지와 함께 매수한 사람이 그 대지에 관하여만 소유권 이전등기를 넘겨받고 건물에 대하여는 그 등기를 이전 받지 못하고 있다가, 대지에 대하여 저당권을 설정하고 그 저당권의 실행으로 대지가 경매되어 다른 사람의 소유로 된 경우에는, 그 저당권의 설정 당시에 이미 대지와 건물이 각각 다른 사람의 소유에 속하고 있었으므로 법정지상권이 성립될 여지가 없다.

[2] 관습상의 법정지상권은 동일인의 소유이던 토지와 그 지상건물이 매매 기타 원인으로 인하여 각각 소유자를 달리하게 되었으나 그 건물을 철거한다는 등의 특약이 없으면 건물 소유자로 하여금 토지를 계속 사용하게 하려는 것이 당사자의 의사라고 보아 인정되는 것이므로 토지의 점유·사용에 관하여 당사자 사이에 약정이 있는 것으로 볼 수 있거나 토지 소유자가 건물의 처분권까지 함께 취득한 경우에는 관습상의 법정지상권을 인정할 까닭이 없다 할 것이어서, 미등기건물을 그 대지와 함께 매도하였다면 비록 매수인에게 그 대지에 관하여만 소유권 이전등기가 경료되고 건물에 관하여는 등기가 경료되지 아니하여 형식적으로 대지와 건물이 그 소유 명의자를 달리하게 되었다 하더라도 매도인에게 관습상의 법정지상권을 인정할 이유가 없다.

자료: 대법원 종합법률정보

판례에서는 미등기 건물을 토지와 함께 매수해서 실제 소유하고 있어도, 건물을 등기하지 않았다면 법정지상권은 성립하지 않는다고 판단했다. 철거 판결을 통해 토지 위의 건물을 철거하는 일이 가능한 것이다. 만약 건축 허가를 받은 미등기 건물이었다면 토지를 매수한 다음 건물을 대위등기하고, 추후 지료를 바탕으로 경매를 신청해서 '건물만 매각' 사건으로 경매에 나오면 저가에 매수할 수도 있었다. 하지만 해당 건물은 무허가였기에 현행법상 대위등기를 하기는 어려웠다.

이제 임차인에 관해 살펴볼 차례였다. 임차인은 토지 및 건물의 소유자가 주○○ 씨라고 판단해서 임대차계약을 했을 것이다. 건물은 제외하더라도 토지에 관해서는 배당받을 수 있기에 명도확인서를 쓰는 방식으로 가닥을 잡았다. 임차인에게 확실하게 명도해 줄 것을 약속받고, 그 증명을 위해 명도확인서를 작성한 다음 낙찰 잔금을 납부해서 배당받을 수 있게 계획했다.

사실 가장 우려한 부분은 철거 비용이었다. 건물 철거 판결을 받는다고 해도 실제 철거 시 발생하는 비용이 상당하다. 반드시 철거해야 한다면 입찰하지 않았을 것이다. 이미 토지 자체로도 가치가 높기에 신축을 위해 일부러 철거하는 것이 아닌 이상 철거는 부담스러운 일이다.

마침 재개발 바람이 부는 터라 토지만으로도 매각할 방향을 잡고 입찰을 고민하고 있을 때, 근저당권자인 새마을금고로부터 뜻밖의 소식을 전해 들었다. 바로 건물 처분 권한이 있는 공정증서(공증인이 당사자 간의 이해관계를 확인하고 공문화해 주는 것으로, 강력한 증거력과 집행력이 있음)가 있다는 것이었다.

당시 채권자가 보유한 공정증서를 두고 생각이 많았다. 아무리 공정증서라고 해도 채권에 그치는 효력이기 때문이다. 이 채권으로 어떻게 해야 할지 고민했다. 그러다가 '미등기 자산 취득'이라는 부분을 발견하고 입찰을 결정했다. 어렵지 않게 낙찰받은 다음에는 근저당권자인 새마을금고를 찾아갔다.

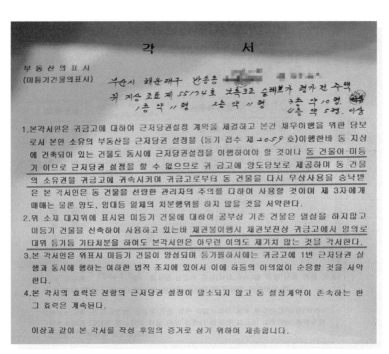

자료: 채권자 보유 공정증서

　　근저당권자인 새마을금고는 대출 실행 당시부터 멸실 상태임을 인지했던 것
으로 보였다. 그래서 이전 소유자인 김○○ 씨에게 건물을 처분할 수 있는 공
증 서류를 두 차례에 걸쳐 받아 놓은 것이었다. 필자에게는 오히려 유리한 상
황이었다. 새마을금고에 잔존 채무 400여만 원을 대위 납부하는 방식으로 해
당 건물의 처분 권한을 양도받았다.

부동산의 표시 : 부산광역시 해운대구 반송동 ███-█ 대 45평방미터

위 지상 무허가 미등기 건물 블록조 스라브 지붕 4층 주택 및 점포

소유자 겸 채무자 : 김 ██ ██

처분권자(담보권자): 동부산새마을금고 (██-████ ███)

매수인 : 엠제이 경매 주식회사 사내이사 장███ (█████-█████)

위 부동산에 대하여 소유자겸 채무자로부터 담보실행과 동시에 처분권자에게
1998년 5월 13일자. 2001년 5월 21일자 총 2차례에 걸쳐 처분권한에 대하여
각서등의 형태로 본건물의 소유권을 처분권자에게 귀속시킨바

처분권자(담보권자)는 소유자겸 채무자의 잔존채무를 매수인으로부터 전액변제
받음과 동시에 위 부동산의 처분권한을 이전합니다.

처분권자 : 동부산 새마을 금고 (█████-████ ███)

(인)

자료: 미등기 건물 처분에 대한 인증서

이 문서를 기반으로 해운대 구청에 미등기 자산 취득 신고를 하고, 무허가
미등기 건물의 주인이 되었다. 그리고 오래 지나지 않아 여러 공인중개사의 연
락을 받았다. 재개발에 대한 관심이 뜨거운 시기였기에 토지 및 미등기 건물의
소유자임을 확인할 수 있는 서류를 지참하고 부동산을 매매했다.

[토지] 부산광역시 해운대구 반송동 ███

순위번호	등 기 목 적	접 수	등 기 원 인	권리자 및 기타사항
19	소유권이전	2019년2월20일 제9807호	2019년2월19일 임의경매로 인한 매각	소유자 엠제이경매주식회사 █████ █-████ 부산광역시 서구 ██████ █████, ███████ ██████
20	5번가압류, 6번가압류, 7번가압류, 8번압류, 9번가압류, 12번가압류, 15번가압류, 16번가압류, 18번임의경매개시결정 등기말소	2019년2월20일 제9807호	2019년2월19일 임의경매로 인한 매각	
21	소유권이전	2021년4월16일 제37499호	2021년4월2일 매매	소유자 홍██ 93██-******* 부산광역시 해운대구 윗반송로 ████ 거래가액 금84,000,000원

3,160만 원에 토지를 매수하고, 미등기 건물을 매수하는 데 약 400만 원 정도의 추가 비용이 들었다. 그렇게 총 3,560여만 원의 금액으로 매수한 부동산을 8,400만 원에 매각해서 세전 4,800만 원가량의 수익을 올렸다.

결정적 제보인 처분 문서가 없었다면 입찰을 망설였을 것이다. 무허가 미등기 사건을 핸들링해서 처분하게 된 것은 필자에게도 행운이었다. 이럴 때마다 여전히 특수물건은 블루오션이라는 것을 확신하게 된다.

공매와 경매가 동시 진행된 물건은
잔금 납부가 관건

경매 사건을 다루다 보면 가끔 경매와 공매가 동시에 나오는 일이 있다. 이럴 때는 공매가 경매보다 빠르게 진행되므로, 공매로 낙찰받고 경매 입찰을 다시 시도해 볼 수 있다. 공매로 먼저 낙찰받은 다음, 그보다 낮은 가격으로 경매 입찰을 시도하는 것이다. 이때 경매로 더 낮은 가격에 낙찰받는다면 잔금을 빠르게 납부해서 좀 더 저렴하게 매수할 수 있다. 어느 쪽이든 낙찰 유무와는 상관없이 잔금을 먼저 납부하는 쪽이 우선순위가 된다. 하지만 사실 흔치 않은 상황이다.

이번 사례가 그러한 경우인데, 아파트 한 호실이 일반물건으로 전체 경매가 진행 중이던 와중에 지분이 공매로 나온 사건이다

한 호실 전체 경매의 첫 매각 기일에는 11명이 입찰에 참여했다. 응찰 결과 3억 5,898만 8,000원으로 최고가 매수인이 지정되었다.

그런데 낙찰하면 정확히 언제부터 잔금을 납부할 수 있는지, 또 언제까지 납부해야 하는지 모르는 사람이 의외로 많다. 잔금 납부는 매각허가결정 기일의 익일부터 가능하며, 납부 기한은 매가허가결정 기일 이후 3일 이내에 정해진다. 즉 낙찰일로부터 15일째 되는 날부터 잔금을 납부할 수 있고, 마지막 일자는 납부 기한 초기에 결정된다.

2018타경■■■■

소 재 지	경기도 부천시 ■■■■■■■■■■■■■■			
새 주 소	경기도 부천시 ■■■■■■■■■■■■■■			

물건종별	아파트	감 정 가	173,000,000원
대 지 권	전체: 44.56㎡(13.48평)	최 저 가	(70%) 121,100,000원
건물면적	전체: 84.778㎡(25.65평)	보 증 금	(10%) 12,110,000원
매각물건	토지및건물 지분 매각	소 유 자	최○○
개시결정	2018-04-20	채 무 자	김○○
사 건 명	임의경매	채 권 자	한국주택금융공사 위 업무수탁기관 우리은행

오늘조회: 1 2주누적: 0 2주평균: 0

구분	매각기일	최저매각가격	결과
1차	2018-11-08	346,000,000원	
	매각 358,988,000원		

자료: 옥션원

따라서 낙찰자는 상황에 따라 잔금을 일찍 납부하는 것이 좋은지 최대한 기한에 맞추어 납부하는 것이 좋은지 판단해야 한다.

경매 낙찰 후 잔금 납부까지의 기일

해당 경매 사건의 낙찰 일자는 2018년 11월 8일이었다. 잔금을 최대한 빠르게 납입하려고 마음먹는다면 15일 뒤인 11월 23일부터 가능했다. 하지만 필자는 최고가 매수인이 경매에 능통하지 않다고 생각했다. 해당 사건의 등기부등본만 들여다봐도 이미 공매가 진행 중인 것을 알 수 있는데, 빠르게 잔금납부를 하지 않았기 때문이다.

2018-

소재지	경기도 부천시 (도로명주소 : 경기도 부천시)					
물건용도	주거용건물	감정가	**175,000,000 원**	재산종류	압류재산(캠코)	
세부용도	아파트	최저입찰가	(90%) 157,500,000 원	처분방식	매각	
물건상태	낙찰	집행기관	한국자산관리공사	담당부서	인천지역본부	
토지면적	22.28㎡ (6.74평)	건물면적	42.389㎡ (12.823평)	배분요구종기	0000-00-00	
물건상세	건물 42.389㎡, 대 22.28㎡					
위임기관	부천세무서	명도책임	매수인	조사일자	0000-00-00	
부대조건	2018/11/05					

입찰 정보(인터넷 입찰)

입찰번호	회/차	대금납부(기한)	입찰시작 일시~입찰마감 일시	개찰일시 / 매각결정일시	최저입찰가
0040	045/001	일시불(30일)	18.11.19 10:00 ~ 18.11.21 17:00	18.11.22 11:00 / 18.11.26 10:00	175,000,000
0040	046/001	일시불(30일)	18.11.26 10:00 ~ 18.11.28 17:00	18.11.29 11:00 / 18.12.03 10:00	157,500,000
				낙찰 : 158,838,000원 (100.85%)	
0040	047/001	일시불(30일)	18.12.03 10:00 ~ 18.12.05 17:00	18.12.06 11:00 / 18.12.10 10:00	140,000,000
0040	048/001	일시불(30일)	18.12.10 10:00 ~ 18.12.12 17:00	18.12.13 11:00 / 18.12.17 10:00	122,500,000
0040	049/001	일시불(30일)	18.12.17 10:00 ~ 18.12.19 17:00	18.12.20 11:00 / 18.12.24 10:00	105,000,000
0040	050/001	일시불(30일)	18.12.24 10:00 ~ 18.12.26 17:00	18.12.27 11:00 / 18.12.31 10:00	87,500,000

자료: 옥션원

공매와 경매가 동시 진행된 물건은 잔금 납부가 관건

공매 사건 첫 기일은 2018년 11월 19일이었다. 앞선 경매의 낙찰자가 이 사실을 인지했다면 다음 기일 전에 낙찰 잔금을 납부했을 테지만 그렇게 하지 않았다. 이에 필자는 11월 26일부터 진행된 2분의 1 지분 공매에 입찰하고 결과를 기다렸다.

전체 매각이었던 경매 사건의 최초 감정가격은 3억 4,600만 원이었고, 2분의 1 지분 공매의 최초 감정가는 반값 정도인 1억 7,500만 원이었다. 필자는 경매 낙찰가인 3억 6,000여만 원의 절반인 1억 8,000만 원보다 2,000만 원가량 저렴한 1억 5,883만 8,000원으로 입찰했고, 어렵지 않게 낙찰받았다.

경매 사건이 진행되었던 당시 수도권 부동산 경기는 활황기 초입이었다. 2018년 말에서 2019년 초의 많은 거래량에서 알 수 있듯이, 괜찮은 경매 물건

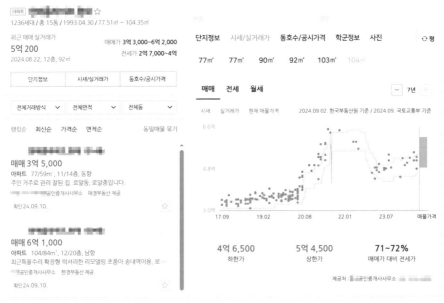

자료: 네이버페이 부동산

은 신건에 바로 낙찰되었다. 갭투자를 하는 사람도 많았기에 경쟁은 매우 치열했다. 로얄동, 로얄층이었던 해당 물건에는 무려 11명이 입찰에 참여했다. 이때 낙찰받은 최고가 매수인이 빠르게 잔금을 납부했다면 필자는 공매로 진행된 2분의 1 지분 입찰에 응할 수 없었을 것이다.

낙찰받았다고 끝이 아니었다. 이후로는 시간과의 싸움이었다. 혹시라도 경매 낙찰자가 잔금을 납부해 버리면 필자가 낙찰받은 지분 공매 사건은 자동으로 취소되기 때문이었다. 누가 먼저 잔금을 내느냐가 관건이었다.

✓ **문건/송달내역**

2018.10.25	압류권자 국OOOOOOOOOOOO 매각및 매각결정기일통지서 발송	2018.10.25 송달간주
2018.10.25	교부권자 국(OOOOOOOO) 매각및 매각결정기일통지서 발송	2018.10.25 송달간주
2018.10.25	교부권자 부OO 매각및 매각결정기일통지서 발송	2018.10.25 송달간주
2018.10.25	교부권자 국OOOOOOOOOOOO 매각및 매각결정기일통지서 발송	2018.10.25 송달간주
2018.10.25	교부권자 국(OOOOOOOO) 매각및 매각결정기일통지서 발송	2018.10.25 송달간주
2018.10.25	배당요구권자 이OO 매각및 매각결정기일통지서 발송	2018.10.25 송달간주
2018.10.25	배당요구권자 주OOO OOOO 매각및 매각결정기일통지서 발송	2018.10.25 송달간주
2018.11.23	최고가매수인 대금지급기한통지서(물건1) 발송	2018.11.28 도달
2018.12.04	채권자 한OOOOOOO O OOOOOO OOOOOOOO 결정정본 발송	2018.12.06 도달
2018.12.04	소유자 최OO 결정정본 발송	2018.12.06 도달

자료: 옥션원, 문건/송달내역

경매 사건 법원은 이미 11월 23일 자로 낙찰자에게 잔금 납부 통지서를 발송했다. 그 도달이 11월 28일로 기재되어 있었기에 조급한 마음도 들었다. 하지만 경매와 달리 공매는 대개 월요일부터 수요일까지의 입찰 기한이 주어지고 목요일에 발표가 난 후, 그다음 주 월요일부터 잔금 납부가 가능했다(현시점에서는 제도가 달라졌을 수 있으니 공매 낙찰 시 반드시 일정을 확인하는 것이 좋다). 이에 따라 그다음 주 월요일인 12월 3일에 바로 잔금을 납부했다.

문건처리내역

접수일	접수내역	결과
2018.04.23	등기소 인OOOO OOOO OOO 등기필증 제출	
2018.04.27	기타 부OOO OOOO 부동산현황조사보고서 제출	
2018.05.01	압류권자 국(OOOOOOOOO) 교부청구서 제출	
2018.05.04	감정인 MOOOOOOOOO 회보서 제출	
2018.05.16	채권자 한OOOOOOO O OOOOOO OOOOOOOO 특별송달신청 제출	
2018.05.17	압류권자 부OO 교부청구서 제출	
2018.06.01	압류권자 국OOOOOOOOOOOOO 교부청구서 제출	
2018.06.11	압류권자 국(OOOOOOOOO) 교부청구서 제출	
2018.06.28	배당요구권자 이OO 배당요구신청 제출	
2018.06.28	배당요구권자 이OO 배당요구신청 제출	
2018.07.04	배당요구권자 이OO 배당요구신청서 제출	
2018.07.06	가압류권자 주OOOOOOO 채권계산서 및 배당요구신청 제출	
2018.07.09	교부권자 부OO 교부청구서 제출	
2018.07.09	교부권자 부OO 교부청구서 제출	
2018.07.31	기타 한OOOOOOO 공매대행통지서 제출	
2018.09.28	기타 한OOOOOOO 공매통지서 제출	
2018.11.02	압류권자 국(OOOOOOOOO) 교부청구서 제출	
2018.11.05	교부권자 국(OOOOOOOOO) 교부청구서 제출	
2018.12.03	기타 한OOOOOOO OOOOOO 경매절차중지요청 제출	
2018.12.06	기타 한OOOOOOO 경매절차중지요청 제출	
2018.12.07	기타 한OOOOOOO 배분기일지정통보 제출	
2018.12.13	채권자 한OOOOOOO O OOOOOO OOOOOOOO 경매사건진행의견서 제출	

자료: 옥션원, 문건/송달내역

필자가 지분 공매 잔금을 납부하자 앞서 진행되었던 전체 경매 절차가 중단 되었다. 11 대 1 경쟁의 낙찰자였던 최고가 매수인은 매각허가결정 취소 통보 를 받고 보증금도 돌려받았다. 최고가 매수인은 이후 필자에게 전화로 항의하 기도 했다. 그때 필자는 "경매를 더 배우셔야겠습니다"라고 이야기했다.

2분의 1 지분이 공매로 낙찰된 후, 나머지 지분에 대한 경매가 다시 진행되 었다. 그리고 유찰되었다.

2018타경 ▓▓▓▓

소 재 지	경기도 부천시 ▓▓▓ ▓▓ ▓▓▓▓ ▓▓▓▓ ▓▓▓▓
새 주 소	경기도 부천시 ▓▓ ▓▓ ▓▓▓▓ ▓▓▓ ▓▓▓▓

물건종별	아파트	감 정 가	173,000,000원
대 지 권	전체: 44.56㎡(13.48평) 지분: 22.28㎡(6.74평)	최 저 가	(70%) 121,100,000원
건물면적	전체: 84.778㎡(25.65평) 지분: 42.39㎡(12.82평)	보 증 금	(10%) 12,110,000원
매각물건	토지및건물 지분 매각	소 유 자	최○○
개시결정	2018-04-20	채 무 자	김○○
사 건 명	임의경매	채 권 자	한국주택금융공사 위 업무수탁 기관 우리은행

오늘조회: 1 2주누적: 0 2주평균: 0 조회동향

구분	매각기일	최저매각가격	결과
1차	2018-11-08	346,000,000원	
	매각 358,988,000원 / 매각허가결정취소		↓
2차	2019-01-24	173,000,000원	유찰
3차	2019-02-28	121,100,000원	

　막상 유찰되니 욕심이 생겼다. 공유자우선매수를 할 수 있기에 나머지 지분을 손에 넣는 것은 당연한 결과였다. 그렇다면 되도록 싼 가격에 가져오고 싶었다.

　아무도 입찰하지 않는다면 더욱 싼 가격에 가져오는 일이 가능했다. 입찰자를 줄일 방법을 고민한 끝에 인수되는 가처분을 넣는 방법을 고려했다. 그럼 복잡하고 어려운 사건이라고 판단해서 입찰하지 않거나 보수적으로 입찰가를 적을 것이기 때문이었다. 약간의 기술을 부려 본 것이다.

등기부현황 (채권액합계 : 269,648,937원)

No	접수	권리종류	권리자	채권금액	비고	소멸여부
1(갑2)	2009.06.11	소유권이전(매매)	오○○		각 1/2, 거래가액 금292,000,000원	
2(갑3)	2010.04.20	오███,이███지분중일부이전	김○○		매매, 1/2	
3(갑4)	2010.04.20	오○○지분전부이전	최○○		매매, 1/2	
4(을8)	2010.04.20	최○○지분전부근저당	한국주택금융공사	220,800,000원	말소기준등기 확정채권양도전:우리은행	소멸
5(을9)	2010.08.10	최○○지분전부근저당	한국주택금융공사	31,200,000원		소멸
6(갑12)	2015.12.17	최○○지분가압류	롯데카드(주)	17,648,937원	2015카단 ███	소멸
7(갑16)	2018.04.20	최○○지분임의경매	우리은행 (여신관리부)	청구금액: 194,540,413원	2018타경 ███, 한국주택금융공사 위 업무수탁 기관	소멸
8(갑21)	2018.12.18	최○○지분압류	부천시			소멸
9(갑22)	2019.02.01	최○○지분가처분	(주)███		공유물분할의 소를 제기하여 승소판결이 확정되는 경우 취득할 특정부분에 대한 소유권,인천지방법원부천지원 2018카단 ███ 내용보기 사건검색	인수

☞공유자 우선매수권 행사 제한 있음

주의사항 ▶ 매각허가에 의하여 소멸되지 아니하는 것-갑구 순위22번 가처분등기(2019.2.1.등기)는 말소되지 않고 매수인에게 인수됨(2019. 2. 11. 추가)

자료: 옥션원

 다음 매각 기일은 2019년 2월 28일이었으며, 그 이전인 2019년 2월 1일 자로 접수된 가처분의 피보전권리(가압류나 가처분 같은 보전처분을 통해 보전되는 권리)는 공유물 분할 청구권이었다. 채권적 청구권으로 경매 절차를 다소 어렵게 만들어 응찰자를 차단하려는 목적이었다.

 지분 매각이면서 인수되는 권리가 있으면 아무래도 입찰자가 적을 테고, 경쟁이 치열하지 않은 만큼 합리적인 가격으로 낙찰되면 필자는 더 높은 수익을 실현할 수 있겠다고 생각했다.

 그러나 생각과는 달리 다소 높은 금액에 낙찰되었다. 필자는 바로 공유자우선매수를 신청했다.

2018타경 █████

| 소 재 지 | 경기도 부천시 ███ ████ ███ ████ █████ | | | | | | |
| 새 주 소 | 경기도 부천시 ███ ███ ████ █████ | | | | | | |

물건종별	아파트	감 정 가	173,000,000원	오늘조회: 1 2주누적: 0 2주평균: 0 조회동향			
				구분	매각기일	최저매각가격	결과
대 지 권	전체: 44.56㎡(13.48평)	최 저 가	(70%) 121,100,000원	1차	2018-11-08	346,000,000원	
	지분: 22.28㎡(6.74평)				매각 358,988,000원 / 매각허가결정취소		
건물면적	전체: 84.778㎡(25.65평)	보 증 금	(10%) 12,110,000원	2차	2019-01-24	173,000,000원	유찰
	지분: 42.39㎡(12.82평)			3차	2019-02-28	121,100,000원	
					매각 : 164,390,000원 (95.02%)		
매각물건	토지및건물 지분 매각	소 유 자	최○○	(입찰5명,매수인:(주)███ (공유자우선매수) /			
				차순위금액 155,300,000원)			
개시결정	2018-04-20	채 무 자	김○○	매각결정기일 : 2019.03.07 - 매각허가결정			
				대금지급기한 : 2019.04.04			
사 건 명	임의경매	채 권 자	한국주택금융공사 위 업무수탁 기관 우리은행	대금납부 2019.03.27 / 배당기일 2019.04.26			
				배당종결 2019.04.26			

자료: 옥션원

　　공매와 경매로 각각 취득한 지분 매수 금액의 합계는 3억 2,322만 8,000원
이었다. 경매로 한 호실 전체를 낙찰받는 것보다 3,500만 원 정도 싸게 취득한
셈이다. 이후 일반물건을 낙찰받았을 때처럼 명도 절차를 거쳤다. 이전 소유자
는 관리비 미납 또한 상당했다.

단지정보 및 현장조사

건설사	███산업개발주식회사, ███건설주식회사, █ ███주택개발(주)	총동수	15개동	총세대수	1236세대	사용승인	1993년04월
최고층	25층	최저층	14층	총주차대수	1134 대	관리소	█████ ████ ████
난방방식	지역난방	난방연료	열병합	면적유형	77㎡, 90㎡, 92㎡, 103㎡, 104㎡		
주변환경	█ ██백화점,█ ██백화점, ███초, ██중, █ ██고, █ ██공원,██공원, ██병원,██병원						
NAVER 단지정보	시세정보 단지정보 평면도 관리비 학군정보 갤러리					면적표기: 옥션원(전용), 네이버(공급)	
관리비 등 체납내역 (조사일 2018.10.25 현재)	관리비(금 3,041,910원) 체납기간(2017년5월~2018년8월분까지) 담당(█████ ████ ████)						
현장조사 보고서 (조사일 : 2018.10.25)	외관상태는 보통이며 전면4차선 우측면2차선 좌측면2차선 후측면4차선 도로와 접하고 있는바 차량진출입은 원활해 보이며 세대별주차는 가능해 보임.						

자료: 옥션원

공매와 경매가 동시 진행된 물건은 잔금 납부가 관건

만약 일반물건이라면 미납된 관리비도 염두에 두고 입찰해야 한다. 명도 협상이 수월하지 않으리라는 것은 쉽게 예측할 수 있다. 점유자 측에서 요구하는 이사 비용에 관리비까지 떠안으면 지출이 상당하기 때문이다. 그럴 경우 불가피하게 법원을 통해 강제집행을 한 뒤 관리비는 공용 부분만 처리하는 방향도 고려해야 한다.

필자는 전체 경매 당시 등기부 요약을 파악했기에 어렵지 않게 명도 방향을 설정했다.

등기부현황 (채권액합계 : 269,648,937원)

No	접수	권리종류	권리자	채권금액	비고	소멸여부
1(갑2)	2009.06.11	소유권이전(매매)	오○○		각 1/2, 거래가액 금292,000,000원	
2(갑3)	2010.04.20	오██,이██지분중일부이전	김○○		매매, 1/2	
3(갑4)	2010.04.20	오○○지분전부이전	최○○		매매, 1/2	
4(을8)	2010.04.20	최○○지분전부근저당	한국주택금융공사	220,800,000원	말소기준등기 확정채권양도전:우리은행	소멸
5(을9)	2010.08.10	최○○지분전부근저당	한국주택금융공사	31,200,000원		소멸
6(갑12)	2015.12.17	최○○지분가압류	롯데카드(주)	17,648,937원	2015카단 ████	소멸
7(갑16)	2018.04.20	최○○지분임의경매	우리은행 (여신관리부)	청구금액: 194,540,413원	2018타경 ████, 한국주택금융공사 위 임무수탁기관	소멸
8(갑21)	2018.12.18	최○○지분압류	부천시			소멸
9(갑22)	2019.02.01	최○○지분가처분	(주)█		공유물분할의 소를 제기하여 승소판결이 확정되는 경우 취득할 특정부분에 대한 소유권,인천지방법원부천지원 2018카단 █████ 내용보기 사건검색	인수

자료: 옥션원

경매를 신청한 근저당권자의 채권은 약 1억 9,500만 원이었고, 나머지 가압류된 금액의 합은 약 5,000만 원이었다. 경매와 공매를 통한 낙찰금 3억 2,322만 8,000원에서 채무 금액 2억 4,500여만 원을 제하면 일부가 잉여금으로 남았다. 필자는 입찰 전에 이 사실을 파악해 두었다.

경매로 낙찰받으면 잔금을 납부한 이후부터 점유자에게 임료를 청구할 수 있다. 보통 경매에 나온 채권은 전액 변제되는 일이 드물기 때문에 낙찰자는 점유자에게 이사 비용을 제시하면서 명도 협상을 한다. 이번 사건에서도 점유자가 이사 비용 300만 원과 관리비 350만 원 전액 납부를 요구했다. 하지만 필자는 잉여금을 토대로 협상을 위한 압박 수단을 마련했다. 바로 임료를 채권으로 해서 경매 배당금에 가압류를 하는 것이었다.

[별　지]

가압류할 채권 의 표시

금 5,000,000 원정

채무자가 제 3채무자로부터 지급받을 인천지방법원 부천지원 2018타경 ▨▨호
부동산 경매사건의 배당금

자료: 가압류 청구 별지

결국 배당금을 찾아갈 수 없게 된 전 소유자 측과 적정한 선에서 협의하고, 부동산을 인도받은 다음 매매로 정리했다. 전세를 놓고 추후 가격 상승을 꾀했다면 더 많은 수익을 볼 수 있었겠지만 단기 투자가 목표였기에 빠르게 매각했다.

매매 가격은 세금을 고려해서 조율했다. 매수자 또한 시세보다 저렴하게 매수할 수 있는 방법을 택했다. 그렇게 필자는 세전 약 7,000만 원의 수익을 보게 되었다.

[집합건물] 경기도 부천시 원미구 ▓▓ ▓▓ ▓▓▓▓▓▓ ▓▓▓▓ ▓▓▓ ▓▓▓▓▓

순위번호	등 기 목 적	접 수	등 기 원 인	권리자 및 기타사항
25	12번가압류, 16번임의경매개시결 정. 21번압류 등기말소	2019년3월27일 제25524호	2019년3월27일 임의경매로 인한 매각	
26	소유권이전	2019년11월28일 제107990호	2019년10월5일 매매	소유자 안▓▓ 66▓▓▓-******* 경기도 부천시 ▓▓▓ ▓. ▓▓▓ ▓▓ ▓▓▓ ▓▓▓▓ 거래가액 금365,000,000원

자료: 등기부등본

　　이후 부동산 가격이 급상승해서 조금 아쉬운 마음이 들기는 했지만, 애초에 단기 투자를 목표로 했기에 제법 성공적인 마무리였다. 이렇듯 시각을 달리해서 접근하면 특수물건 경매 사건에서도 어렵지 않게 수익을 만드는 일이 얼마든지 가능하다.

근저당권이 소멸되지 않고 인수된
지분 경매 사건

이번 사례는 특수물건 수업 당시 한 회원의 궁금증에서 출발했던 사건이다. 이는 경매 사건뿐만 아니라 일상에서도 충분히 일어날 수 있는 문제이기도 하다.

경매 절차는 민사집행법에 따라 진행된다. 하지만 경매 또한 사람이 하는 일이다 보니 실수가 일어날 때가 있다. 현재도 수정 및 보완 작업이 이루어지고 있지만, 간혹 이러한 형태의 사건이 눈에 보인다.

2018타경■■■■

소 재 지	울산광역시 남구 ■■ ■■■ ■■ ■■ ■■■■■■■■ ■■ ■■■■						
새 주 소	울산광역시 남구 ■■■■ ■■■■■, ■■ ■■ ■■■■■■■■■■■ ■ ■■ ■■■■■						
물건종별	아파트	감 정 가	44,000,000원				

물건종별	아파트	감 정 가	44,000,000원	오늘조회: 1 2주누적: 0 2주평균: 0			
				구분	매각기일	최저매각가격	결과
대 지 권	전체: 21.85㎡(6.61평) 지분: 6.24㎡(1.89평)	최 저 가	(49%) 21,560,000원	1차	2019-05-08	44,000,000원	유찰
				2차	2019-06-12	30,800,000원	유찰
건물면적	전체: 59.76㎡(18.08평) 지분: 17.07㎡(5.16평)	보 증 금	(10%) 2,156,000원	3차	2019-07-17	21,560,000원	
매각물건	토지및건물 지분 매각	소 유 자	조○○				
개시결정	2018-06-21	채 무 자	조○○				
사 건 명	강제경매	채 권 자	김○○				

근저당권이 소멸되지 않고 인수된 지분 경매 사건

매각물건현황 (감정원 : 에이원감정평가 / 가격시점 : 2018.06.29)

목록	구분	사용승인	면적	이용상태	감정가격	기타
건1	▓▓동 (11층중4층)	95.01.10	17.07㎡ (5.16평)	주거용	30,800,000원	☞ 전체면적 59.76㎡중 공유 자 조○○ 지분 2/7 매각
토1	대지권		1923.1㎡ 중 6.24㎡		13,200,000원	☞ 전체면적 21.85㎡중 공유 자 2/7 매각

현황 위치	* "▓▓동주민센터" 북서측 인근에 위치하며, 주위는 기존주택 및 상가지대로서 아파트단지, 단독주택 및 근린생활시설 등으로 형성되 어 있음. * 본건까지 차량접근 가능하며, 대중교통시설의 위치 등으로 보아 전반적인 교통상황은 보통시 됨. * 가장형 토지로서, 아파트 건부지로 이용중임. * 남서측으로 노폭 약15미터 내외의 포장도로에 접함.

임차인현황 (말소기준권리 : 2018.02.05 / 배당요구종기일 : 2018.09.13)

===== 조사된 임차내역 =====

기타사항	* 본 건 부동산은 폐문부재로 점유자 조사불가하여 관할주민센터 전입세대열람 및 주민등록열람한 바, 세대주 임▓▓(전입:200 0.05.04) 외 세대원1명 전입됨.

등기부현황 (채권액합계 : 87,180,800원)

No	접수	권리종류	권리자	채권금액	비고	소멸여부
1(갑3)	2002.07.23	소유권이전(상속)	조○○		임▓ 3/7,조▓▓,조 ○○ 각 2/7	
2(을7)	2011.07.27	근저당	농협중앙회	36,000,000원		인수
3(갑10)	2018.02.05	조○○지분가압류	합자회사 ▓▓▓▓	4,567,900원	말소기준등기 2018카단,▓	소멸
4(갑11)	2018.02.08	조○○지분가압류	김○○	11,500,000원	2018카단,▓	소멸
5(갑12)	2018.06.15	조○○지분가압류	김○○	28,962,900원	2018카단,▓	소멸
6(갑13)	2018.06.21	조○○지분강제경매	김○○	청구금액: 11,500,000원	2018타경▓▓▓,김▓ ▓ 가압류의 본 압류로 의 이행	소멸
7(갑14)	2018.12.18	조○○지분가압류	합자회사 ▓▓▓▓	6,150,000원	2018카단 ▓▓,▓	소멸

자료: 옥선원

　　울산 남구 소재의 아파트 지분이 경매에 나왔는데, 근저당권이 인수된 상태로 경매가 진행되었다. 사건의 개요는 대략 다음과 같다.

　　해당 부동산은 2002년 7월 23일 자로 임○○ 씨에게 7분의 3, 조○○ 씨와 조△△ 씨에게 각각 7분의 2씩 상속등기가 되었다. 부친의 부동산이 모친과 두 자녀에게 상속된 것이다. 이후 2011년 7월 27일에 모친을 채무자로 근저당권 설정등기가 경료되었다.

　　이어서 조○○ 씨 지분에 여러 차례 가압류 등기가 이루어졌고, 그중 한 채권자가 경매를 신청했다. 지분 경매 사건에서는 빈번히 일어나는 일이다.

　　그런데 근저당권 인수 조건이 달리는 바람에 2회나 유찰되었다. 당시 회원이 조사한 해당 지분의 가치는 4,000만 원은 족히 되었다. 목적물에는 상속받은 자녀 한 명과 모친이 거주하고 있었는데, 필자는 직감적으로 해당 지분을 다시 매수할 가능성이 높겠다고 판단해서 근저당권 인수에 관해 파악해 보기로 했다.

경매 절차에서 말소기준권리에 관한 내용은 「민사집행법 제91조」에 명시되어 있다.

제91조(인수주의와 잉여주의의 선택 등)

① 압류채권자의 채권에 우선하는 채권에 관한 부동산의 부담을 매수인에게 인수하게 하거나, 매각대금으로 그 부담을 변제하는 데 부족하지 아니하다는 것이 인정된 경우가 아니면 그 부동산을 매각하지 못한다.

② 매각부동산 위의 모든 저당권은 매각으로 소멸된다.

③ 지상권·지역권·전세권 및 등기된 임차권은 저당권·압류채권·가압류채권에 대항할 수 없는 경우에는 매각으로 소멸된다.

④ 제3항의 경우 외의 지상권·지역권·전세권 및 등기된 임차권은 매수인이 인수한다. 다만, 그중 전세권의 경우에는 전세권자가 제88조에 따라 배당요구를 하면 매각으로 소멸된다.

⑤ 매수인은 유치권자(留置權者)에게 그 유치권(留置權)으로 담보하는 채권을 변제할 책임이 있다.

자료: 대법원 종합법률정보

「민사집행법 제91조」 2항의 '매각부동산 위의 모든 저당권은 매각으로 소멸된다'는 문구처럼 본래는 근저당권을 말소기준권리로 잡아야 하는데, 어떤 이유에서인지 해당 사건에서는 인수로 떡하니 올려 두었다.

혹시나 해서 문건 송달내역을 확인해 보니, 근저당권자에게 배당요구에 관한 최고서를 발송했다. 하지만 근저당권자는 채권계산서를 제출하지 않았다. 필자는 이를 바탕으로 근저당권을 인수로 올려 둔 것은 아닐지 추측했다. 또한 근저당권이 설정될 당시의 채무자는 모친인 임○○ 씨였지만 진행 중인 경매의 채무자는 자녀인 조○○ 씨였기에, 근저당권 채무자와 경매 채권 채무자가 서로 무관한 점이 근저당권 인수의 이유일 수도 있다고 의심했다.

원칙적으로 선순위 근저당권자는 별도로 배당요구를 하지 않아도 되는 당연 배당권자(배당요구를 하지 않아도 배당되는 채권자)다. 하지만 근저당권을 인수 사항으로 잡아 두었기에 그 이유를 다각도로 짐작해 본 것이다. 그런데 이러한 합리적 의심을 토대로 해당 경매계에 직접 문의한 결과는 충격적이었다.

해당 경매 사건은 일괄 매각이 아니어서 말소기준을 잡으면 추후 말소시켜야 하는 등기가 되고, 그러면 배당요구를 못한 근저당권자는 지분 경매임에도 불구하고 근저당권 전체를 잃어버리게 된다는 것이었다. 다시 말해, 지분 매각이기에 낙찰 이후 근저당권 전체를 말소시켜 줄 수 없다는 얘기였다. 명백히 담당자의 오인으로 인한 실수였다.

이에 필자는 등기법 절차를 설명하고, 낙찰 이후 이전등기 촉탁 과정에서 지분 근저당권 형태로 변경등기가 된다는 점을 어필했다. 하지만 이미 경매가 진행되어 다시 새롭게 매각하기는 어렵다는 황당한 답변만 들었다.

어처구니가 없었던 필자는 추후 문제 발생 시 배당 이의 신청을 하고 절차법 소송까지 하는 것을 검토했다. 그런데 불현듯 머릿속에 스치는 말이 있었다. "배고픈 지식인이 되지는 말자."

이러한 행동은 경제적으로 이익이 될 만한 선택은 아니었다. 경매를 하기 전의 필자는 법률 분야에 큰 매력을 느낀 적이 있지만, 이의 신청을 하고 소송을 하는 것은 취미로 법률 공부를 하는 것과는 달랐다. 자본주의의 관점에서 보면 아주 비효율적인 행동이었다.

다시 생각해 보니 근저당권이 말소기준권리가 되어 소멸하지 않고 인수되는 것이 오히려 기회일 수도 있을 듯했다. 우선 실제 인수 가능 여부를 알아볼 필요가 있었다. 해답은 가까운 곳에 있었다.

경매를 신청한 채권자 측에서 사전에 채권의 실익 여부를 확인했는데, 해당 근저당권은 등기상에만 존재할 뿐 잔존 채무는 0원이었다. '인수인 듯 인수 아닌 근저당권'이었던 것이다. 시각을 달리해서 보면 경매에 참여하는 입찰자들은 근저당권을 인수해야 하기에 인수되는 금액을 감안해서 저가에 입찰할 것이라는 확신이 들었다. 따라서 다른 입찰자들이 적을 만한 가격보다 조금만 높게 써도 충분히 낙찰될 수 있는 기회였다.

이와 같은 사실을 회원에게 설명해 주었고, 이를 이해한 회원은 입찰에 참여했다. 가격이 저렴했기 때문인지 12명이라는 인원이 몰렸다. 하지만 다행히 1등으로 낙찰받을 수 있었다.

2018타경■■■■

소 재 지	울산광역시 남구 ■■■						
새 주 소	울산광역시 남구 ■■■						
물건종별	아파트	감 정 가	44,000,000원	오늘조회: 1 2주누적: 0 2주평균: 0			
대 지 권	전체: 21.85㎡(6.61평) 지분: 6.24㎡(1.89평)	최 저 가	(49%) 21,560,000원	구분	매각기일	최저매각가격	결과
				1차	2019-05-08	44,000,000원	유찰
				2차	2019-06-12	30,800,000원	유찰
건물면적	전체: 59.76㎡(18.08평) 지분: 17.07㎡(5.16평)	보 증 금	(10%) 2,156,000원	3차	2019-07-17	21,560,000원	
				매각 27,288,000원 (62.02%)			
매각물건	토지및건물 지분 매각	소 유 자	조○○	(입찰12명,매수인:부산시해운대구 주○○ / 차순위금액 26,377,000원)			
개시결정	2018-06-21	채 무 자	조○○	매각결정기일 : 2019.07.24 - 매각허가결정			
사 건 명	강제경매	채 권 자	김○○	대금지급기한 : 2019.08.29			
				대금납부 2019.08.02 / 배당기일 2019.10.01			
				배당종결 2019.10.01			

자료: 옥션원

당시 입찰장에는 공유자의 이해관계인이 참석했다. 하지만 공유자의 인감증명서 등을 챙겨 오지 않아서 공유자우선매수 신청을 하지 못했다. 공유자우선매수를 시도하려고 했던 것으로 보아 수월하게 협상이 진행될 듯했다.

필자 측은 입찰 법정에서 공유자 측에 연락처를 전달했다. 그런데 이상하게도 연락이 오지 않았다. 결국 절차대로 근저당권 말소를 진행한 다음, 공유자 측에 임료 청구 및 공유물 분할 소송을 제기했다. 그제야 공유자 측에서 연락이 왔다.

협상에서 조금이라도 유리한 위치를 선점하기 위해 일부러 늦게 연락을 취했을 것으로 짐작했다. 공유자는 최대한 가격을 깎고 싶고 낙찰자는 되도록 제 값을 받고 싶기에 종종 이러한 신경전이 벌어진다.

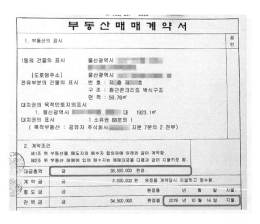

자료: 해당 매매 계약서

다행히도 주거용 부동산의 지분 가치는 어느 정도 지표가 있기 때문에 큰 이견 없이 적정한 선에서 협상을 마무리했다. 낙찰 잔금 납부 후 2개월여 만에 3,650만 원으로 매도해서 세전 900만 원가량의 수익을 얻었다.

절차적인 실수가 있었지만, 이를 불합리한 것으로 받아들이는 대신 시각을 달리해서 성공적으로 투자를 마무리할 수 있었다. 낙찰자였던 회원에게도 값진 공부가 되었던 사건이다.

희소성 있는 토지 낙찰로
단기간에 5,000만 원 수익을 올리다

　이번 사례는 한때 추천 물건으로 소개한 적이 있는 토지만 매각 사건이다. '토지만 매각' 또는 '건물만 매각'으로 진행되는 경매 사건에서는 법정지상권을 떠올릴 수밖에 없다. 지상권이란 쉽게 말해 다른 사람의 토지를 사용할 수 있는 권리다. 그리고 이러한 지상권을 법률에서 인정해 줄 때 법정지상권이라고 한다.

2020타경11█81

소 재 지	울산광역시 동구 ██ ███ █						
물건종별	대지	감 정 가	325,516,800원		오늘조회: 1 2주누적: 1 2주평균: 0		
				구분	매각기일	최저매각가격	결과
토지면적	276.8㎡(83.73평)	최 저 가	(70%) 227,862,000원	1차	2022-02-15	325,516,800원	유찰
건물면적	건물은 매각제외	보 증 금	(10%) 22,786,200원	2차	2022-03-22	227,862,000원	
				매각 : 233,883,800원 (71.85%)			
매각물건	토지만 매각	소 유 자	박○○	(입찰2명,매수인:경기도 주)████████ / 차순위금액 227,870,000원)			
개시결정	2020-10-12	채 무 자	████ ██ (주)(구 ██ █ : ██(주))	매각결정기일 : 2022.03.29 - 매각허가결정 대금지급기한 : 2022.04.27			
사 건 명	임의경매	채 권 자	중소기업은행	대금납부 2022.04.27 / 배당기일 2022.05.31 배당종결 2022.05.31			

자료: 옥션원

법정지상권 관련 물건의 수익 포인트는 투자자의 시각에 따라 매우 다양하다.

우선 토지를 낙찰받고 건물을 철거할 수 있는 권리를 획득한 다음, 이전 토지 소유자 또는 건물 소유자에게 매각하는 것이다. 반대로 토지 소유자가 건물을 철거하기 힘든 상황을 고려해서 건물만 낙찰받은 다음, 대지권을 매입하거나 토지 소유자에게 매각하는 방향으로 단기 협상을 이끌어 낼 수도 있다.

토지만 매각 사건에서는 법정지상권이 성립하든 성립하지 않든 지료(부당이득금) 청구로 매월 고정 이익을 얻는 수익형 투자를 고려할 수 있다. 지료를 빌미로 토지 위 건물에 경매를 신청해서 토지와 건물 둘 다 소유하는 방법도 있다.

한편, 법정지상권 물건이 경매에 나오면 소위 "꾼"으로 불리는 사람들이 신건에 낙찰하는 일도 많다(신건은 매각 기일 2주 전에 자료가 공개되기 때문에 집중해서 살펴보지 않으면 이미 낙찰되어 없어지기 마련이다).

매각토지.건물현황 (감정원 : 울산감정평가 / 가격시점 : 2020.10.14)

목록		지번	용도/구조/면적/토지이용계획		㎡당 단가 (공시지가)	감정가	비고
토지	화정동	제2종일반주거지역, 소로2류(집합) 가축사육제한구역〈가축분뇨의 관리 및 이용에 관한 법률〉, 상대보호구역(2016-12-12)(　　유치원)〈교육환경 보호에 관한 법률〉, 상대보호구역(2016-12-12)(　　초등학교)〈교육환경 보호에 관한 법률〉, 상대보호구역(2016-12-12)(　　대학교)〈교육환경 보호에 관한 법률〉, 상대보호구역(2016-12-12)(　　중학교)〈교육환경 보호에 관한 법률〉, 상대보호구역(2017-03-23)〈교육환경 보호에 관한 법률〉, 절대보호구역(2020-03-19)(　　유치원)〈교육환경 보호에 관한 법률〉	대 276.8㎡ (83.73평)	1,680,000원 (642,600원)	465,024,000원	▶지상의 타인 소유 제시외건물 감안하여 평가시@1,176,000원/㎡=325,516,800원
제시외건물	1	동 　　　　경량철골조 칼라시트 키스톤지붕 등	1층	공장	163.2㎡(49.37평)		매각제외 * 지적개황도상
	2		2층	공장	28.3㎡(8.56평)		매각제외 * 지적개황도상
	3		단층	공장일부	10.4㎡(3.15평)		매각제외 * 지적개황도상
	4		단층	공장일부	12㎡(3.63평)		매각제외 * 지적개황도상
		제시외건물 매각제외					
감정가		토지:276.8㎡(83.73평)			합계	325,516,800원	토지만 매각

자료: 옥션원

이번 사례처럼 토지만 매각 물건이 나오면 입찰 전에 먼저 확인해야 할 사항이 있다. 바로 감정평가금액과 공시지가, 그리고 토지이용계획이다.

경매 시작 당시 감정가는 3억 2,551만 6,800원이었지만, 실제 감정가는 4억 6,502만 4,000원이었다. 감정평가서에 기재된 감정가도 경매 시작 가격이 아니었다.

	이 감정평가서는 감정평가에 관한 법규를 준수하고 감정평가이론에 따라 성실하고 공정하게 작성하였기에 서명날인합니다.					
	감 정 평 가 사				(인)	
	김 ▆ ▆					
감정평가액	사억육천오백이만사천원정(₩465,024,000.-)					
의 뢰 인	울산지방법원 사법보좌관 김●●	감정평가목적	법원경매			
채 무 자	-	제 출 처	울산지방법원 ●●●			
소 유 자 (대상업체명)	박●● (2020타경 ● ●●)	기 준 가 치	시장가치			
		감정평가 조 건	-			
목 록 표 시 근 거	귀 제시목록, 등기사항전부증명서	기 준 시 점	조 사 기 간	작 성 일		
		2020.10.14	2020.10.14	2020. 10. 15		
감 정 평 가 내 용		공부(公簿)(의뢰)		사 정		감 정 평 가 액
		종 류	면적 또는 수량	종 류	면적 또는 수량	단 가	금 액
	토지	276.80	토지	276.80	1,680,000	465,024,000
	타인소유 제시외건물	276.80	타인소유 제시외건물	276.80	1,176,000	(325,516,800)
		이	하	여	백	
	합 계					₩465,024,000

자료: 옥션원, 감정평가서

법정지상권 성립 여지가 있는 물건은 최초 감정가 대비 30퍼센트가량 저감되는 상황이 많아서 신건에 낙찰되는 일이 빈번하다(신건부터 30퍼센트가량 저감된 가격으로 경매에 나오기 때문에 이미 1회 유찰된 것과 마찬가지라 먼저 선점하는 사람이 유리하다). 게다가 해당 사건은 30퍼센트 저감된 금액에서 1회 유찰까지 되어서 실제 감정가의 절반 정도 수준이었다.

이어서 공시지가를 자세히 보면 제곱미터당 64만 2,600원이므로, 면적 276.8제곱미터를 곱하면 공시지가만 1억 7,787만 1,680원이다.

누군가는 '공시지가가 그렇게 중요한가?'라고 생각할 수도 있다. 하지만 필자의 경험칙상 추후 지료(부당이득금) 청구에서 빼놓을 수 없는 게 공시지가다. 지목(용도에 따라 토지의 종류를 구분한 것) 및 이용계획에 따라 공시지가 대비 적게는 연 1퍼센트대에서 많게는 연 15퍼센트까지 지료 청구가 가능하기 때문이다. 따라서 안전한 수익을 보장받으며 접근할 수 있다.

해당 토지 위의 건물은 창고 용도로 보였다. 실제로 현장에 가 보니 창호를 만드는 업체가 건물을 사용하고 있었는데, 그다지 가치 있어 보이지는 않았다.

토지 등기부등본을 보면 1990년 5월 28일에 매매로 인한 토지의 소유권 이전이 일어났다. 건물 등기부등본에는 1997년 9월 22일 자에 매매로 인한 건

건물등기부 (채권액합계 : 420,000,000원)

No	접수		권리자	채권금액	비고	소멸여부
		※주의 : 건물은 매각제외				
1(갑1)	1997.09.22	소유권이전(매매)	▧▧ ▧▧▧ (주)		상호변경전 : ▧▧ ▧▧주식회사	
2(을7)	2009.08.21	근저당	중소기업은행	420,000,000원		
3(갑12)	2020.02.24	소유권이전(신탁)	케이비부동산신탁(주)			
4(갑13)	2020.09.04	소유권이전	▧▧▧ (주)		신탁재산의귀속	

토지등기부 (채권액합계 : 1,148,660,600원)

No	접수	권리종류	권리자	채권금액	비고	소멸여부
1(갑1)	1990.05.28	소유권이전(매매)	박○○			
2(을7)	2009.08.21	근저당	중소기업은행 (울산지점)	420,000,000원	말소기준등기	소멸
3(갑8)	2019.05.03	가압류	이○○	200,000,000원	2019카단▧▧▧	소멸
4(갑9)	2019.09.17	가압류	서울보증보험(주)	528,660,600원	2019카단▧▧▧	소멸
5(갑10)	2020.01.23	압류	국(경주세무서장)			소멸
6(갑11)	2020.10.12	임의경매	중소기업은행 (여신관리부)	청구금액: 39,608,320원	2020타경▧▧▧	소멸
7(갑12)	2021.07.08	압류	동구(울산광역시)			소멸
주의사항	☞지상 건물을 위하여 이 사건 대지 부분에 법정지상권 성립 여부는 불분명					

자료: 옥션원

물의 소유권 이전 기록이 있다. 여기서 법정지상권을 따지려면 건물이 최초 보존등기된 시점을 추적해야 하는데, 건물 등기부등본 표제부에 접수된 일자는 1994년 1월 14일이기에 갑구 순위번호에서 (전 6)을 확인해야 한다.

[건물] 울산광역시 동구 ▓▓▓ ▌▖▓

【 표 제 부 】 (건물의 표시)				
표시번호	접 수	소재지번 및 건물번호	건 물 내 역	등기원인 및 기타사항
~~1~~ (전 1)	~~1994년1월14일~~	울산광역시 동구 ▓▓▓ ▓▓	경량철골조, 칼라시트 키스톤 지붕2층 근린생활시설(전자코일 제조) 1층 163.2㎡ 2층 27.5㎡	
				부동산등기법 제177조의 6 제1항의 규정에 의하여 2000년 09월 08일 전산이기
2		울산광역시 동구 ▓▓▓ ▓▓▓ [도로명주소] 울산광역시 동구 ▓▓▓ ▓▓	경량철골조, 칼라시트 키스톤 지붕2층 근린생활시설(전자코일 제조) 1층 163.2㎡ 2층 27.5㎡	도로명주소 2012년10월10일 등기

【 갑 구 】 (소유권에 관한 사항)				
순위번호	등 기 목 적	접 수	등 기 원 인	권리자 및 기타사항
1 (전 6)	소유권이전	1997년9월22일 제58358호	1997년7월1일 매매	소유자 ▓▓▓▓주식회사 ▓▓▓-▓▓▓ 울산 동구 ▓▓ ▓ ▓▓▓호
				부동산등기법 제177조의 6 제1항의 규정에 의하여 2000년 09월 08일 전산이기
1-1	1번등기명의인표시 변경	2007년3월15일 제18967호	2003년3월8일 본점이전	▓▓▓▓주식회사의 주소 울산 동구 ▓▓▓▓ ▌

자료: 등기부등본

(전 6)에서 소유자가 누구인지 추적한다. 토지는 1990년에 박○○ 씨의 소유였기에 건물도 마찬가지로 1990년에 누구의 소유였는지 확인할 필요가 있는 것이다.

이걸 확인하려면 건물 폐쇄등기부등본을 봐야 하는데, 폐쇄등기부에 관해 간략하게 설명하자면 '새롭게 등기부에 옮겨 적은 후 보관되는 등기부'를 말한다. 오래되어서 전산 기록이 없는 장부는 전산화 작업을 통해 이전해 두는데, 기록이 이전되면 실제 장부는 더 이상 필요하지 않기에 폐쇄한다. 따라서 폐쇄등기부는 이미 폐쇄된 등기부의 전자 기록이라고 보면 된다. 이러한 폐쇄등기부등본은 가까운 등기소에서 누구나 발급할 수 있다(온라인으로도 사전 접수 후 발급받을 수 있다).

아무튼 해당 사건에서 토지는 개인 명의로 1990년에 취득했으며, 건물은 법인회사 명의로 1993년에 사용승인 및 보존등기를 했다. 개인이 토지를 소유했을 때 건물이 지어진 것으로 보이기에 동일인 요건에 부합하지 않아 법정지상권은 성립하지 않는다.

자료: 건축물대장

법정지상권이 성립하지 않는다고 해서 다 돈이 되는 것은 아니다. 공시지가 대비 저렴하게 낙찰받을 수 있을지는 몰라도 건물 소유주인 법인 측에서 매수하지 않으면 철거 후 나대지 상태로 매각하는 것까지도 염두에 두어야 한다.

분수처럼 토지를 아래에 두고 건물을 위에 두었을 때, 건물의 가치가 토지의 가치보다 크면 건물주와의 협상이 훨씬 수월하다. 하지만 이 사건에서는 토지의 가치가 월등히 높아 보였다. 단층 구조의 건물은 간이 제조 시설 및 창고 용도로 사용되고 있어서 건물주와의 협상이 쉽지 않을 것으로 판단되었다.

자료: 옥션원 물건 사진

그러던 중 눈에 띄는 것이 있었다. 해당 토지는 주거 단지 내에 있음에도 불구하고 공장 용도로 허가를 받고 이용 중이었다.

희소성 있는 토지 낙찰로 단기간에 5,000만 원 수익을 올리다
————

매각토지.건물현황　(감정원 : 울산감정평가 / 가격시점 : 2020.10.14)

목록	지번	용도/구조/면적/토지이용계획			㎡당 단가 (공시지가)	감정가	비고
토지	▨▨동 ▨▨	제2종일반주거지역, 소로2류(접합) 가축사육제한구역<가축분뇨의 관리...▨		대 276.8㎡ (83.73평)	1,680,000원 (642,600원)	465,024,000원	▶지상의 타인 소유 제시외건물 감안하여 평가시@1,176,000원/㎡= 325,516,800원
제시외건물	1	▨▨동 ▨▨ ▨▨ 경량철골조 칼라시트 키스톤지붕 등 ▨	1층	공장	163.2㎡(49.37평)			매각제외 ＊지적개황도상
	2		2층	공장	28.3㎡(8.56평)			매각제외 ＊지적개황도상
	3		단층	공장일부	10.4㎡(3.15평)			매각제외 ＊지적개황도상
	4		단층	공장일부	12㎡(3.63평)			매각제외 ＊지적개황도상
	제시외건물 매각제외						
감정가		토지:276.8㎡(83.73평)			합계	325,516,800원	토지만 매각

자료: 옥션원

　　이미 오래전에 공장 허가를 받아서 지어진 건축물이기에 공장 용도로 사용 승인을 받았을 것이다. 이는 인근 주거지 내에서는 기피 요인일지 몰라도 공장을 운영하는 사람에게는 희소성이 있는 물건인 셈이다.

자료: Dawul 지도

공장은 주로 도시 외곽에 있다. 이 때문에 출퇴근 시간이 오래 걸리는데, 이는 직원 채용의 어려움으로 작용한다. 반면에 공장이 주거 지역 내에 있다는 것은 그만큼 출퇴근 시간이 단축된다는 뜻이고, 직원 채용에도 상당히 유리하다는 것을 의미한다. 물론 모든 주거 지역 내 공장용 토지가 그렇다는 말은 아니다. 하지만 울산은 현대라는 대기업을 중심으로 각종 협력 업체가 들어서 있는 지역이기에 이러한 토지는 희소성을 띤다.

경매에는 필자를 포함해 두 명이 응찰했다. 결과적으로 필자가 낙찰받았고, 건물주를 상대로 지료 청구와 더불어 건물 철거에 관한 소를 제기했다.

기본내용

사건번호	2022가단■■	사건명	[전자] 건물등철거 및 지료
원고	주식회사 ■■	피고	■■■ ■■ 주식회사
재판부	제16민사단독		
접수일	2022.05.16	종국결과	2022.06.22 소취하

진행내용   전 체 ∨

일자	내용	결과	공시문
2022.05.16	소장접수		
2022.05.16	원고 주식회사 ■■ 송달장소 및 송달영수인 신고서 제출		
2022.05.17	전자기록화명령		
2022.05.18	참여관용 보정명령(인지대/송달료)		
2022.05.18	원고 주식회사 ■■에게 보정명령(인지대,송달료)등본 송달	2022.05.20 도달	
2022.05.23	원고 주식회사 ■■ 보정서 제출		
2022.05.23	원고 주식회사 ■■ 당사자표시정정신청서 제출		
2022.05.24	피고 ■■■ ■■ 주식회사에게 소장부본/소송안내서/당사자표시정정신청서/답변서요약표 송달	2022.05.26 도달	
2022.06.22	원고 주식회사 ■■ 소취하서 제출		
2022.06.22	피고 ■■ ■■ 주식회사에게 소취하서부본(22.06.22.자) 송달	2022.06.27 도달	
2022.06.22	종국 : 소취하		

자료: 법원, 나의 사건 검색

희소성 있는 토지 낙찰로 단기간에 5,000만 원 수익을 올리다

건물 소유자는 중견기업 규모의 법인이었는데, 사업을 확장하면서 해당 건물까지는 신경을 쓰지 않았던 모양이었다. 협상을 원했던 필자는 소송 전에 법인의 대표번호로 전화해서 응대하는 직원에게 토지 낙찰 사실과 해결 방안 등을 설명했지만 별다른 답변을 듣지 못했다. 불가피하게 소를 제기한 후에야 법인의 임원이라는 사람으로부터 연락이 왔다.

해당 법인은 필자 측이 철거를 원하면 철거를 진행할 것이고, 건물을 원하면 소를 취하하는 조건으로 이전등기를 해 주겠다고 했다. 이에 필자는 낙찰 잔금 납부 후 합의하는 기간만큼 지료도 어느 정도 발생했기에, 실제 금전을 지급하지 않고 장부상 100만 원으로 건물을 이전받아 오는 것으로 합의하고 소를 취하했다.

[건물] 울산광역시 동구 ▨▨ ▨▨▨-▨

순위번호	등기목적	접수	등기원인	권리자 및 기타사항
12	소유권이전	2020년2월24일 제36110호	2020년2월24일 신탁	수탁자 케이비부동산신탁주식회사 ▨▨▨-▨▨▨▨▨▨ 서울특별시 강남구 ▨▨▨ ▨▨ ▨▨ ▨▨▨
	~~신탁~~			~~신탁원부 제2020-735호~~
13	소유권이전	2020년9월4일 제144561호	2020년8월31일 신탁재산의귀속	소유자 ▨▨▨▨▨▨▨주식회사 ▨▨ ▨-▨▨▨▨ 경상남도 창원시 마산회원구 ▨▨▨ ▨▨ ▨▨, ▨▨▨ ▨▨ ▨▨▨ ▨▨▨
	12번신탁등기말소		신탁재산의귀속	
14	소유권이전	2022년6월22일 제67906호	2022년6월22일 매매	소유자 주식회사 ▨▨ ▨▨▨▨-▨▨▨▨▨▨ 경기도 동두천시 ▨▨▨ ▨▨, ▨▨ 거래가액 금1,000,000원
15	소유권이전	2022년7월18일 제78379호	2022년6월23일 매매	소유자 황▨▨ 74▨▨▨▨-******* 경상남도 고성군 ▨▨▨ ▨▨▨ ▨▨▨ 매매목록 제2022-1891호

자료: 등기부등본

토지와 건물의 소유권을 모두 취득한 다음 공인중개사를 통한 매매를 시도했다. 필자의 예상대로 공인중개사는 경기가 좋지 않아도 주거 단지 내의 공장을 찾는 사람이 많다고 했다.

며칠 지나지 않아 매매 계약을 하게 되었다. 등기부등본을 보고 필자 측이 저가에 매수했다는 사실을 알게 된 매수인은 가격 흥정을 시도했다. 필자 측도 빠른 매도를 원했기에 흥정에 응했다. 결국 잔금 납부 후 2개월 반 만에 세전 5,500만 원의 수익을 만들 수 있게 되었다.

이처럼 남들은 꺼리는 복잡한 물건도 폭넓은 시각으로 접근하면 얼마든지 수익을 얻을 수 있다. 오히려 경쟁자가 적은 물건이기에 투자 수익을 더욱 보장받을 수 있다고 필자는 확신한다.

낙찰보다 중요한 것은
목표 수익을 올리는 것

　다양한 경매 사건을 접하다 보면 최고가 매수인과 차순위자의 입찰 가격이 꽤 크게 차이 날 때가 있다. 입찰장에서 이런 결과를 맞닥뜨리면 아쉬워하는 소리가 들리거나 야유가 터지곤 한다.

　필자가 경매를 처음 접할 당시에는 속칭 "바지('바지사장'에서 비롯된 은어)"라는 것이 공공연했다. 많은 경매 컨설팅 업체가 낙찰 수수료를 챙겨서 운영되는 구조이다 보니 최고가 매수인이 낙찰되면 차순위 가격까지 불러 주는 법원 시스템을 악용하는 것이다. 1등이 될 만한 가격을 만들어 놓고, 그보다 얼마 차이 나지 않는 조금 낮은 가격으로 다른 사람이 입찰한다. 그러면 입찰을 의뢰한 사람은 가격 차이가 얼마 나지 않기에 상당히 기뻐한다.

　경매에서 중요한 것은 낙찰받는 일 자체가 아니라, 적정 시세보다 낮은 가격으로 '잘' 낙찰받는 것이다. 하지만 입찰장에서는 분위기상 그런 생각이 나지 않는다. 그 이유는 간단하다. 이 책을 읽는 독자 여러분도 여러 번 패찰하다 보면 어느새 적게 남기고 팔더라도 낙찰받아 보고 싶은 마음이 절로 생길 것이다. 그런 마음이 자신도 모르게 입찰 가격에 반영된다. 이상적인 가격을 적는 대신 낙찰받기 위한 가격을 적게 되는 것이다.

　그렇게 낙찰받아서 잘 해결하면 다행이다. 명도 단계에서 점유자의 저항으로 시간을 소비하며 지출되는 대출이자, 인테리어 및 개·보수로 쓰이는 비용, 임대 또는 매매를 기다리는 시간 비용 등을 감안하면 낙찰받은 부동산이 가격 상승이라는 호재를 만나지 않고서는 수익은 고사하고 손해를 볼 수 있다.

어쨌든 분위기가 그렇다 보니 낙찰받았는데 차순위와 가격이 크게 차이 나면 조금 더 낮은 가격을 쓰지 않은 것을 자책한다. 하지만 필자는 차순위와 가격 차이가 난다고 해서 무조건 잘못 낙찰받았다고 생각하지는 않는다. 낙찰을 잘 받는다는 것은 차순위와 가격 차이를 줄이는 것이 아니라 시세보다 낮게 사는 것이다.

필자는 철저한 계획하에 흔들림 없이 자기만의 경매를 하라고 당부하고 싶다. 최종 매매 금액은 보수적으로 낮게 잡고 사용할 예상 경비는 어느 정도 높게 계산해서 뺀 뒤, 원하는 수익률만큼의 금액을 차감하면 자연스레 입찰가를 산출할 수 있다. 그 뒤에는 입찰에 떨어지거나 차순위와 큰 가격 차이로 낙찰받아도 그러려니 하면서 넘겨 버리고 다음 절차에 착수하기를 바란다.

2021타경 ████

소 재 지	부산광역시 부산진구 ████████████████						
새 주 소	부산광역시 부산진구 ████████████████						
물건종별	아파트	감 정 가	111,500,000원		오늘조회: 1 2주누적: 0 2주평균: 0		
				구분	매각기일	최저매각가격	결과
대 지 권	전체: 39.73㎡(12.02평) 지분: 19.865㎡(6.01평)	최 저 가	(64%) 71,360,000원	1차	2021-12-22	111,500,000원	유찰
				2차	2022-01-26	89,200,000원	유찰
				3차	2022-03-02	**71,360,000원**	
건물면적	전체: 84.945㎡(25.7평) 지분: 42.47㎡(12.85평)	보 증 금	(10%) 7,136,000원	매각 : 81,777,700원 (73.34%)			
				(입찰3명,매수인:부산시남구 주○○ / 차순위금액 72,500,000원)			
매각물건	토지및건물 지분 매각	소 유 자	김○○	매각결정기일 : 2022.03.10 - 매각허가결정			
개시결정	2021-06-14	채 무 자	김○○	대금지급기한 : 2022.04.15			
				대금납부 2022.04.12 / 배당기일 2022.05.04			
사 건 명	강제경매	채 권 자	한국스탠다드차타드제일은행	배당종결 2022.05.04			

낙찰보다 중요한 것은 목표 수익을 올리는 것

매각물건현황(감정원 : BNK감정평가 / 가격시점 : 2021.07.02)

목록	구분	사용승인	면적	이용상태	감정가격	기타
건1	▩동 ▩ (15층중9층)	92.12.30	42.47㎡ (12.85평)	주거용	64,670,000원	☞ 전체면적 84.945㎡중 공 유자 김○○ 지분 1/2 매각 * 도시가스난방설비
토1	대지권		17835㎡ 중 19.865㎡		46,830,000원	☞ 전체면적 39.73㎡중 공유 자 김○○ 지분 1/2 매각
현황 위치	* "▩▩고등학교" 서측 인근에 위치하며 주위는 아파트, 연립주택 및 교육시설 등으로 형성된 주거지대임. * 본건까지 차량접근이 가능하며 인근에 노선버스정류장이 소재하고 있음. * 남하향의 완경사지를 평탄화한 부정형토지로서 아파트건부지로 이용중임. * 본건 남측으로 노폭 약8미터의 포장도로와 접하고 있음.					

임차인현황 (말소기준권리 : 2012.11.14 / 배당요구종기일 : 2021.08.27)

===== 조사된 임차내역 없음 =====

기타사항	☞ 폐문부재하여 안내문을 우편함에 넣어 두었으나 연락이 없어 점유 및 임대차관계 알 수 없었음. ☞ 전입세대 열람 내역에 김○○(소유자) 세대가 전입되어 있음.

등기부현황(채권액합계 : 187,442,476원)

No	접수	권리종류	권리자	채권금액	비고	소멸여부
1(갑1)	1995.01.14	소유권이전(매매)	김○○		각 1/2	
2(을8)	2012.11.14	근저당	국민은행 (개금동지점)	127,200,000원	말소기준등기	소멸
3(갑2)	2014.10.20	김○○지분가압류	한국스탠다드차타드제일은 행	60,242,476원	2014카단▩▩	소멸
4(갑11)	2021.06.14	김○○지분강제경매	한국스탠다드차타드제일은 행 (소매금융리스크관리부)	청구금액: 108,336,761원	2021타경▩▩,한국 스탠다드차타드은행 가 압류의 본 압류로의 이 행	소멸

자료: 옥션원

이번 사례는 회원들이 공투로 낙찰받은 사건이다. 여러 명이 함께 분석한 다음 전략을 세우고, 예상 수익금까지 산정한 뒤 입찰해서 낙찰받았다. 하지만 공투를 한 회원 중 한 명이 "왜 입찰가를 더 낮게 쓰지 않았을까?" 푸념했던 기억이 난다.

사건 개요는 이러했다. 1995년 1월 14일 자로 최초 분양받을 당시 이○○ 씨와 김○○ 씨가 각각 2분의 1씩 공동명의로 매수했다. 부부일 것이라는 예상과 달리 나이 차이가 20년 이상 나는 것을 보고 모자 관계로 추정했다.

모자는 2012년 11월 14일에 아들인 김○○ 씨를 채무자로 해서 물상담보(물적담보)로 돈을 빌리며 부동산 전체에 근저당권을 설정했다. 당시 모친인 이○○ 씨는 해당 부동산에 거주하지 않는 것으로 보였다. 이후 2014년 10월 20일 자로 제일은행에서 김○○ 씨에게 가압류를 설정했고, 그 채무로 인해 경매가

[집합건물] 부산광역시 부산진구 ▨▨▨ ▨-▨ ▨▨▨▨▨ ▨▨▨▨ ▨▨ ▨▨▨▨

【 갑 　 　 구 】				（ 소유권에 관한 사항 ）
순위번호	등 기 목 적	접 　 수	등 기 원 인	권리자 및 기타사항
1 (전 2)	소유권이전	1995년 1월 14일 제1289호	1994년 12월 12일 매매	공유자 지분 2분의 1 이▨▨ 42▨▨-******* 　부산 부산진구 ▨▨▨ ▨-▨ ▨▨▨▨▨ 　▨▨▨▨ ▨▨▨▨▨ 지분 2분의 1 김▨▨ 66▨▨-******* 　부산 부산진구 ▨▨▨ ▨-▨ ▨▨▨▨▨ 　▨▨▨ ▨▨▨
				부동산등기법 제177조의 6 제1항의 규정에 의하여 2000년 04월 03일 전산이기
1-1	1번등기명의인표시 경정	2002년 1월 9일 제1603호	신청착오	김▨▨의 성명(명칭) 김▨▨ 김▨▨의 등록번호 66▨▨-*******
1-2	1번등기명의인표시 변경	2012년 11월 14일 제63801호	2011년 10월 10일 전거	이▨▨의 주소 부산광역시 부산진구 ▨▨▨▨ 　▨▨▨ ▨▨▨

자료: 등기부동본

실행되었다.

　해당 부동산은 경매 정보에도 언급되어 있듯이 완경사지(경사가 높은 곳)에 속했다. 그중에서도 입구에 위치한 동이기에 가치가 더 높을 수밖에 없었다.

현장조사 보고서
(조사일 : 2021.12.29)

*본건은 ▨▨초등학교 동측 500m거리에 위치하고 있으며 주위는 아파트단지 및 단독주택 일부 점포로 형성된 지역임.
3개동 450세대로 이루어진 공동주택으로서 사용년수에 비해 외관 및 관리상태는 보통시 되며 단지내 지상 및 지하1층 규모의 주차장 있음. 33평형 계단식/남향구조로서 접근성은 떨어지는 편이며 전반적인 주거환경은 보통시 됨.
*현장 방문시 점유자 부재중이며 우편물은 없는 상태임.
*건물내 입주자들에게 문의한 바 거주하는 사람이 있는 것으로 파악되었음.
*중소형 평수대로 이루어진 아파트단지이며 단지내 부대시설로는 경로당,놀이터,상가동으로 제한됨.그리고 제법 년식이 있는 공동주택으로서 주차공간은 다소 협소하였고 언덕에 소재하여 접근성은 불리하였음.
*세대공동현관문은 보안문으로서 외부인 출입이 제한되며 승강기는 지상1층까지만 운행중에 있음.
*동호수대비 입구동으로서 선호도는 있는 편이며 입지상 조망권은 우수한 편임.
*단지 입구상가동으로 농축산마트,부산은행atm기,세탁소,학원등이 위치하였고 근거리로 생활편의시설은 제한됨.
*도보권내 초,중,고등학교가 소재하며 본건 1.5km거리이 ▨▨역이 위치함.
*인근 중개업소 문의한 바 로얄동으로서 뒷동과는 2000만원정도 개입이 있는 것으로 파악되며 시세는 수리여부에 따라 매매 2억~2억2000만원,전월세 1억6000~1억7000.5000/50만원선으로 예상함.전반적으로 거래량은 많지 않으나 가격조율만 되면 수요는 있을 것으로 탐문되었음.

자료: 옥션원

낙찰보다 중요한 것은 목표 수익을 올리는 것

현황조사 보고서에 적힌 시세가 실제와 일치하는지 확인하고, 보수적인 시세는 어느 정도인지 파악했다. 그 결과 매매 가격은 2억 원 이상일 것으로 판단했다(2분의 1 지분의 가치는 2억 원의 절반인 1억 원).

당시 최저 매각가는 1회 유찰된 8,920만 원이었기에, 한 번 더 유찰되기를 기다렸다. 그렇게 2회 유찰되어 최저가격은 7,136만 원이 되었다.

우선 공유자우선매수 신청을 배제한 채 전략을 구상했다. 필자 측이 지분을 낙찰받으면 해당 부동산에 거주하고 있는 김○○ 씨는 소유권을 잃는 동시에 권원 없는 점유자가 된다. 이는 인도명령 대상자가 된다는 의미이기 때문에 2분의 1 지분을 낙찰받고도 명도할 수 있는 권한이 주어지는 셈이다.

만약 공유자인 모친 이○○ 씨가 김○○ 씨의 점유를 승낙하면 인도명령 신청은 기각되겠지만, 승낙해 준 이○○ 씨는 결국 낙찰자인 필자 측에 임료를 지급해야 하는 상황에 부닥치게 된다.

인도명령으로 김○○ 씨를 명도하면, 이○○ 씨도 집을 그냥 비워 두느니 공인중개사를 통해 함께 매각하기를 원하지 않을까 싶었다. 그게 아니라면 이○○ 씨가 자녀인 김○○ 씨를 지키기 위해 점유를 승낙하는 것으로 인도명령을 저지하리라고 짐작했다. 이럴 경우 다시 재매입하는 방법 말고는 최초 분양받아 오랫동안 거주한 부동산을 지킬 방도가 없었다.

협상 전략을 정리한 후 입찰을 결정했다. 이제 입찰가를 산정해야 할 차례였다. 당시 공투에는 6명의 회원이 참여했는데, 누구나 그렇겠지만 최저가에 낙찰받고 싶어 했다. 어떤 회원은 입찰 인원을 예상해서 가격을 산정했고, 어떤 회원은 최근 3개월의 주거용 아파트 낙찰가율 평균으로 가격을 산정했다. 이때 필자는 대부분의 경매 참여자가 이와 같은 방법으로 응찰하기 때문에 수익과는 멀어지고 낙찰을 위한 경매를 하게 되는 것은 아닐까 하는 생각을 했다.

필자는 직접 입찰하는 경우가 아니라면 가격을 정해 주는 일을 꺼리는 편이다. 필자가 정해 준 입찰가로 낙찰받아도 차순위와 가격 차이가 많이 나면 원망할 테고, 입찰에 떨어져서 낙찰을 못 받아도 원망을 들을 것이기 때문이다. 실패한 이유를 자신이 아닌 다른 곳에서 찾고 싶어 하고 핑계대고 싶어 하는 이들이 의외로 많다.

아무튼 필자는 가격을 정해 주는 대신 방향을 제시한다. 보수적으로 예상한 부동산의 적정 가치를 고려해서 분석과 전략을 토대로 시간을 계산해 보는 것이다. 예를 들어, 해당 사건을 6개월 만에 해결한다고 가정해 보자. 연 목표 수익률을 40퍼센트로 설정하면, 20퍼센트가 6개월의 수익률 목표치다. 그러면 단순하게 '입찰 가격(원금 - 영업 경비) × 120퍼센트 = 1억 원'이라는 수치가 나와야 한다. 여기서 영업 경비(이전 비용 및 실비, 필요에 따른 금융 이자 비용 또는 소송 비용 등)는 사건마다 다를 테니, 이를 잠시 빼 두면 입찰 가격이 바로 계산된다. 8,300여만 원 정도로 산정할 수 있는 것이다. 개인마다 추구하는 목표 수익률이 다르므로, 그에 따라 수치만 바꾸면 입찰 가격을 정하는 일이 그리 어렵지 않을 것이다.

경매일에는 3명이 입찰했고, 필자 측이 1등으로 낙찰받았다. 차순위와는 900여만 원의 가격 차이가 났다. 경매를 접한 지 얼마 되지 않은 회원들은 가격 차이를 아쉬워했다. 이에 필자는 입찰 결과는 아무도 알 수 없는 영역이므로 사전에 입찰가를 정하는 과정이 잘못되지 않았다면 미련은 떨쳐 버리고 계획했던 목표를 향해 나아가기 위한 행동을 해야 한다고 조언했다.

낙찰받은 다음에는 전략대로 협상을 이어 갔다. 2022년 4월 12일 자로 낙찰 잔금을 납부한 후 김○○ 씨에게 인도명령 신청을 했다. 법원에서 김○○ 씨에게 심문서를 보냈는데, 별다른 조치를 하지 못한 것인지 결국 인도명령결정을 받았다.

기본내용

	사건번호	2022타인█	사건명	부동산인도명령
	재판부	경매10계		
	접수일	2022.04.12	종국결과	2022.05.23 인용

일자	내용	결과	공시문
2022.04.12	**신청서접수**		
2022.04.29	피신청인1 김██에게 심문서 송달	2022.05.06 도달	
2022.05.23	**결정**		
2022.05.23	신청인1 주식회사 ██████에게 부동산인도명령 송달	2022.05.30 도달	
2022.05.23	피신청인1 김██에게 부동산인도명령 송달	2022.05.26 도달	
2022.05.23	**종국 : 인용**		

자료: 법원, 나의 사건 검색

김○○ 씨는 2분의 1 지분 낙찰자가 명도를 하러 온다는 사실에 황당했을 것이다. 공유자의 점유 승낙에 관해서 법률적인 자문을 얻지 못했는지, 아니면 모친인 이○○ 씨에게 부탁하기가 힘들었는지는 알 수 없었다. 하지만 살던 집에서 나가야 한다는 압박은 필자 측에 유리하게 작용했다.

얼마 지나지 않아 김○○ 씨 측으로부터 제삼자 명의로 부동산을 다시 매수하고 싶다는 요청이 왔다. 그렇게 필자 측은 처음 목표했던 것보다 높은 가격에 지분을 매도할 수 있었다.

처음부터 보수적으로 가치를 계산한 덕에 오히려 수익률이 높아졌다. 낙찰 잔금 납부 후 1개월여 만에 해결했기에 목표의 두 배가 넘는 수익을 실현하게 된 것이다.

결국 세전 3,800만 원의 수익을 만든 것은 목표한 대로 차근차근 움직였기 때문이다. 따라서 차순위와의 가격 차이에 얽매여 자책하는 데 시간을 허비하지 말고 긍정적인 마인드로 목표를 향해 나아가야 한다.

[집합건물] 부산광역시 부산진구 ▨▨▨ ▨-▨ ▨▨▨▨▨ ▨▨ ▨▨▨ ▨▨▨

순위번호	등 기 목 적	접 수	등 기 원 인	권 리 자 및 기 타 사 항
12	1번김▨▨지분전부이전	2022년4월22일 제49032호	2022년4월12일 강제경매로 인한 매각	공유자 지분 2분의 1 주식회사 ▨▨▨▨ ▨▨▨ ▨-▨▨▨▨ 부산광역시 남구 ▨▨▨ ▨▨, ▨▨▨ ▨▨▨ ▨ ▨▨▨, ▨▨▨▨▨▨ ▨-▨▨▨
13	2번가압류, 11번강제경매개시결 정등기말소	2022년4월22일 제49032호	2022년4월12일 강제경매로 인한 매각	
14	12번주식회사 ▨▨▨▨ ▨지분전부이전	2022년5월30일 제67400호	2022년5월30일 매매	공유자 지분 2분의 1 황▨▨ 73▨▨▨-******* 부산광역시 부산진구 ▨▨▨▨▨ ▨▨, ▨▨▨, ▨▨▨▨ ▨▨ ▨▨▨ ▨▨▨ ▨▨▨▨ 거래가액 금120,000,000원

자료: 등기부등본

필자는 특수물건 경매 시장이 블루오션이라고 생각한다. 하지만 이 시장을 블루오션으로 만들기 위해서는 자기만의 시각으로 사건을 바라보고, 목표한 방향으로 올바르게 움직이는 끈기가 필요하다. 낙찰을 위한 경매가 아니라, 이 사건처럼 예상한 수익을 실현할 수 있는 경매를 해야 한다.

낙찰 실패에도
NPL 매입으로 수익 실현

NPL Non Performing Loan, 한 번쯤 들어 본 용어일 것이다. 경매를 접하다 보면 "특수물건이 돈이 된다" "NPL이 돈이 된다" 같은 말을 듣는다. 부동산 경매를 오랫동안 해 온 사람들도 NPL에 관심이 많다.

NPL이란 '금융 자산의 부실 채권'을 뜻한다. 쉽게 말해, 금융기관의 대출금 중에서 회수가 불확실한 돈을 말한다. NPL로 어떻게 수익을 얻을 수 있는지 근저당권을 예로 들어 보겠다. 근저당권은 대출이 회수되지 않으면 여신관리부, 즉 채권관리 부서로 이전된다. 이렇게 이전된 근저당권의 채권을 매입한 다음 경매에서 담보가 낙찰되면 배당을 받을 수 있다.

조금 더 이해하기 쉽게 백화점 상품권으로 설명해 보겠다. 상품권 할인점에서 백화점 상품권을 구입하면 액면가보다 저렴하게 살 수 있다. 10만 원짜리 상품권을 10만 원보다 싸게 살 수 있는 것이다. 하지만 이 상품권으로 백화점에서 10만 원어치 물품을 구입하는 데는 아무런 지장이 없다. 이와 비슷하게 NPL은 저렴하게 사서 그보다 높은 가치로 탈바꿈할 수 있는 채권이다.

NPL은 대개 근저당부 채권 매입의 형태로 잘 알려져 있다. 채권 최고액을 1억 원으로 가정했을 때, 이를 8,000만 원에 매수해서 추후 경매를 통해 채권 최고액인 1억 원을 배당받는 것으로 생각하면 쉽게 이해할 수 있다.

NPL 투자는 한때 유행처럼 공공연하다가 어느 순간 발자취를 감추었다. 금융관리법에 의해 개인이 금융기관의 채권을 매입할 수 없게 법이 개정되면서 NPL의 인기가 점점 사그라든 것이다.

여기서 주목해야 할 점은 금융기관 채권을 개인이 매입할 수는 없지만, 개인과 개인 간의 거래는 제한하지 않는다는 사실이다. 그래서 아직도 부동산 경매에는 NPL이란 틈새시장이 존재한다. 이번에 살펴볼 재개발 내 지분 물건이 바로 NPL을 더해 수익을 극대화한 사례다.

2019타경 ▨▨								
소 재 지	부산광역시 수영구 ▨▨▨							
새 주 소	부산광역시 수영구 ▨▨▨							
물건종별	다세대(빌라)	감 정 가	99,000,000원		오늘조회: 1 2주누적: 0 2주평균: 0			
				구분	매각기일	최저매각가격		결과
대 지 권	전체: 35.63㎡(10.78평) 지분: 17.82㎡(5.39평)	최 저 가	(100%) 99,000,000원		2019-11-07	99,000,000원		
건물면적	전체: 64.32㎡(19.46평) 지분: 32.16㎡(9.73평)	보 증 금	(10%) 9,900,000원					
매각물건	토지및건물 지분 매각	소 유 자	윤○○					
개시결정	2019-02-13	채 무 자	윤○○					
사 건 명	강제경매	채 권 자	김○○					

자료: 옥션원

한창 특수물건 수업을 진행하던 시기에 한 회원이 유독 관심을 보인 사건이었다. 필자는 되도록 신건에는 들어가지 않는 터라 시세부터 확인한 다음 입찰 타이밍에 맞추어 사건 분석을 하자고 했다. 그런데 지분 사건임에도 신건에 입찰해도 될 만큼 시세가 높게 형성되어 있었다. 재개발 바람이 불고 있었기에 빠르게 처분하지 않고 장기적으로 가져가도 가치 있는 물건이라는 것이 회원의 확신이었다.

당시 시세는 필자도 재차 물어볼 정도였다. 부동산 전체가 3억 5,000만 원에 족히 거래 가능한 가격이었는데, 경매에 나온 것은 2분의 1 지분이었기에 대략 1억 7,500만 원의 가치가 있었다. 혹시나 하는 마음에 필자가 직접 실거래가를 확인해 보기도 했는데, 사실이었다. 재개발 지역 내인 것도 분명했다.

자료: Dawul 지도

유찰을 기대하기에는 신건 감정가가 9,900만 원이었다. 하지만 아무리 가격에 메리트가 있어도 앞으로 전개될 상황에 관한 예측과 전략 없이 입찰하기에는 부담이 컸다. 게다가 신건의 경우 자료가 공개되는 시간이 2주 정도에 불과

하기 때문에 시간이 부족했다.

우선 사건 분석을 위해 등기부등본 요약을 들여다보니 다음과 같았다.

등기부현황 (채권액합계 : 149,400,000원)

No	접수	권리종류	권리자	채권금액	비고	소멸여부
1(갑2)	2003.03.12	소유권이전(매매)	유○○			
2(을1)	2003.03.12	근저당	금정농협 (부곡동지점)	71,500,000원	말소기준등기	소멸
3(을2)	2003.05.16	근저당	한○○	4,900,000원		소멸
4(갑3)	2010.09.24	소유권일부이전	윤○○		증여, 1/2	
5(갑4)	2011.01.10	윤○○지분압류	수영세무서			소멸
6(갑5)	2011.01.28	윤○○지분가압류	박○○	3,000,000원	2011카단■■■	소멸
7(갑6)	2011.06.21	윤○○지분가압류	김○○	70,000,000원	2011카단■■■	소멸
8(갑7)	2019.02.13	윤○○지분강제경매	김○○	청구금액: 84,897,534원	2019타경■■	소멸

자료: 옥션원

유○○ 씨는 2003년 3월 12일에 단독명의로 소유권 이전을 하면서 농협에서 대출을 받았고, 2003년 5월 16일에는 개인에게 돈을 빌렸다. 이어서 한동안 별일 없다가 2010년 9월 24일에 소유권 2분의 1을 윤○○ 씨에게 증여로 이전했다. 이후 세무서의 압류를 시작으로 박○○ 씨의 가압류와 김○○ 씨의 가압류가 진행되었고, 결국 김○○ 씨의 가압류 채권이 확정되면서 2019년 2월 14일 자로 강제경매가 이루어졌다.

경매 나온 2분의 1 지분을 증여받고 해당 부동산에 전입되어 있는 윤○○ 씨는 유○○ 씨의 배우자일 것으로 추정했다. 2003년 3월 12일 자 근저당권자가 배당받으면 유○○ 씨는 채무 없는 등기부등본 상태가 되기 때문에 추후 유○○ 씨에게 임료를 청구하는 것 외에 실익이 있을지는 알 수 없었다.

사람들은 보통 신건에는 잘 입찰하지 않으므로, 신건에 응찰해서 낙찰은 운에 기대어 볼까 하는 생각도 들었다. 그러던 중 다른 방법을 고려해 보게 되었다. 낙찰 후 근저당권자가 우선순위로 배당받아 가 버리면 경매를 신청한 채권자의 배당금이 적어지는 결과가 초래될 수 있다. 이 점을 염두에 두고 입찰에 참여하는 회원에게 치열하게 노력해 볼 각오가 되어 있다면 NPL로 접근해 보는 것이 어떻겠냐고 물었다.

회원은 한 치의 망설임도 없이 방향을 잡아 달라고 요청했다. 이에 필자는 경매를 신청한 채권자를 찾아가서 협상을 통해 채권을 매입하라고 했다. 물론 채권 매입을 위한 협상 금액은 어느 정도 기준을 제시해 주었다. 첫 매각 기일이 얼마 남지 않은 시기였기에 법리적인 부분과 절차 등은 일단 미뤄 두고 오로지 채권 매입에만 매진할 것을 권했다.

채권자 김○○ 씨는 협상에 제법 호의적이었다. 근저당권자가 배당받아 가면 자신이 받을 수 있는 배당금이 적어진다는 사실을 충분히 인지하고 있었기 때문이다. 필자 측은 먼저 매각 기일의 연기 신청을 부탁했다. 다행히 경매가 연기되었고, 이때부터 여유를 가지고 본격적인 채권 매입 협상에 돌입했다.

예상배당표

매각부동산	부산광역시 수영구 ▓▓▓ ▓▓ 토지및건물 지분 매각
매 각 대 금	금 99,000,000원
전경매보증금	금 0원
경 매 비 용	약 2,788,000원
실제배당할금액	금 96,212,000원 (매각대금 + 전경매보증금) - 경매비용

순위	이유	채권자	채권최고액	배당금액	배당비율	미배당금액	매수인인수금액	배당후잔여금	소멸여부
1	압류	수영세무서	체납상당액	교부신청액	%		0		소멸
2	근저당	금정농협	71,500,000	71,500,000	100.00%			0	24,712,000	소멸
3	근저당	한○○	4,900,000	4,900,000	100.00%			0	19,812,000	소멸
4	가압류	박○○	3,000,000	376,428	12.55%	2,623,572	0	19,435,572	소멸
5	가압류 (신청채권자)	김○○	70,000,000	8,782,660	12.55%	61,217,340	0	10,652,912	소멸
6	강제경매 (신청채권자)	김○○	84,897,534	10,652,912	12.55%	74,244,622	0		소멸
	계		234,297,534	99,000,000		138,085,534	0	0	

자료: 옥션원 예상배당표

신건에 낙찰될 경우 채권자는 9,900만 원의 낙찰 대금에서 878만 2,660원과 1,065만 2,912원의 합계인 2,000만 원가량을 배당받아 갈 것으로 예상되었다. 하지만 이는 경매를 신청한 채권자가 사건을 열람해서 배당될 금액을 산출했을 때 1순위 근저당권자의 배당금이 채권 최고액으로 산정되었기 때문이다.

실제로 1순위 근저당권자가 배당받아 갈 금액은 약 5,000만 원이었으므로, 경매를 신청한 채권자가 배당받을 수 있는 금액은 약 4,000만 원으로 계산되었다. 이런 와중에 제삼자가 찾아와서 채권 매입 의사를 밝히니 되도록 높은 가격에 매도하고 싶었을 것이다.

몇 차례의 협상 끝에 필자 측은 5,000여만 원으로 9,000만 원가량의 채권을 매입했다. 이어서 곧바로 양도·양수 절차를 진행하면서 채권자 변경 신고에 착수했다.

자료: 해당 채권 양도·양수 계약서

낙찰 실패에도 NPL 매입으로 수익 실현

문건처리내역

접수일	접수내역	결과
2019.02.13	채권자 김OO 보정서 제출	
2019.02.15	등기소 남OOOOO 등기필증 제출	
2019.02.28	기타 이OO 감정평가서 제출	
2019.03.04	기타 한OOOOOOOOO 감정평가서 제출	
2019.03.07	집행관 부OOO OOOO OOO OOO 현황조사보고서 제출	
2019.03.14	압류권자 수OOOO 교부청구서 제출	
2019.04.19	근저당권자 금OOOOOOO 채권계산서 제출	
2019.04.23	압류권자 부OOOOOOO 교부청구서 제출	
2019.07.19	채권자 김OO 열람및복사신청 제출	
2019.10.29	근저당권자 금OOOOOOO 열람및복사신청 제출	
2019.11.05	채권자 김OO 매각기일변경신청서 제출	
2019.11.07	압류권자 수OOOO 교부청구서 제출	
2020.01.10	채권자 김OO 매각기일변경(연기)신청서 제출	
2020.02.03	채권자 김OO 기타증명	
2020.02.06	채권자 김OO 매각기일연기신청서 제출	
2020.02.20	채권자 김OO 채권자변경신고서 제출	
2020.02.25	최고가매수신고인 열람및복사신청 제출	

자료: 옥션원, 문건/송달내역

5,000여만 원으로 매입한 채권이지만 행사할 수 있는 가격은 9,000여만 원인 셈이었다. 다른 요인은 일단 배제하고 9,000만 원이 최고가 매수액이 되어 낙찰되면, 9,000만 원이 매입 가격이 된다. 여기서 NPL의 최대 장점은 절세가 된다는 점이다.

9,000만 원에 낙찰받아서 매각 대금을 납부해도 배당금으로 4,000만 원을 받을 수 있고, 추후 해당 부동산을 1억 원에 매각한다고 가정하면 1,000만 원의 이득이 또 생긴다. 따라서 '4,000만 원 + 1,000만 원(세전 금액)'의 수익을 예상할 수 있었다. 이때 4,000만 원은 이미 할인받은 채권의 배당금이기에 세금이 없을 것이며, 매각 시 발생한 1,000만 원의 차액에 관한 양도소득세만 발생할 것이다.

일반적인 거래	NPL을 통한 거래
낙찰 가격 9,000만 원 → 매도 가격 1억 원	낙찰 가격 9,000만 원 (실제 매입 가격 5,000만 원) → 매도 가격 1억 원
※ 차액 1,000만 원에 대한 양도소득세: 1년 미만 70% = 700만 원	※ 차액 1,000만 원에 대한 양도소득세: 1년 미만 70% = 700만 원
실질적인 이득: 1억 원 – 9,000만 원 – 700만 원 = 300만 원	실질적인 이득: 1억 원 – 5,000만 원 – 700만 원 = 4,300만 원

다시 말해, 입찰에 참여했을 때 양도소득세에서 이득을 볼 수 있다. 나아가 9,000만 원의 채권 전액을 행사하기 위해 필자는 다음과 같은 배당 흐름을 염두에 두고 입찰 가격을 잡았다.

순위	이유	채권자	채권 최고액	배당 금액	배당 비율	비고
1	압류	수영세무서	체납상당액	교부신청액	%	
2	근저당	금정농협	71,500,000	35,750,000	100%	물상보증 지분
3	근저당	한○○	4,900,000	2,450,000	100%	물상보증 지분
4	가압류	박○○	3,000,000	3,000,000	100%	
5	강제경매 (신청 채권자)	김○○	90,000,000	90,000,000	100%	
	계		169,400,000	131,200,000		예상 배당

배당금을 계산해 보니 1억 3,120만 원이 나왔다('물상보증 지분'에 관해서는 잠시 뒤에 다루겠다). 여기에 기타 압류 금액과 경매 비용 등을 더해서 최종 응찰 가격을 정하고 입찰했다.

2019타경 ▨▨▨

소재지	부산광역시 수영구 ▨▨▨▨▨▨▨▨▨▨							
새 주소	부산광역시 수영구 ▨▨▨▨▨▨▨▨▨▨							
물건종별	다세대(빌라)	감정가	99,000,000원	구분	매각기일	최저매각가격	결과
대지권	전체: 35.63㎡(10.78평) 지분: 17.82㎡(5.39평)	최저가	(100%) 99,000,000원		2019-11-07	99,000,000원	변경
					2020-01-16	99,000,000원	변경
건물면적	전체: 64.32㎡(19.46평) 지분: 32.16㎡(9.73평)	보증금	(10%) 9,900,000원	1차	2020-02-20	**99,000,000원**	
				매각 : 132,500,000원 (133.84%) (입찰1명,매수인:유○○)			
매각물건	토지및건물 지분 매각	소유자	윤○○	매각결정기일 : 2020.02.27 - 매각허가결정			
개시결정	2019-02-13	채무자	윤○○	대금지급기한 : 2020.03.23			
				대금납부 2020.03.23 / 배당기일 2020.04.29			
사건명	강제경매	채권자	김○○	배당종결 2020.04.29			

오늘조회: 1 2주누적: 0 2주평균: 0

자료: 옥션원

필자 측은 최고가를 적어서 낙찰에 성공했지만, 채권 매입 때문인지 재개발의 여파인지는 몰라도 입찰 당일 유○○ 씨로부터 공유자우선매수 신청이 들어와서 결국 낙찰받은 지분을 빼앗겼다. 만약 채권을 매수하지 않고 입찰에 참여했다면 지금까지의 노력은 물거품이 되고 말았을 것이다. 하지만 채권을 양도·양수받았기에 아직 수익 실현의 기회가 남아 있었다.

배당은 필자가 예상했던 '물상보증 지분' 흐름대로 이루어지지 않았다. 근저당권자에게 전액 배당되면서 경매 사건은 다음과 같이 마무리되었다.

순위	이유	채권자	채권 최고액	배당 금액	배당 비율	비고
1	압류	수영세무서	체납상당액	교부신청액	%	
2	근저당	금정농협	71,500,000	56,000,000	100%	채권계산서
3	근저당	한○○	4,900,000	4,900,000	100%	
4	가압류	박○○	3,000,000	2,310,000	77%	
5	강제경매 (신청 채권자)	김○○	90,000,000	69,300,000	77%	
	계		169,400,000	132,500,000		실적 배당

경매를 통해 6,930만 원을 배당받았기에 채권 매입 가격인 5,000만 원을 빼면 2,000만 원 가까운 금액을 세금 없이 얻었다. 하지만 예상했던 '물상보증 지분' 흐름대로 배당되지 않은 점이 아쉬웠다. 해당 경매 사건의 채무자는 윤○○ 씨였으며, 채권자 또한 윤○○ 씨의 채권자였다. 그런데 실제 배당에서는 선순위 근저당권자들이 윤○○ 씨의 배당금을 가져가 버렸다. 선순위 근저당의 채무자는 유○○ 씨였기에, 이는 윤○○ 씨가 공유자인 유○○ 씨의 채무를 갚아 준 셈이었다.

유○○ 씨와 윤○○ 씨의 지분 전체에 경매가 이루어졌다면 아무런 문제가 없었을 것이다. 하지만 윤○○ 씨의 지분만 경매에 나왔으므로, 유○○ 씨가 단독소유했을 당시의 근저당 두 건에 대해 윤○○ 씨는 물상보증인 격이 된다. 따라서 윤○○ 씨 채권자에게 예상한 대로의 배당이 이루어져야 했는데, 실제 배당에서는 선순위 근저당권자들이 먼저 배당을 받았다.

이로써 윤○○ 씨의 채권자인 필자 측에서는 채무가 변제된 유○○ 씨를 상대로 구상금 청구를 할 수 있게 되었다.

기본내용

사건번호	2020가소▓▓	사건명	[전자] 구상금	
원고	이▓▓	피고	유▓▓	
재판부	민사제24단독			
접수일	2020.05.04	종국결과	2020.07.07 소취하	
원고소가	27,566,810	피고소가		
수리구분	제소	병합구분	없음	
상소인		상소일		
상소각하일		보존여부		
인지액	▓,▓▓원			
송달료,보관금 종결에 따른 잔액조회				
판결도달일		확정일	2020.07.07	

자료: 법원, 나의 사건 검색

유○○ 씨는 이미 배당도 끝났는데 구상금 청구 소송을 제기하니 황당했던 모양이었다. 이에 다음과 같은 내용의 답변서를 제출했다. 법률 자문을 통해 구상금 청구에서 벗어날 수 없다는 것을 알았는지 합의하자는 취지가 드러나 있었다.

> 1. 이 소와 관련된 강제경매 집행은 지난 4월 부산동부지방법원 경매2계에서 법리적으로 배당을 하였는 바 부곡농협에 50,233,620원을 배당한 사실에 대해 원고 측이 본인(피고 유○○)에게 재청구를 할 이유가 없다고 봄.
>
> 2. 강제경매에 의해 1/2 지분의 공유자로서 우선 매입을 하였으나 원고(전 채권자인 김○○이 채권을 넘겨 현 채권자인 이○○) 측은 경매 물건의

현 시세보다 무려 3,000만 원 이상을 입찰 금액으로 기입하여 채무를 다 받기 위해 갖은 수법을 씀. 그러나 가족이 사는 소중한 보금자리이기에 우선경매를 하였음.

(중략)

따라서 이 소송은 정당하지 않고 굳이 남은 채무에 대해 상환을 요구하려면 윤○○에게 하는 것이 맞다고 생각됨. 또한 강제경매 물건에 대해 우선공유자로서 굳이 책임을 져야 한다면 처음 경매 신청 금액인 84,897,534원에서 원고 측의 경매 배당금을 제외한 금액을 책임지려함.

1. 강제경매 집행 후 원고에게 배당된 금액을 정확하게 알고자 함. 강제경매 집행을 통해 받고자 신청한 84,897,534원에서 배당금을 제외한 금액을 공유자인 본인이 책임지는 게 맞다고 봄.
2. 그 금액에 대해서 법원에 공탁의 방법으로 해결하고자 함.
3. 가능한 빠른 시간 내에 해결을 원함.

유○○ 씨 측은 채권 금액을 협의하기를 원했다. 이에 따라 필자 측은 약 2,000만 원에 구상금 청구를 합의했다. 이리하여 경매 사건 배당에서 2,000만 원, 구상금 협의로 2,000여만 원을 받아서 합계 약 4,000만 원의 수익을 얻었다.

만약 공유자가 우선매수를 하지 않았다면, 필자 측은 구상금 청구 채권으로 공유자의 지분에 경매를 신청했을 것이다. 그다음 필자 측이 공유자우선매수를 해서 부동산을 매매했다면 더 큰 수익으로 이어질 수도 있었을 것이다.

합 의 서

채권자 : 이 ▉▉(6▉ - ▉▉▉▉, 양도 전 김▉▉)
채무자 : 유 ▉▉(62▉▉ - ▉▉▉, 구상금 청구 건의 피고)
           윤 ▉▉(양도된 김▉▉와의 채무관계 채무자)

1. 채무관계 내용
  가. 현 채권자인 이▉▉은 2017가단 ▉▉▉의 원고이자 전 채권자인 김
▉▉에게 윤▉▉의 채무에 대해 판결에 의한 확정채권을 양도받은 사실
이 있습니다.
  나. 2019타경 ▉▉▉ 강제경매에서 현 채권자인 이▉▉이 받아야 할 채
권액을 경매집행 배당에서 전액 수령하지 못하여 현 채무자인 유▉▉을
상대로 2020가소 ▉▉▉ 구상금 청구 소송을 별도 진행하였습니다.

2. 합의 내용
  가. 2020가소 ▉▉▉의 청구액인 27,566,810원 중 채권자 이▉▉과 채
무자인 유▉▉의 상호 합의하에 소송비용과 그에 따른 모든 비용을 합하
여 일금 이천사백만원(₩24,000,000원)으로 합의하기로 하였습니다.
  나. 이 합의로 채무자 윤▉▉과의 채무관계도 깨끗이 정리되며 더 이
상 소송이나 채권 추심 등의 일이 없도록 하겠다는 채권자 이▉▉의 약
속을 합의 내용으로 넣습니다.

3. 채권자 이▉▉의 결어
  합의 이후 채무자에게 남겨진 잔존 채무에 대해서는 채권자가 포기하
기로 약정하며 더 이상 채무자 윤▉▉, 유▉▉에게 잔존 채무에 대해 별
도로 청구하지 않겠으며 청구할 수 없음을 확인합니다.

2020년 6월 26일

채권자 : 이 ▉▉
채무자 : 유 ▉▉

자료: 해당 합의서

　강의할 때 이 사건을 언급하면 수강생들은 매우 어려워한다. 하지만 단순하게 지분 사건이라고 생각하고 NPL의 구조를 이해한 다음 배당 순서만 잘 파악하면 절대 어렵지 않다. 그 어떤 것도 첫술에 배부를 순 없다. 어느 분야든 물리적인 배움의 시간은 반드시 존재한다. 따라서 어려운 마음은 잠시 뒤로 하고 쉬운 것부터 차근차근 이해하면서 배우다 보면 누구나 필자보다 뛰어난 경매 전문가가 될 것이라 확신한다.

Chapter 5

어려운 사건을
손쉽게 풀어내는 기술

지금껏 특수물건 분야의 사건 분석 방법, 전략을 세우는 방법, 협상하는 방법, 그리고 색다른 시각으로 수익을 올리는 방법을 다양한 사례를 중심으로 살펴보았다. 1장부터 4장까지 꼼꼼하게 읽었다면 특수물건 분야에 진입하기 위해서는 기본적으로 의욕과 열정이 있어야 한다는 점을 느꼈을 것이다. 이어서 마지막 5장에서는 법률 전문가가 아니라면 손대기 어렵다고 생각할 만한 사건에서 수익을 만들어 낸 사례를 살펴볼 예정이다.

　법률 전문가가 아니어도, 자신감과 의지가 충만하다면 누구라도 수익 실현을 위해 나아갈 방향을 찾을 수 있다. 소송을 진행해야 하는 사건도 직접 나서지 않고 법률 사무소에 의뢰해서 해결할 수 있으므로 법적인 지식이 부족하다고 걱정할 필요는 없다. 특수물건 사건에 쓰이는 소송의 종류는 사실상 그리 많지 않고, 법률 사무소를 이용한다고 해서 수익이 크게 줄어들지도 않는다.

　다시 한번 강조하지만, 우리가 염두에 두어야 할 것은 낙찰이나 소송 그 자체가 아니다. 낙찰이든 소송이든 수익을 만드는 데 사용하는 도구일 뿐이다. 낙찰에 성공하고 소송에서 이기는 것이 최종 목표가 될 수는 없다. 그러므로 소송은 수익 실현을 위해 불가피하게 진행해야 할 때만 실행해 옮겨야 한다. 그보다는 복잡한 사건을 풀어내서 수익 실현의 방법을 찾는 일이 훨씬 더 중요하다는 사실을 명심하자.

120억 원의 유치권,
인도명령으로 끝장내기

특수물건 사건 중에는 유치권 관련 물건도 있다. 대다수가 꺼리는 물건이지만, 이것만 찾아서 수익을 만드는 사람들도 있다. 유치권을 처음 접하면 대부분 법조문을 먼저 보는데, 민법 제320조부터 제328조까지가 유치권에 관한 법조문이다. 하지만 실무와는 다소 괴리가 있다. 지엽적인 법조문과 실제 접근 방법에 대한 차이 때문일 것이다. 혹자들은 특수물건 중 제일 쉬운 부분이자 제일 어려운 부분이라고 말하기도 한다. 필자도 충분히 공감하는 얘기다.

법원은 중립적인 기관이기에 유치권 신고가 접수되면 진성 여부는 판단하지 않고 "유치권 신고가 접수됨"이라는 문구를 기재하는데, 이를 잘못 이해하거나 악용하는 일이 종종 발생한다. 어떨 때는 임차인의 임차 보증금이나 아파트 관리비를 유치권으로 신고하는 일도 있다.

아무래도 유치권 신고가 접수되면 입찰자는 입찰이 꺼려진다. 채권자는 유치권 때문에 제값에 낙찰되지 않을 수 있으므로 배제 신청을 하지만, 이것으로 유치권이 무력화되는 것은 아니기에 결국 유치권 해결은 낙찰자의 몫이 될 수밖에 없다. 어떨 때는 채권자가 위험을 무릅쓰고 유치권 신고자와 소송을 벌여서 매각하기도 한다. 결국 시간과의 싸움에서는 한발 지고 들어가게 되는 것이다. 유치권 신고를 한 사람이 잃을 게 없다면 끝까지 버텨서 어느 정도 원하는 금전을 취하는 꼴이 되기도 한다.

결과적으로 유치권 신고는 입찰 가격을 낮춘다. 또한, 유치권자의 점유는 낙찰자의 사용 수익을 방해하는 요소로 작용한다. 유치권이 어떨 때 인정되고 어떨 때 인정되지 않는지는 사건마다 다르지만, 다양한 사례와 판례를 통해서 충분히 습득하면 누구나 웬만한 유치권 신고 물건은 다룰 수 있다고 필자는 확신한다.

이번 사건이 바로 대다수가 꺼리는 유치권 물건이었는데, 긴 시간이 걸릴 거라고 예상한 사건을 단시간에 해결한 사례이기도 하다.

2018타경 ███ ███(2)

소 재 지	경상남도 창원시 의창구 ████ ████ ████ ████						
새 주 소	경상남도 창원시 의창구 ████ ████ ████ ████						
물건종별	아파트	감 정 가	173,000,000원	오늘조회: 1 2주누적: 0 2주평균: 0			
물건종별	아파트	감 정 가	173,000,000원	구분	매각기일	최저매각가격	결과
대 지 권	42.082㎡(12.73평)	최 저 가	(64%) 110,720,000원	1차	2019-07-09	173,000,000원	유찰
대 지 권	42.082㎡(12.73평)	최 저 가	(64%) 110,720,000원	2차	2019-08-06	138,400,000원	유찰
건물면적	59.993㎡(18.15평)	보 증 금	(10%) 11,072,000원	**3차**	**2019-09-09**	**110,720,000원**	
매각물건	토지·건물 일괄매각	소 유 자	████지역주택조합	매각 : 112,370,000원 (64.95%)			
매각물건	토지·건물 일괄매각	소 유 자	████지역주택조합	(입찰1명,매수인:Mj○○)			
개시결정	2018-11-22	채 무 자	████지역주택조합	매각결정기일 : 2019.09.16 - 매각허가결정			
개시결정	2018-11-22	채 무 자	████지역주택조합	대금지급기한 : 2019.10.11			
사 건 명	강제경매	채 권 자	박○○	대금납부 2019.10.11 / 배당기일 2023.05.24			
사 건 명	강제경매	채 권 자	박○○	배당종결 2023.05.24			

매각물건현황 (감정원 : 대한감정평가 / 가격시점 : 2019.01.03 / 보존등기일 : 2018.06.11)

목록	구분	사용승인	면적	이용상태	감정가격	기타
건물	23층중 9층	18.03.29	59.9932㎡ (18.15평)	주거용	138,000,000원	* 도시가스 난방설비
토지	대지권		51161㎡ 중 42.0817㎡		35,000,000원	
현황 위치	* ████초등학교 남측 인근에 위치하며 부근은 대단위 아파트단지, 학교, 근린생활시설 등이 혼재되어 있는 성숙중인 주택 지대입니다. * 본건까지 차량접근 용이하며 위치 및 대중교통수단의 운행횟수 및 노선 등을 고려할때전반적인 교통사정은 대체로 양호합니다. * 대지권의 목적인 토지는 2필지 일단의 정방형 토지로서, 아파트 건부지로 이용중입니다. * 대지권의 목적인 토지 북측 및 서측으로 도로가 개설되어 있으며, 아파트 단지는 진출입은 북측도로를 통해 지하주차장 진출입 가능하며, 서측도로를 통해 지상으로 진출입가능합니다.					
참고사항	* 현황조사 시 전입세대열람 결과 본건 주소지의 세대주가 없는 것으로 조사됨 * 외필지 : ████리 ███					

임차인현황 (말소기준권리 : 2018.11.22 / 배당요구종기일 : 2019.02.14)

===== 조사된 임차내역 없음 =====

기타사항	☞ 현황 및 점유관계조사를 위해 현장을 방문하여 부동산경매사건에대한 안내문을 출입문입구에 게시하는 등의 절차를 취하였으나 현재까지 아무런 연락이없음
	☞ 전입세대열람 내역서 발급확인결과 해당주소지의 세대주가 존재하지 않음

등기부현황

No	접수	권리종류	권리자	채권금액	비고	소멸여부
1(갑1)	2018.06.11	소유권보존	▒▒지역주택조합			
2(갑2)	2018.11.22	강제경매	박○○	청구금액: 750,000,000원	말소기준등기 2018타경▒	소멸
주의사항		☞ 유치권신고 있음- 2019.2.28. 주식회사 ▒▒▒▒▒▒로부터 금 12,264,822,205원 및 이에 대한 지연손해금을 위한 본건 전부에 대한 유치권 신고가 있었으나, 집행관의 현황조사 시 유치권 신고인의 점유사실이 확인되지 아니하여 그 성립 여부는 불분명함				

자료: 옥션원

경남 창원 소재의 신축 아파트로, 2018년 3월 29일에 사용승인을 획득했다. 이어서 2018년 6월 11일에 지역주택조합(지주택)으로 소유권 보존등기가 되었다. 완성된 세대가 1,000세대 이상인 단지였는데, 어떤 이유에서인지 지주택 소유의 물건 중 일부만 경매에 나왔고 시공사 측에서 유치권을 신고했다.

당시 시세 확인을 위해 여러 공인중개사 사무소에 연락하던 중에 해당 아파트에 관한 뜻밖의 소식을 들었다. 조합원들 사이에 갈등이 있다는 얘기였다.

보통 재개발·재건축은 시행사가 나서서 이름을 걸고 시행하는데, 해당 지역에 거주하는 주민들이 모여서 조합을 설립한 다음 시행사처럼 주체가 되어 재개발·재건축을 진행하는 것을 '지주택 사업'이라고 한다. 물건 구입 과정에 빗대어서 '원산지 → 도매 → 소매'의 단계를 거치는 것이 일반적이라면, 지주택 사업은 '원산지 → 소매'처럼 유통 단계를 생략할 수 있으므로 저렴하게 취득하는 것이 가능하다는 장점이 있다. 하지만 조합 구성원들의 개인적 역량에 좌지우지되는 일이 많다. 조합원들이 눈앞의 이익만 좇으며 움직이면 결국 횡령·배임이라는 단어가 따라붙고 실패하는 일이 다반사다.

아파트는 완성되었지만, 조합원의 추가 부담금이 상당해서 일반 분양자보다 비싸게 취득해야 하는 상황과 맞닥뜨린 것이었다. 이와 더불어 시공사 측과도 마찰이 많다는 얘기를 들었다. 아울러 최초 입주 아파트라면 감정가격 정도로 는 족히 거래할 수 있다는 정보도 얻을 수 있었다.

해당 경매 사건이 1회 유찰되면서부터 본격적인 사건 분석을 시작했다. 조합원들은 이미 이전등기를 넘겨받았을 것이고 나머지는 지주택 명의일 텐데, 왜 그중 일부만 경매되었을까 하는 의문이 사건 분석의 출발점이었다.

유치권 신고 사건에서 채권자는 입찰자의 아군이 되기도 한다. 낙찰가가 높아지면 그만큼 많이 배당받아 갈 수 있기 때문이다. 그래서 우선 경매를 신청한 박○○ 씨를 찾아가서 자초지종을 물었다. 박○○ 씨도 조합원이었는데, 토지 매입 당시 자신의 토지 매입금을 지급해 주지 않자 조합 명의로 된 일부 호실을 선정해서 경매를 신청했다는 것이었다. 이와 더불어 사용승인이 끝난 이후 시공사 측의 하자 보수만을 남겨 둔 상황이라는 것을 전해 들었다.

그다음으로 현장에 들러 직접 아파트 단지를 살펴보았다. 외관상으로는 유치권 분쟁 문제가 전혀 티 나지 않았다. 여느 아파트와 다름없이 차분한 분위기였으며, 경매 나온 호실의 현관문에 '유치권 행사 중'이라고 적힌 종이가 붙은 것이 다였다.

자료: 옥션원 물건 사진(왼쪽), 직접 찍은 현장 사진(오른쪽)

유치권을 신고한 시공사 측도 120억 원이나 되는 돈을 받지 못했으므로 조합과 갈등이 있을 것으로 짐작했다. 이에 지속적인 탐문을 통해 경매에 나온 물건 외에도 조합 명의로 된 물건은 모두 조합이 관리하고 있으며, 관리비 납부뿐만 아니라 세대별 카드키를 비롯한 각종 열쇠도 조합에서 보관 중이라는 사실을 확인할 수 있었다.

분석을 시작할 때는 사건을 어떻게 풀지 고민이었는데, 이러한 사실들을 알게 되면서 굳이 유치권자와 다툴 이유가 없다고 판단했다. 유치권 신고 금액이 1억 원이든 100억 원이든, 그건 유치권이 성립했을 때의 문제였다. 하지만 이미 분양할 수 있는 상태의 아파트를 점유한 주체가 조합인 것을 확인했다.

유치권 신고된 사건을 살피다 보면 다음과 같은 질문을 심심찮게 받는다. 바로 "유치권 신고 금액이 1,000만 원 정도니까 갚아 준다는 생각으로 입찰하면 안 될까요?"와 같은 질문이다. 질문자의 의도는 이해하지만, 이런 식으로 접근하다 보면 충분히 처리할 수 있는 문제도 해결 방법을 고민하기 전에 타협할 생각부터 하게 되기에 바람직하지 않다.

경매 사건에는 인도명령 제도가 있다. 2002년 민사집행법이 제정된 이후로 경매 사건에서는 명도 소송을 거쳐 명도해야 하는 번거로움이 사라졌다. 낙찰자 입장에서는 신속하게 명도받을 수 있는 수단이 생긴 셈이다. 공매 사건의 낙찰가율이 낮은 이유 중 하나는 명도 소송 과정을 비롯해 부동산을 인도받기까지 오랜 시간이 걸리기 때문이다. 이에 필자는 낙찰받은 뒤 지주택을 상대로 인도명령 신청을 했다.

인도명령 결정이 이루어지고 결정 정본이 지주택에 도달하자, 인도명령 신청이 기각될 것으로 예상했던 조합은 당황했는지 곧바로 항고를 제기했다. 하지만 조합 소유 부동산에 대한 인도명령은 항고를 한다고 받아들여지지 않는다. 결국 항고 사건은 기각되었다.

일자	내용	결과	공시문
2020.03.04	신청서접수		
2020.03.11	결정		
2020.03.11	종국 : 인용		
2020.03.12	신청인1 엠제이경매 주식회사에게 결정정본 송달	2020.03.16 도달	
2020.03.12	피신청인1 ███지역주택조합에게 결정정본 송달	2020.03.17 도달	
2020.03.17	항고신청 : (항고결과 2020.03.25(<(재)항고>기각))		
2020.03.17	피신청인 ███지역주택조합 즉시항고장 제출		
2020.04.22	법원 창원지방법원 완결송부서 제출		
2020.07.01	사건재배당		
2020.07.01	신청인 엠제이경매 주식회사 집행문부여신청	2020.07.02 발급	
2020.07.01	신청인 엠제이경매 주식회사 송달증명	2020.07.02 발급	

자료: 법원, 나의 사건 검색

　이 과정에서 필자는 조합 측의 항의를 듣기도 했다. 법리적으로 유치권의 채무를 가진 채무자가 조합임에도 유치권자를 대신해서 방어하는 모습을 보고 더더욱 유치권과는 거리가 멀다는 것을 느꼈다.

기본내용

사건번호	2020라██	사건명	부동산인도명령
항고인	███지역주택조합	상대방	엠제이경매 주식회사
재판부	제1민사부(나) ████████		
접수일	2020.03.18	종국결과	2020.03.25 <(재)항고>기각

진행내용　　　　　　　　　　　　　　　　　　　　　　　전 체 ∨

일자	내용	결과	공시문
2020.03.18	사건접수		
2020.03.25	기각결정		
2020.03.25	항고인 ███지역주택조합에게 기각결정정본 발송	2020.03.27 도달	
2020.03.25	종국 : <(재)항고>기각		

자료: 법원, 나의 사건 검색

필자는 인도명령 결정에 따른 집행 신청을 했다. 해당 부동산은 공실이었기에 집행 현장에서 바로 인도받을 수 있었다. 관리실에서 세대키를 불출할 때 잠시 조합 측의 반대에 부딪혔지만, 이미 인도받았으므로 문제 될 것은 없었다.

그렇다면 유치권을 신고한 시공사 측은 어떻게 되었을까? 120억 원의 막대한 금액은 분명 1,000세대의 건물 공사 대금과 연관이 있을 터였다. 이는 아직 남아 있는 조합에 청구해서 변제받으면 되는 몫이기에 별로 신경 쓰지 않았다.

명도가 끝난 뒤에는 어렵지 않게 매매할 수 있었다. 결과적으로 1억 6,950만 원에 해당 부동산을 매각했다.

[집합건물] 경상남도 창원시 의창구 ▨▨▨▨▨▨▨▨▨▨▨▨▨▨▨▨▨▨▨▨▨▨

순위번호	등 기 목 적	접 수	등 기 원 인	권리자 및 기타사항
3	소유권이전	2019년10월11일 제47288호	2019년10월11일 강제경매로 인한 매각	소유자 엠제이경매주식회사 ▨▨▨ ▨-▨▨▨▨▨ 부산광역시 서구 ▨▨▨▨▨ ▨▨▨, ▨▨▨▨ ▨ ▨▨▨▨ ▨▨ ▨▨▨▨▨
4	2번강제경매개시결정등기말소	2019년10월11일 제47288호	2019년10월11일 강제경매로 인한 매각	
5	소유권이전	2020년8월14일 제56346호	2020년7월20일 매매	소유자 이▨▨ 59▨▨▨-******* 경상남도 창원시 성산구 ▨▨▨▨▨▨▨▨ 거래가액 금169,500,000원

자료: 등기부등본

1억 1,237만 원에 매수해서 10개월여 만에 세전 5,700만 원을 벌었다. 지나고 나서 생각해 보니, 유치권 신고가 없었더라면 단독으로 입찰하지 못했을 뿐만 아니라 이만큼의 수익을 남길 수도 없었을지 모른다. 이처럼 유치권 물건이라고 무조건 피하지 말고 한번 부딪혀 보자는 마음가짐으로 현장부터 확인하면 경쟁 없이 수익을 볼 수 있는 행운이 찾아오기도 한다.

보호받아야 할 권리는
구체적으로 주장해야 한다

　이번에는 부산 기장군 소재의 오피스텔 경매 사건이다. 기장에 위치한 한 오피스텔에서 여러 호실이 경매에 나온 것이다.

　이처럼 수 개의 물건이 다른 물건번호를 달고 동시에 경매에 나올 때는 장단점이 있다. 그중 장점은 일단 뒤로 하고 주의해야 할 점을 하나 꼽는다면 다른 물건번호의 사건이 끝날 때까지 인도명령 결정을 내려 주지 않는다는 점이다.

　다음에서 확인할 수 있듯이 사건번호는 같고 물건번호는 다른 물건 여러 개가 경매에 나왔고, 이 중에서 몇 개 호실만 유치권 신고가 된 사건이었다.

![]	16-▒▒▒▒▒▒(1) 오피스텔	부산광역시 기장군 ▒▒ ▒▒ ▒▒▒▒▒ ▒▒ ▒▒ 701호 [오피스텔(주거) / 대지권 10.692㎡ (3.23평), 건물 72.615㎡(21.97평)] 유치권 / 유치권배제	175,000,000 112,000,000 141,560,000	매각 (64%) (81%)	2017.05.29 (10:00)
![]	16-▒▒▒▒▒▒(2) 오피스텔	부산광역시 기장군 ▒▒ ▒▒ ▒▒▒▒▒ ▒▒ ▒▒ 702호 [오피스텔(주거) / 대지권 11.961㎡ (3.62평), 건물 81.235㎡(24.57평)] 유치권 / 유치권배제	196,000,000 125,440,000 147,590,000	매각 (64%) (75%)	2017.05.29 (10:00)
![]	16-▒▒▒▒▒▒(3) 오피스텔	부산광역시 기장군 ▒▒ ▒▒ ▒▒▒▒▒ ▒▒ ▒▒ 703호 [오피스텔(주거) / 대지권 8.339㎡ (2.52평), 건물 56.637㎡(17.13평)] 유치권 / 유치권배제	137,000,000 87,680,000 98,999,999	매각 (64%) (72%)	2017.05.29 (10:00)
![]	16-▒▒▒▒▒▒(4) 오피스텔	부산광역시 기장군 ▒▒ ▒▒ ▒▒▒▒▒ ▒▒ ▒▒ 705호 [오피스텔(주거) / 대지권 12.434㎡ (3.76평), 건물 84.442㎡(25.54평)] 유치권 / 유치권배제	204,000,000 130,560,000 165,578,000	매각 (64%) (81%)	2017.05.29 (10:00)

		부산광역시 기장군 ███ ███	**175,000,000**	매각	2017.05.29
16-███████-(5) 오피스텔		████ ███ ███ 801호 [오피스텔(주거) / 대지권 10.692㎡ (3.23평), 건물 72.615㎡ (21.97평)]	112,000,000 (64%) 139,850,000 (80%)		(10:00)
16-███████-(6) 오피스텔		부산광역시 기장군 ███ ███ ████ ███ ███ 802호 [오피스텔(주거) / 대지권 11.961㎡ (3.62평), 건물 81.235㎡ (24.57평)]	**196,000,000** 125,440,000 (64%) 149,580,000 (76%)	매각	2017.05.29 (10:00)
16-███████-(7) 오피스텔		부산광역시 기장군 ███ ███ ████ ███ ███ 803호 [오피스텔(주거) / 대지권 8.339㎡ (2.52평), 건물 56.637㎡ (17.13평)]	**137,000,000** 109,600,000 (80%) 126,789,900 (93%)	매각	2017.03.20 (10:00)
16-███████-(8) 오피스텔		부산광역시 기장군 ███ ███ ████ ███ ███ 805호 [오피스텔(주거) / 대지권 12.434㎡ (3.76평), 건물 84.442㎡ (25.54평)]	**204,000,000** 163,200,000 (80%) 187,689,900 (92%)	매각	2017.03.20 (10:00)

자료: 옥션원

　총 여덟 개 호실 중에서 유치권 신고된 물건이 네 개, 유치권 신고가 되어 있지 않은 물건이 네 개였다. 같은 사건에 물건번호만 다른 경우, 같은 소유자의 물건이다. 그런데 어떤 이유에서 네 개의 호실에만 유치권 신고를 했는지 의아했다. 이에 먼저 유치권 내용을 파악하기 위해 등기부 현황을 들여다보았다.

등기부현황 (채권액합계 : 339,005,644원)

No	접수	권리종류	권리자	채권금액	비고	소멸여부
1(갑4)	2016.06.16	소유권이전(매매)	████ (주)			
2(을1)	2016.06.16	근저당	농협은행 (센텀시티지점)	99,000,000원	말소기준등기	소멸
3(을2)	2016.06.16	근저당	김○○	80,000,000원		소멸
4(갑5)	2016.09.30	임의경매	김○○	청구금액: 700,000,000원	2016타경█████	소멸
5(갑6)	2016.11.16	가압류	신용보증기금	160,005,644원	2016카단█████	소멸
주의사항	☞ 2017. 4. 3. 전███(유치권신고인으로 전███와 함께 기재된 서██의 경우 서명날인 없음)로부터 경남 통영시 ██ ███ ██ 외 3필지 지상 공사 및 노무비 공사금액 755,649,260원의 공사비로 은행1차 설정금액을 공제한 나머지 권리를 별지목록 부동산을 대물(██ 701호, 702호, 703호, 705호, 801호, 802호, 803호, 805호 모두 열거됨)로 받아 유치권을 가진다는 취지의 유치권신고서가 제출되었으나, 그 성립 여부(점유부분, 점유개시시, 피담보채권액, 견련관계 등)는 불분명 함. ☞ 유치권배제 신청-2017.05.24 채권자 김 ███ 유치권권리배제신청서 제출					

자료: 옥션원

　유치권 신고 내용을 정리해 보면, 유치권 신고인 전○○ 씨가 경남 통영시 무전동 소재의 토지에서 이루어진 공사에서 공사비와 노무비를 받지 못하고 이 사건의 부동산들을 대물로 받은 것이었다.

필자는 측은한 마음이 드는 한편, 멋쩍은 웃음이 나왔다. 앞서 언급했듯이 유치권의 내용은 민법 제320조부터 제328조까지의 조문에서 확인할 수 있는데, 제320조 조문을 보면 다음과 같다.

제320조(유치권의 내용)
① 타인의 물건 또는 유가증권을 점유한 자는 그 물건이나 유가증권에 관하여 생긴 채권이 변제기에 있는 경우에는 변제를 받을 때까지 그 물건 또는 유가증권을 유치할 권리가 있다.
② 전항의 규정은 그 점유가 불법행위로 인한 경우에 적용하지 아니한다.

자료: 대법원 종합법률정보

①항의 내용 중 키워드만 빼서 나열하면 '타인의 물건' '점유' '그 물건에 관한 채권' '변제기' '받을 때까지'다. 그런데 이 사건의 유치권 신고 내용을 보면, 경남 통영시 무전동에서 발생한 공사비 및 노무비에 관한 채권을 부산 기장군에 있는 오피스텔 대물로 받았다. '타인의 물건'과 '그 물건에 관한 채권'에 견련성이 없는 것이다.

즉, 대물로 받은 오피스텔 물건과 공사비 및 노무비에 관한 채권은 서로 관계가 없다. 어떤 물건에 유치권을 행사하려면 그 물건에서 비롯된 채권이 있어야 한다. 채권자와 채무자의 관계라고 해서 무조건 유치권이 인정되는 것은 아니다. 따라서 공사비 및 노무비에 관한 채권을 다른 물건인 오피스텔에 행사할 경우 유치권이 성립되지 않는다.

해당 사건에서는 경매에 나온 오피스텔 물건에 저당권을 설정한 흔적도 없기 때문에 단순 채권으로 분류될 뿐이다. 경매 절차가 진행되기 전에 오피스텔의 소유자 겸 채무자 측에서 전○○ 씨의 채권을 해결해 주었다면 문제가 없었을 것이다. 하지만 경매가 진행되자 채무자 측의 경제 상황이 좋지 않다고 판단한 전○○ 씨가 채권 회수불능의 위기를 느껴서 유치권 신고를 한 것이 아닐지 짐작해 보았다.

안타까운 사연은 사연이고, 유치권이 성립하지 않는 것을 파악한 필자는 유치권 신고된 네 개의 호실에 각각 저렴한 금액으로 입찰을 시도했다. 그리고 그중 한 호실을 낙찰받았다.

2016타경 ▨▨▨▨(3)

소 재 지	부산광역시 기장군 ▨▨▨ ▨ ▨ ▨703호						
새 주 소	부산광역시 기장군 ▨▨▨ ▨ ▨703호						
물건종별	오피스텔	감 정 가	137,000,000원	오늘조회: 1 2주누적: 0 2주평균: 0			
				구분	매각기일	최저매각가격	결과
				1차	2017-02-13	137,000,000원	유찰
대 지 권	8.339㎡(2.52평)	최 저 가	(64%) 87,680,000원	2차	2017-03-20	109,600,000원	유찰
					2017-04-17	87,680,000원	변경
건물면적	56.637㎡(17.13평)	보 증 금	(10%) 8,768,000원	3차	2017-05-29	87,680,000원	
				매각 : 98,999,999원 (72.26%)			
매각물건	토지·건물 일괄매각	소 유 자	▨▨(주)	(입찰9명,매수인:안○○ / 차순위금액 98,900,000원)			
				매각결정기일 : 2017.06.05 - 매각허가결정			
개시결정	2016-09-30	채 무 자	황○○	대금지급기한 : 2017.07.07			
				대금납부 2017.06.28 / 배당기일 2017.08.22			
사 건 명	임의경매	채 권 자	김○○	배당종결 2017.08.22			

자료: 옥션원

절차대로 명도에 착수했지만, 폐문부재에 아무런 답변도 없었다. 이후 여러 차례 연락을 시도한 끝에서야 통화할 수 있었는데, 아주 황당한 이야기를 들었다. 같은 경매 사건의 다른 물건들의 경우, 낙찰자들이 신청한 인도명령 신청이 모두 기각되었다는 것이었다. 이에 유치권자는 협의 금액으로 낙찰자들에게 각각 1,000만 원씩을 받았다고 했다.

필자는 곧장 경매계로 달려가서 같은 사건번호를 가진 다른 물건의 인도명령 사건 기록을 살펴보았다. 그리고 정말 깜짝 놀랄 수밖에 없었다.

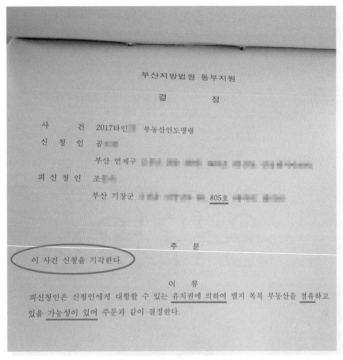

자료: 현장에서 열람한 사건 기록

인도명령 신청이 기각되었는데, 그 사유가 유치권에 의한 점유 가능성이 있기 때문이라는 결정문이 나온 것이다.

'도대체 왜 이렇게 됐을까?' 하고 생각하면서 멍하니 결정문을 들여다보았다. 신청 사유를 보니 애초에 신청인은 법무사 사무실을 통해 경락잔금대출을 진행하면서 인도명령 신청을 서비스로 받은 듯했다. 당연히 법무사 사무실의 주 업무는 이전등기였을 것이며, 유치권은 인지하지 못했을 것으로 판단할 수밖에 없었다. 아마도 다음과 같은 일반적인 인도명령 신청서 양식에 신청인과 피신청인을 기재해서 제출했을 것이다.

부동산인도명령

인지
1,000원

* 송달료(1인당 3회) 30,600원

사건번호   20   타경   부동산임의(강제)경매

신 청 인(매수인)

주   소

피신청인(소유자)

주   소

위 당사자간 부동산임의(강제)경매사건에 매수인은 **별지 목록1)기재** 부동산에 대한 매각허가 결정을 받고 _____ 년 월 일 매각대금을 완납하였으므로 피신청인 _____ 에 대하여 위 부동산 점유부분의 인도를 요구하였으나 그 인도를 거부하므로 피신청인인 _____ 의 점유를 풀고 이를 낙찰자가 인도 받을 수 있도록 인도명령을 하여 주시기 바랍니다.

20   년   월   일

위 신청인(매수인)   (서명 또는 날인)

주   소 :

연락처 :

지방법원   지원   경매   계 귀중

---

1) 매각대금완납증명, 매각허가결정등본 등의 부동산 목록을 복사하여 첨부 가능

자료: 일반적인 부동산 인도명령 신청서 양식

정리하자면, 같은 사건번호를 가진 다른 물건 낙찰자의 대리인이 유치권을 주장하는 점유자에게 앞에서와 같은 내용으로 인도명령을 구하는 신청을 했다. 하지만 재판부는 유치권의 가능성이 있다고 판단해서 신청을 기각했다. 그렇다고 해서 유치권이 있다고 인정한 것은 아니다. 신청인의 이유가 약하기 때문에 별도로 다투어야 할 상황으로 인지한 것이다.

인도명령 신청서에 별다른 소명 사유를 기재하지 않았기에 법원은 주장한 내용에 관해서만 판단했다. 그리고 신청인은 소송에 따른 부대 비용과 시간을 절약하기 위해 유치권을 주장하는 점유자와 적정한 금액으로 협의한 것이 사건의 전말이었다.

법원은 중립적인 기관이며, 개개인의 속사정을 일일이 헤아려 주지 않는다. 따라서 보호받고 싶은 권리가 있으면 확실하게 주장해야 한다. 가령 최우선 변제 요건에 해당하는 대항력 없는 임차인이라 하더라도 배당요구를 해야 최우선 변제 금액을 받는 수 있는 것처럼 말이다.

이에 필자는 마찬가지로 정식재판(본안 소송)까지 가지 않기 위해 인도명령 단계에서 사전에 파악한 내용을 그대로 적어서 제출했다. 다음은 당시 작성한 인도명령 신청서다.

부동산인도명령 신청

사건번호 부산지방법원 동부지원 2016타경 ▓▓▓▓(3)

신청인(매수인) 안 ▓ ▓
　　부산 사하 ▓▓▓ ▓▓▓▓▓ ▓▓ ▓▓▓▓▓▓ ▓▓ ▓▓▓ ▓▓

피신청인(임차인) 안 ▓ ▓
　　부산 기장군 ▓▓▓ ▓▓▓ ▓▓-▓, ▓▓▓ 703호

위 사건에 관하여 매수인은 2017 . 6 . 28 . 에 낙찰대금을 완납한 후 채무자 (소유자, 부동산점유자)에게 별지 매수부동산의 인도를 청구하였으나 채무자가 불응하고 있으므로, 귀원 소속 집행관으로 하여금 채무자의 위 부동산에 대한 점유를 풀고 이를 매수인에게 인도하도록 하는 명령을 발령하여 주시기 바랍니다.

위 사건에 관하여 피 신청인으로 부터 유치권자의 지시로 점유 중일시 민법 제320조 1항 에 의거 타인의 물건 또는 유가증권에 대하여 발생한 견련성의 채권이 유치권의 성립 요건인바, 해당 점유는 유치권자의 타 목적물로 하여금 발생한 채권임을 유치권 자가 스스로 입증하였으며 나아가 대물조로 받음을 일반 채권으로 봄이 타당한바 점유권이 없음을 인지하시고 매수인에게 인도하도록 하는 명령을 발령하여 주시기 바랍니다.

자료: 저자가 제출한 부동산 인도명령 신청서

인도명령 신청에는 정해진 양식이나 절차가 없기 때문에 본안 소송을 할 때처럼 내용을 정리했다. 그런데 인도명령 신청서를 접수하려고 할 때쯤 어떻게 낌새를 알아차렸는지 낙찰된 물건을 점유하고 있던 이들이 관리비를 정산하지 않고 야반도주했다는 이야기가 들렸다.

필자에게는 오히려 반가운 소식이 아닐 수 없었다. 인도명령 결정을 받아도 송달 과정을 거친 다음 집행 순서를 밟으면 족히 2~3개월은 허비된다. 이러한 절차를 거치지 않고 명도가 되었으니 법리적 하자 또한 치유된 셈이었다.

이후 보증금 2,000만 원에 월세 60만 원으로 임대를 세팅했다. 같은 경매 사건의 유치권 신고가 되지 않은 동일 면적 물건들보다 3,000만 원 이상 싸게 매입했기에 더 높은 수익형 부동산이 될 수 있었다.

임차인이 신고한 유치권
쉽게 해결하기

자신이 임차해서 사는 집이 경매에 나왔다는 사실을 알면 어떨까? 먼저 보증금이 안전한지 걱정될 것이다.

보증금이 안전하다는 것을 확인한 다음에는 어떤 생각이 들까? 이미 주변 생활권에 익숙해졌기 때문에 집을 저렴하게 사고 싶은 마음이 들 수도 있다.

그러면 어떻게 해야 집을 싸게 매수할 수 있을까? 컨설팅을 받아 보면 가장 쉬운 방법으로 유치권 신고를 권유한다.

앞서 언급했듯이 유치권은 해당 법원에 신고만 하면 실제 여부는 판단하지 않고 접수된 내용을 기재한다. 경매 입찰자에게 유치권 신고 상황을 인지시켜 주는 것이다. 허위 유치권 신고에 따른 민형사상의 책임 여부는 채권자나 낙찰자가 별도로 제기해야 한다.

이번 사례가 바로 실제 거주하고 있던 부동산에 유치권 신고를 한 사건이다. 해당 부동산에서 여러 세대가 경매에 나왔고, 이에 월세 임차인 및 공사 당시 숙소로 무상 점유하던 사람들이 유치권 신고를 했다.

사진	사건번호(물번) 물건종류	소재지	감정가 최저매각가	진행 상태	매각기일 (시간)
	17-■■■(1) 다세대(빌라)	부산광역시 사상구 ■■■ ■■■ ■■ ■ ■■■■■ ■■■ ■■ 202호 [대지권 45.691㎡(13.82평), 건물 59.43 ㎡(17.98평)] [토지별도등기인수 / 유치권 / 유치 권배제]	133,000,000 68,096,000 72,333,333	매각 (51%) (54%)	2018.08.24 (10:00)
	17-■■■(2) 다세대(빌라)	부산광역시 사상구 ■■■ ■■■ ■■ ■ ■■■■■ ■■■ 301호 [대지권 46.114㎡(13.95평), 건물 59.98 ㎡(18.14평)] [토지별도등기인수 / 유치권 / 유치 권배제]	138,000,000 70,656,000 84,580,000	매각 (51%) (61%)	2018.08.24 (10:00)
	15-■■■ ■■(6) 다세대(빌라)	부산광역시 사상구 ■■■ ■■■ ■■ ■ ■■■■■ ■■ 402호 [대지권 45.691㎡(13.82평), 건물 59.43 ㎡(17.98평)] [재매각 / 토지별도등기 / 유치권 / 대항력 / 유치권배제]	143,000,000 58,573,000 80,521,000	매각 (41%) (56%)	2017.10.11 (10:00)
	15-2■■ ■■(5) 다세대(빌라)	부산광역시 사상구 ■■■ ■■■ ■■ ■ ■■■■■ ■■ 401호 [도시형생활주택 / 대지권 46.114㎡ (13.95평), 건물 59.98㎡(18.14평)] [재매각 / 토지별도등기 / 유치권 / 유치권배제]	145,000,000 92,800,000 94,670,000	매각 (64%) (65%)	2017.07.26 (10:00)
	15-■■■ ■■(7) 다세대(빌라)	부산광역시 사상구 ■■■ ■■■ ■■ ■ ■■■■■ ■■ 501호 [도시형생활주택 / 대지권 46.114㎡ (13.95평), 건물 59.98㎡(18.14평)] [재매각 / 토지별도등기 / 유치권 / 유치권배제]	145,000,000 92,800,000 101,250,000	매각 (64%) (70%)	2017.07.26 (10:00)
	15-2■■ ■■(1) 다세대(빌라)	부산광역시 사상구 ■■■ ■■■ ■■ ■ ■■■■■ ■■ 201호 [도시형생활주택 / 대지권 46.114㎡ (13.95평), 건물 59.98㎡(18.14평)] [토지별도등기 / 유치권 / 대항력 / 유치권배제]	143,000,000 91,520,000 95,280,000	매각 (64%) (67%)	2017.03.08 (10:00)
	15-2■■ ■■(4) 다세대(빌라)	부산광역시 사상구 ■■■ ■■ ■■ ■ ■■■■■ ■■ 302호 [도시형생활주택 / 대지권 45.691㎡ (13.82평), 건물 59.43㎡(17.98평)] [토지별도등기 / 유치권 / 대항력 / 유치권배제]	142,000,000 90,880,000 95,280,000	매각 (64%) (67%)	2017.03.08 (10:00)

자료: 옥선원

해당 사건들은 '2015타경'으로 먼저 진행되었다. 사건에 관해 조사한 다음 입찰하려는 가격까지 유찰되기를 기다렸는데, 2회 유찰 때 모두 낙찰되어 버렸다. 아쉬워하며 지나간 이후 '2017타경'으로 잔여 세대가 경매에 나오면서 다시 입찰을 노리게 되었다.

소 재 지	부산광역시 사상구 ████████████ 202호						
물건종별	다세대(빌라)	감 정 가	133,000,000원		오늘조회: 1 2주누적: 1 2주평균: 0		
				구분	매각기일	최저매각가격	결과
대 지 권	45.691㎡(13.82평)	최 저 가	(51%) 68,096,000원	1차	2018-02-28	133,000,000원	유찰
				2차	2018-04-04	106,400,000원	유찰
건물면적	59.43㎡(17.98평)	보 증 금	(10%) 6,809,600원		2018-05-09	85,120,000원	변경
				3차	2018-06-20	85,120,000원	유찰
					2018-07-18	68,096,000원	변경
매각물건	토지·건물 일괄매각 (별도등기 인수조건)	소 유 자	(주)████████	4차	2018-08-24	68,096,000원	
				매각 : 72,333,333원 (54.39%)			
				(입찰1명,매수인:부산시 동래구 주○○)			
개시결정	2017-07-18	채 무 자	(주)████████	매각결정기일 : 2018.08.31 - 매각허가결정			
				대금지급기한 : 2018.10.04			
사 건 명	강제경매	채 권 자	임○○	대금납부 2018.10.02 / 배당기일 2020.01.31			
				배당종결 2020.01.31			
관련사건	2015타경████(병합), 2017타경████(병합)						

자료: 옥션원

해당 사건은 유치권 신고뿐만 아니라 토지 별도등기 인수 조건 또한 걸림돌이었다. 경매 사건에서 토지 별도등기는 대개 다음과 같은 경우다.

토지 소유자인 갑이 근저당을 설정하고 이해관계인인 을에게 소유권 이전등기를 한 다음, 을의 명의로 되어 있는 상태에서 건물이 축조된 것이다. 이 경우 토지와 건물이 경매에 나오면, 갑이 소유권자였을 당시의 근저당권자를 보호하기 위해 토지 별도등기가 이루어진다.

하지만 법률적인 부분을 배제하고 실무적으로만 보면, 낙찰 이후 토지 및 건물의 감정가에 비례해서 토지에 관해서도 배당이 된다. 따라서 토지에 관해 배당받은 근저당권자에게 근저당 일부 말소 또는 포기를 요구할 수 있다. 이 사건에서 낙찰 이후 문제가 되는 부분은 없다는 뜻이다.

등기부현황 (채권액합계 : 1,351,000,000원)

No	접수	권리종류	권리자	채권금액	비고	소멸여부
1(갑8)	2015.07.02	소유권이전(조정)	(주)■■■■■			
2(을4)	2015.09.10	근저당	강○○	260,000,000원	말소기준등기	소멸
3(을5)	2015.10.07	근저당	서○○	370,000,000원		소멸
4(갑12)	2015.10.08	가압류	김○○	721,000,000원	2015카합■■	소멸
5(갑15)	2017.07.19	강제경매	임○○	청구금액: 36,400,000원	2017타경■■	소멸
6(갑16)	2017.12.06	임의경매	강○○	청구금액: 199,000,000원	2017타경■■	소멸
7(갑17)	2018.06.27	압류	부산광역시사상구			소멸

기타사항	☞토지등기부상 최선순위설정일자: 2012. 12. 07. 근저당권
주의사항	☞ 유치권신고 있음.-유치권신고인 이■■으로부터 공사대금채권 금 40,000,000원을 위하여 이 건 건물 전부에 관하여 유치권신고가 있으나 그 성립여부는 불분명함(신청채권자 홍■■로부터 2017. 01. 18.자 유치권배제신청서가 접수됨) ☞ 유치권신고인 최■■으로부터 공사대금채권 금 12,000,000원을 위하여 이 건 건물 전부에 관하여 유치권신고가 있으나 그 성립여부는 불분명함(신청채권자 홍■■로부터 2017. 01. 18.자 유치권배제신청서가 접수됨) ☞ 유치권신고인 임■■으로부터 공사대금채권 금 24,400,000원을 위하여 이 건 건물 전부에 관하여 유치권신고가 있으나 그 성립여부는 불분명함(신청채권자 홍■■로부터 2017. 01. 18.자 유치권배제신청서가 접수됨) ☞ 유치권신고인 주식회사 ■■■로부터 공사대금채권 금 63,000,000원을 위하여 이 건 건물 전부에 관하여 유치권신고가 있으나 그 성립여부는 불분명함(신청채권자 홍■■로부터 2017. 01. 18.자 유치권배제신청서가 접수됨) ☞ 유치권신고인 문■■으로부터 공사대금채권 금 6,900,000원을 위하여 이 건 건물 전부에 관하여 유치권신고가 있으나 그 성립여부는 불분명함(신청채권자 서■■으로부터 2017. 03. 17.자 유치권배제신청서가 접수됨) ▶ 매각허가에 의하여 소멸되지 아니하는 것 - 토지1(■■동 ■■■) 을구 2번 지상권설정등기(2012. 12. 07. 등기) 토지1(■■동 ■■■) 을구 5번 지상권설정등기(2012. 12. 07. 등기)

자료: 옥션원

다음으로 유치권을 살펴보면, 다수의 유치권자가 있다는 사실을 알 수 있다. 이번 경매 사건이 있기 1년여 전에 해당 건물의 다른 호실들이 경매에 나온 적이 있는데, 당시 현장에 가 보았지만 유치권 점유 중임을 알 만한 표식은 전혀 없었으며 가정집으로 사용되고 있었다.

여러 차례 인근을 탐문한 결과, 거주 중인 임차인 및 건물을 공사하면서 숙소로 점유했던 인부들이 해당 부동산들을 매수하기 위해 유치권 신고를 하고 저가에 낙찰되기를 기다린다는 정보를 얻었다.

이렇게 토지 별도등기와 유치권 신고에 관해 미리 파악해 두었기에 순조롭게 전략을 세울 수 있었다. 하지만 2회 유찰된 다음에도 변경과 유찰이 반복되

숙소로 점유한 흔적

자료: 직접 찍은 현장 사진

었다. 그러다가 포기해야 할까 싶은 마음이 들 때쯤 다시 기회가 찾아왔고, 단독 입찰로 낙찰받을 수 있었다. 입찰 전에 충분히 시세 파악을 하고 매도 가격까지 정해 놓았기 때문에 충분한 수익을 볼 수 있을 것으로 확신했다.

낙찰 잔금을 납부하는 동시에 현장에 찾아가 점유자에게 상황 설명을 하고 추후 법적인 진행 방향을 이야기했다. 점유자는 단순히 싸게 사기 위해서 유치권 신고를 한 것이지 다른 마음은 없었다고 했다. 이에 절차적으로 인도명령 신청을 먼저 했다.

법원에서 보낸 심문서를 확인한 점유자가 기일 내에 다른 답변을 했다면 형사 고소까지 검토했겠지만, 점유자가 순순히 응한 탓에 수월하게 인도명령 결정을 얻을 수 있었다. 추가로 임료를 받기 위한 부당이득 소송은 하지 않기로 협의하고 어렵지 않게 명도받았다.

기본내용

사건번호	2018타인■■■	사건명	부동산인도명령
재판부	경매2계		
접수일	2018.10.19	종국결과	2018.11.26 인용

진행내용 　　　　　　　　　　　　　　　　　　　　　　　　　전 체 ⌄

일자	내용	결과	공시문
2018.10.19	신청서접수		
2018.10.23	피신청인1 박■■에게 심문서 송달	2018.10.26 도달	
2018.11.26	결정		
2018.11.26	종국 : 인용		
2018.11.27	신청인1 주식회사 ■■■에게 결정정본 송달	2018.11.29 도달	
2018.11.27	피신청인1 박■■에게 결정정본 송달	2018.11.29 도달	
2018.12.04	신청인 주식회사 ■■■ 집행문및송달증명	2018.12.04 발급	
2019.06.10	신청인 대리인 박■■ 취하서 제출		

자료: 법원, 나의 사건 검색

　명도가 끝난 다음에는 공인중개사를 통해 매매를 진행했다. 저렴하게 낙찰받은 점을 고려해서 처음 예상한 목표 가격인 1억 1,000만 원보다 낮은 9,500만 원에 매매하게 되었다.

　그런데 매수자의 개인적인 사정으로 거래가 취소되는 일이 벌어졌다. 필자 측은 오히려 적정한 가격에 매도할 수 있는 시간을 얻게 된 셈이라 여기고 처음 목표한 1억 1,000만 원에 거래할 새로운 매수자를 찾았다.

　해당 부동산이 빌라였기에 인근 공인중개사 사무소 여러 곳에 전략적으로 광고를 했다. 시간이 흐를수록 임대로 전환할까 싶은 마음도 들었다. 하지만 임대하면 당장은 좋을지 몰라도 시세가 오르길 기대하는 물건이 아니었기에 매도에 더욱 집중하기로 했다. 노력하면 결실을 얻는다고 했던가. 약 1년이 흐른 끝에 목표했던 금액으로 매도할 수 있게 되었다.

[집합건물] 부산광역시 사상구 ▓▓▓ ▓▓▓ ▓▓▓ ▓▓▓ 제202호

순위번호	등 기 목 적	접 수	등 기 원 인	권리자 및 기타사항
18	소유권이전	2018년10월11일 제44125호	2018년10월2일 강제경매로 인한 매각	소유자 주식회사 ▓▓ ▓▓▓ ▓-▓▓▓▓▓ 부산광역시 동래구 ▓▓▓ ▓▓, ▓▓▓ ▓▓▓ ▓ ▓▓▓ ▓▓ ▓▓▓
19	12번가압류, 15번강제경매개시결정, 16번임의경매개시결정, 17번압류 등기말소	2018년10월11일 제44125호	2018년10월2일 강제경매로 인한 매각	
20	소유권이전	2020년6월3일 제29996호	2020년5월13일 매매	소유자 박▓▓ 81▓▓5-******* 부산광역시 사상구 ▓▓▓▓ ▓▓▓ ▓ ▓▓ ▓▓▓, ▓▓▓ 202▓ ▓ ▓▓▓ 거래가액 금110,000,000원

자료: 등기부등본

시간은 조금 걸렸지만 세전 3,700만 원가량의 수익을 얻었다. 유치권 사건은 가만히 앉아서 주어진 정보만으로 판단할 수 없다는 것을 새삼스럽게 알게 된 사례였다. 일반물건은 권리상 문제가 없다면 인터넷으로 어느 정도 시세 정보를 파악할 수 있다. 하지만 특수물건, 그중에서도 유치권 물건은 현장에 가서 확인하는 것이 필수다. 이 점을 꼭 기억해서 독자 여러분도 현장에서 정보를 얻는 습관을 갖길 바란다.

유치권 포기 서류가 있다면
무조건 이기는 싸움

무더웠던 2019년 여름, 물건을 검색하는데 궁전처럼 지어진 빌라가 필자의 눈에 들어왔다. 유치권 사건이었고, 물건의 위치는 구미였다.

구미는 산업 공단을 중심으로 수많은 다가구주택이 들어서 있는 지역이다. 그로 인해 '원룸촌의 성지'라고도 불린다. 한편 이러한 구미의 외곽 지역에는 전원주택들이 들어서 있는데, 이 또한 수요층이 많다.

경매로 나온 물건은 세 개였는데, 필자 측에서 그중 두 개를 낙찰받았다.

사진	사건번호(물번) 물건종류	소재지	감정가 최저매각가	진행 상태	매각기일 (시간)
	18-████(1) 다세대(빌라)	경상북도 구미시 ████ ████ ████ ████ 803호 [연립주택 / 대지권 169.045㎡(51.14 평), 건물 126.022㎡(38.12평)] [유치권 / 유치권배제]	388,000,000 133,084,000 178,120,000	매각 (34%) (46%)	2019.08.26 (10:00)
	18-████(2) 다세대(빌라)	경상북도 구미시 ████ ████ ████ ████ 903호 [대지권 162.993㎡(49.31평), 건물 121.51㎡(36.76평)] [유치권 / 유치권배제]	388,000,000 133,084,000 152,770,000	매각 (34%) (39%)	2019.08.26 (10:00)
	18-████(3) 다세대(빌라)	경상북도 구미시 ████ ████ ████ ████ 1003호 [대지권 158.11㎡(47.83평), 건물 117.87㎡(35.66평)] [유치권 / 유치권배제]	388,000,000 133,084,000 152,770,000	매각 (34%) (39%)	2019.08.26 (10:00)

자료: 옥션원

여러 차례 유찰된 것을 보고 자연스레 시세가 궁금해져서 알아보니 실제 가치가 3억 원을 호가하는 물건들이었다. 다만 유치권 사건이었기에 반드시 현장에 나가 봐야 했다.

현장에 나가기 전에는 어떤 것을 조사해야 하는지 미리미리 준비해야 한다. 준비 없이 현장에 가는 것은 흡사 마트에 장을 보러 가면서 뭘 사야 할지 모르고 가는 것이나 마찬가지다. 그러면 정작 사야 할 물건은 사지 못하고 눈에 보이는 것에만 혹할 수 있다.

2018타경■■■■(2)

소 재 지	경상북도 구미시 ■■■■ ■■■■ ■■■■ 903호						
새 주 소	경상북도 구미시 ■■■■ ■■■ ■■■■ 903호						

물건종별	다세대(빌라)	감 정 가	388,000,000원		

				오늘조회: 1 2주누적: 0 2주평균: 0			
물건종별	다세대(빌라)	감 정 가	388,000,000원	구분	매각기일	최저매각가격	결과
				1차	2019-05-20	388,000,000원	유찰
대 지 권	162.993㎡(49.31평)	최 저 가	(34%) 133,084,000원	2차	2019-06-17	271,600,000원	유찰
				3차	2019-07-22	190,120,000원	유찰
건물면적	121.51㎡(36.76평)	보 증 금	(10%) 13,308,400원	4차	**2019-08-26**	**133,084,000원**	
매각물건	토지·건물 일괄매각	소 유 자	이○○	매각 : 152,770,000원 (39.37%) (입찰3명,매수인:구미 김○○ / 차순위금액 140,000,000원)			
개시결정	2018-06-26	채 무 자	한○○	매각결정기일 : 2019.09.02 - 매각허가결정 대금지급기한 : 2019.09.27			
사 건 명	임의경매	채 권 자	엠씨아이대부(주)	대금납부 2019.09.17 / 배당기일 2019.10.21 배당종결 2019.10.21			

매각물건현황(감정원 : 삼백감정평가 / 가격시점 : 2018.07.03 / 보존등기일 : 2018.01.12)

목록	구분	사용승인	면적	이용상태	감정가격	기타
건물	4층중 3층	17.12.28	121.51㎡ (36.76평)	주거용	318,160,000원	* 개별난방설비
토지	대지권		3439㎡ 중 162.9929㎡		69,840,000원	
현황 위치	* "■■■■초등학교" 남동측 인근에 위치하며, 주위는 북측으로 택지개발사업지구로 아파트, 연립주택, 로변상가로 형성되어 있으며, 동측 및 남측으로 단독주택, 연립주택, 임야 등으로 형성되어 있음. * 본건까지 차량진입 가능하며, 인근에 버스정류장이 소재하여 제반교통사정은 보통 시됨. * 북동향 완경사의 사다리형 연립주택부지임. * 북동측으로 폭 2차선도로에 접하나, 본건 5층 주차장 진입하는 도로는 1차선인 상태임.					

임차인	점유부분	전입/확정/배당	보증금/차임	대항력	배당예상금액	기타
박○○	주거용 전부	전입일자: 미전입 확정일자: 없음 배당요구: 없음	무	없음	배당금 없음	점유자
송○○	주거용 전부	전입일자: 미상 확정일자: 미상 배당요구: 없음	미상		배당금 없음	점유자, 현황서상 임차인
기타사항	임차인수: 2명 ☞ 기타점유 ☞ 유치권자 박■■이 점유하고 있음
주의사항	☞ 유치권신고 있음- ■■전기, (주)■■건축자재도매센타유치권신고 있으나 성립불분명 ☞ 유치권자 박■■이 점유하고 있음, 박■■은 본건이 ■■■■■호에 대한 공사대금 일억삼천삼백만원을 받지 못 하여 금년초부터 본건을 점유하면서 유치권을 주장하고 있음, 점유자 중 송■■는 공사대금 이억원을 받지 못 하여 금년 05월초부터 본건을 점유하면서 유치권을 주장하고 있음 ☞ 유치권배제 신청-2019. 7. 4. 신청채권자 엠씨아이대부(주)의 유치권배제신청서가 접수 됨 [관련제보] [유치권배제각서] -유치권신고인에 대한 유치권배제 각서 첨부[제보자:MCI 대부, 제보일2019.07.04] [관련제보] [유치권배제신청] -채권자가 유치권 배제신청서를 제출하였으며 자료를 첨부하오니 입찰 전 확인하시기 바랍니다.[제보자:MCI 대부, 제보일2019.07.03]

자료: 옥션원

경매 정보에 의하면 유치권자인 송○○ 씨 측이 해당 부동산을 점유하고 있었다. 유치권은 공사 대금 2억 원에 관한 것이었다. 한편 경매를 신청한 채권자 엠씨아이대부(주)의 유치권 배제 신청서가 제출되어 있었는데, 유치권자의 배제 각서가 첨부되었다는 내용이 있었다.

유치권은 등기가 되지 않는 담보물권이자 채권이다. 대법원 판례에 따르면 채권자의 채권 포기는 법적으로 유효하다. 유치권자가 사전에 유치권을 포기했다면, 채권이 발생해서 유치권 성립 요건이 갖추어져도 유치권은 성립하지 않는다는 뜻이다. 따라서 유치권 배제 각서가 첨부되었다면 유치권을 포기한 것으로 볼 수 있었다. 이에 필자는 명도받기가 수월할 것으로 예상했다.

현장에서 확인해야 할 사항은 간단했다. 점유자에게 유치권 포기 각서에 관해 물어보는 것이다. 하지만 유치권 신고까지 한 점유자이기에 쉽사리 인정하지 않을 수 있었다. 따라서 유치권 포기 서류가 진위임을 확인하는 일이 더 중요했다. 결국 유치권 배제신청을 한 채권자가 아군이 되는 셈이다.

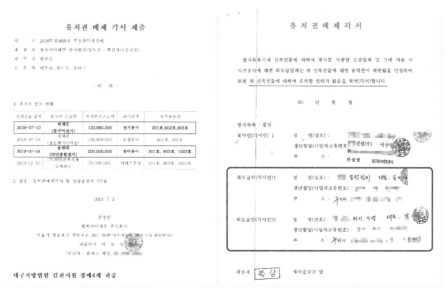

채권자로부터 유치권 포기 서류의 진위를 확인한 다음, 현장을 관리하는 입주자대표회의 회장을 만났다. 유치권 배제 각서가 작성되었기에 준공 직후에는 점유가 없었는데, 경매가 진행되고 법원 집행관이 현장에 오면서부터 점유를 시작한 것으로 알고 있다고 했다. 또한 경매가 진행된 최초 감정가는 당시 분양가였으며, 인근 빌라들과 달리 테라스가 있는 고급 빌라로 지어졌다는 얘기를 들었다.

현장 조사 이후 빠르게 유치권을 해결하고 수익을 실현할 수 있겠다는 기대를 하게 되었다. 그렇게 경매에 나온 세 개의 물건에 모두 입찰했고, 결과적으로 두 개를 낙찰받았다.

낙찰받자마자 유치권자인 송○○ 씨와 면담을 진행했다. 그런데 뻔뻔하게도 유치권 포기 각서를 쓴 적이 없다고 발뺌하는 것이었다. 각서에 분명 송○○ 씨의 서명이 있고 인감도장까지 날인되어 있음에도 불구하고 자신은 작성한 적이 없다고 했다.

필자는 '참 이상한 사람이 다 있네' 하고 생각하면서 몇 차례 더 면담을 시도했지만, 송○○ 씨의 회피로 더 이상 대화가 성립되지 않았다.

곧바로 명도 계획을 잡을 수밖에 없었다. 유치권 포기 각서가 있으면 손쉽게 인도명령 결정을 받을 수 있지만, 점유자가 직접 작성하지 않았다고 우기면 인도명령 단계에서는 서류의 진위까지는 잘 심리하지 않기 때문에 본안 소송에서 다투라는 식으로 기각을 내리고 만다.

기본내용

사건번호	2019타인 ▨	사건명	부동산인도명령
재판부	경매4계 (전화:054-▨▨▨▨)		
접수일	2019.09.19	종국결과	2019.10.24 기각

진행내용   전 체 ∨

일자	내용	결과	공시문
2019.09.19	신청서접수		
2019.09.20	피신청인1 송▨▨에게 심문서 송달	2019.09.25 폐문부재	
2019.09.30	피신청인1 송▨▨에게 심문서 송달	2019.10.07 기타송달 불능	
2019.10.01	신청인 엠제이경매 주식회사 보정서 제출		
2019.10.01	피신청인1 송▨▨에게 심문서 송달	2019.10.04 도달	
2019.10.10	피신청인 송▨▨ 답변서 제출		
2019.10.10	신청인1 엠제이경매 주식회사에게 답변서 송달	2019.10.14 도달	
2019.10.16	신청인 엠제이경매 주식회사 준비서면 제출		
2019.10.16	피신청인1 송▨▨에게 준비서면 송달	2019.10.21 도달	
2019.10.24	기각결정(판결)		
2019.10.24	신청인1 엠제이경매 주식회사에게 기각결정정본 송달	2019.10.28 도달	
2019.10.24	피신청인1 송▨▨에게 기각결정정본 송달	2019.10.28 도달	
2019.10.24	종국 : 기각		

자료: 법원, 나의 사건 검색

유치권 포기 서류가 있다면 무조건 이기는 싸움

필자의 경험상 본안 소송을 하면 이길 확률이 높지만, 시간이 많이 소요된다. 그리고 시간이 흐를수록 낙찰자에게는 불리하다. 따라서 이사비 정도로 협의한 다음 빠르게 매도하는 것이 굳이 소송을 제기하는 것보다 훨씬 실익이 있으며 정신 건강에도 이롭다.

하지만 송○○ 씨 측은 호실당 5,000만 원을 요구했다. 필자가 충분히 본안 소송의 절차와 추후 송○○ 씨 측이 부담해야 몫까지 설명했지만, 부동산이 낙찰된 순간부터 변호사를 선임했으니 법으로 해결하자는 뻔뻔한 태도로 일관했다. 이에 부득이 본안 소송을 제기하게 되었다.

소송의 쟁점은 '유치권 포기 각서를 송○○ 씨 본인이 썼느냐'와 '인감증명서는 왜 첨부했느냐'가 되었다. 소송 과정에서 알게 된 사실은 송○○ 씨 측이 자신 있어 한 이유가 전관예우를 받는 부장판사 출신의 변호사를 선임했기 때문이라는 것이었다.

하지만 전관예우를 받는 판사 출신의 입김은 형사 사건에서 형량을 줄이는 일에는 도움이 될지 몰라도, 객관적인 사실과 그것의 입증이 주된 요소인 민사 소송에서는 크게 도움이 되지 않는다. 그럼에도 유능한 변호사답게 사건을 집요하게 방어하는 바람에 대법원까지 가게 되었다.

지나서 생각해 보면 소송이 진행되는 동안 상대측은 어느 정도 협의의 여지가 있었던 것 같기도 하다. 하지만 필자 측이 승소했음에도 불구하고 판결에 불복해서 항소를 제기했다. 심지어 합의 금액으로 3,000만 원을 제시하는 등 한결같이 일방적인 태도로 일관했다. 이 때문에 필자는 한 발짝도 물러서고 싶지 않았다.

소송은 1심에서부터 원고승이라는 결과를 얻었다. 상대측에서 항소했지만 역시 기각되었다. 최종적으로 대법원에서도 심리불속행(별도의 심리 없이 기각할 수 있는 제도) 기각되어서 사실상 필자 측이 전부 이겼다.

기본내용

사건번호	2019가단■■■	사건명	[전자] 건물명도(인도)
원고	신■ 외 1명	피고	송■■
재판부	민사2단독		
접수일	2019.10.29	종국결과	2021.06.24 원고승
원고소가	36,370,076	피고소가	
수리구분	제소	병합구분	없음
상소인	피고	상소일	2021.07.22
상소각하일		보존여부	기록보존됨
인지액	■■■원		
송달료,보관금 종결에 따른 잔액조회			
판결도달일	2021.07.09	확정일	2022.08.24

심급내용

법 원	사건번호	결 과
대법원	2022다■■■	2022.08.19 심리불속행기각
대구지방법원	2021나■■■	2022.05.06 항소기각

자료: 법원, 나의 사건 검색

　유치권자인 송○○ 씨 측 대리인이 해당 문서를 작성하고 인감증명서를 제출했는데, 송○○ 씨가 이것을 인지하고 있었다는 게 밝혀지면서 필자 측의 손을 들어 준 것이다.

　송○○ 씨 측은 대법원까지 가서 심리불속행 기각이 되자 그제야 미안하다는 말과 함께 소송비와 임료에 대해 사정을 봐 달라고 부탁했다. 당시 감정적으로는 화가 머리끝까지 치밀었지만, 송○○ 씨 측이 실제로 공사를 진행했던 만큼 허위 유치권은 아니었기에 사정을 참작해서 부동산을 인도받는 조건으로 마무리했다.

　이어서 공인중개사 사무소를 통해 해당 부동산 중 한 개를 적정한 가격에 매매했다.

[집합건물] 경상북도 구미시 ▓▓ ▓▓▓▓ ▓▓▓▓ ▓▓ ▓▓▓▓

순위번호	등 기 목 적	접 수	등 기 원 인	권리자 및 기타사항
~~16~~	~~1번한▓▓▓자분압류~~	~~2019년6월11일~~ ~~제27107호~~	~~2019년6월11일~~ ~~압류(개인납세1~~ ~~과 티▓▓▓▓)~~	~~권리자 국~~ ~~처분청 구미세무서~~
17	공유자전원지분전부 이전	2019년9월17일 제41431호	2019년9월17일 임의경매로 인한 매각	소유자 주식회사▓▓ ▓▓▓▓▓ - ▓▓▓▓▓▓ 경상남도 양산시 ▓▓ ▓▓ ▓▓▓ ▓▓▓ ▓▓ ▓▓▓▓ ▓▓▓▓
18	3번(1)가압류, 4번가압류, 5번가압류, 6번가압류, 7번가압류, 8번가압류, 9번가압류, 10번가압류, 11번임의경매개시결 정, 12번압류, 13번가압류, 14번압류, 15번압류, 16번압류등기말소	2019년9월17일 제41431호	2019년9월17일 임의경매로 인한 매각	
19	소유권이전	2022년7월13일 제27740호	2022년6월27일 매매	소유자 김▓▓ 85▓▓-******* 경상북도 구미시 ▓▓▓▓▓ ▓▓▓ ▓▓ 거래가액 금309,000,000원

　세전 1억 5,600만 원의 수익을 얻었지만, 대법원까지 가는 소송을 진행하면
서 일어난 시간적 손해는 어떻게 할 수가 없었다. 하지만 뻔뻔한 점유자를 상
대로 보란 듯이 승소해서 또 다른 성취감을 얻은 사건이기도 하다.

인수되는 가등기에
접근하는 방법

특수물건 사건에서 선순위 가등기는 인수되는 권리이기 때문에 소송으로 해결해야 하는 사례가 대부분이다. 하지만 조금만 들여다보면 부동산에 하자가 있는 것이 아니라 권리상 하자라는 것을 알 수 있다. 따라서 가등기의 원리만 파악해서 권리상 하자를 치유하면 저가에 매수할 수 있는 좋은 기회가 되기도 한다.

이번 사건은 선순위 가등기 인수 조건에, 배당받는 임차인이 속해 있는 물건이었다.

2017타경▮▮▮▮

소 재 지	광주광역시 서구 ▮▮▮▮▮▮▮▮▮▮▮▮▮▮▮▮						
새 주 소	광주광역시 서구 ▮▮▮▮▮▮▮▮▮▮▮▮▮▮▮▮						
물건종별	아파트	감 정 가	140,000,000원	구분	매각기일	최저매각가격	결과
대 지 권	35.71㎡(10.8평)	최 저 가	(70%) 98,000,000원	1차	2018-07-18	140,000,000원	유찰
건물면적	84.99㎡(25.71평)	보 증 금	(10%) 9,800,000원	2차	2018-08-29	98,000,000원	
매각물건	토지·건물 일괄매각	소 유 자	김○○	매각 : 111,883,800원 (79.92%) (입찰3명,매수인:이○○)			
개시결정	2017-05-23	채 무 자	김○○	매각결정기일 : 2018.09.05 - 매각허가결정			
사 건 명	강제경매	채 권 자	예스자산대부(주)	대금지급기한 : 2018.10.11			
				대금납부 2018.09.17 / 배당기일 2018.10.24			
				배당종결 2018.10.24			

오늘조회: 1 2주누적: 0 2주평균: 0

임차인현황 (말소기준권리 : 1998.11.20 / 배당요구종기일 : 2017.08.14)

임차인	점유부분	전입/확정/배당	보증금/차임	대항력	배당예상금액	기타
김○○	주거용 전부	전입일자: 2008.07.02 확정일자: 2017.07.04 배당요구: 2017.07.04	보53,000,000원	없음	소액임차인	
기타사항		☞ 조사외 소유자 점유 ☞ 임차인 김■■에게 문의함. 주민등록전입되어있다 진술하나 전입세대 열람내역서 확인한바 전입자 없음. ☞ 김■■:"■■■■■ -■■"로 전입함				

등기부현황 (채권액합계 : 27,460,878원)

No	접수	권리종류	권리자	채권금액	비고	소멸여부
1(갑1)	1994.05.04	소유권이전(매매)	김○○			
2(갑2)	1997.10.16	소유권이전 청구권가등기	박○○		매매예약	인수
3(갑3)	1998.11.20	가압류	임○○	2,000,000원	말소기준등기 98카단■■■■■	소멸
4(갑6)	2011.04.06	압류	국민건강보험공단			소멸
5(갑7)	2011.08.05	가압류	광주신용보증재단	7,550,000원	2011카단■■	소멸
6(갑8)	2014.11.06	가압류	예스자산대부(주)	5,720,721원	2014카단■■	소멸
7(갑2)	2015.08.21	박■■ 가등기소유권이전 청구권가처분	예스자산대부(주)		양수금 청구채권, 광주지방법원 2015카단■	인수
8(갑11)	2016.06.02	가압류	(주)국민행복기금	12,190,157원	2016카단■■■■, 변경 전 상호:주식회사신용 회복기금	소멸
9(갑2)	2017.05.10	박■■ 가등기소유권이전 청구권가처분	(주)국민행복기금		제척기간 경과로 인한 소유권이전청구권가등기 말소등기청구권, 광주지방법원 2017카단■■	인수
10(갑12)	2017.05.23	강제경매	예스자산대부(주) (법무팀)	청구금액: 8,085,019원	2017타경■■■■, 갑구 8번 예스자산대부주식 회사 가압류의 본 압류 로의 이행	소멸

자료: 옥션원

등기부현황을 보면 1994년 5월 4일 자로 김○○ 씨에게 소유권 이전등기가 되었고, 1997년 10월 16일 자로 소유권이전청구권 가등기(매매예약 가등기)가 경료되었다. 이후 차례로 가압류와 압류가 걸리고, 2017년 5월 23일 자로 경매에 부쳐졌다.

해당 물건에는 2008년 7월 2일 자로 김△△ 씨가 임차인으로 전입되어 있었다. 전입일자가 말소기준등기보다 뒤에 있는 대항력 없는 임차인으로, 확정일자와 배당요구가 2017년 7월 4일에 이루어졌다. 낙찰 이후 잉여금이 발생하면 배당될 것이다. 임차인과는 마찰이 일어날 여지가 없기에 크게 신경 쓰지 않았다.

그다음으로 1997년 10월 16일 자 가등기에 따라 부기등기로 붙어 있는 두

건의 가처분을 확인했다. 가등기의 지위에 붙어 있기 때문에 말소되지 않고 낙찰자에게 인수된다. 가처분의 내용은 가등기를 기초로 본등기를 제한하는 것이다. 즉, 김○○ 씨에게 받을 채권이 있으므로 부동산을 이전할 수 없게 소유권 이전등기를 금지하는 가처분이다. 가등기를 바탕으로 본등기가 되면 등기부상에서 직권 말소되어 버린다. 이에 가등기가 본등기 되지 않게, 보전처분(권리를 보전하기 위해 잠정적으로 임시 조치를 취하는 것)의 목적으로 채권자들이 해당 가등기에 가처분을 설정한 것이다.

순위번호	등 기 목 적	접 수	등 기 원 인	권 리 자 및 기 타 사 항
	[집합건물] 광주광역시 서구 ███ █████ █ █████ ████ 제103호.			
1	소유권이전	1994년5월4일 제17688호	1994년4월4일 매매	소유자 김████ 55███-******* 광주 서구 ████ █████ ████ 103호
2	소유권이전청구권가등기	1997년10월16일 제61106호	1997년10월14일 매매예약	권리자 박████ 29███-******* 광주 서구 ████ █████ ████ 103호
				부동산등기법시행규칙부칙 제3조 제1항의 규정에 의하여 1번 내지 2번 등기를 1998년 08월 10일 전산이기
2-1	2번가등기소유권이전청구권가 처분	2015년8월21일 제200419호	2015년8월21일 광주지방법원의 가처분결정(2015카단 ███)	피보전권리 양수금 청구채권 채권자 에스자산대부 주식회사 █████-████████ 서울 중구 ████ 금지사항 양도 기타 일체의 처분행위 금지
2-2	2번가등기소유권이전청구권가 처분	2017년5월10일 제80739호	2017년5월10일 광주지방법원의 가처분결정(2017카단 ███)	피보전권리 제척기간 경과로 인한 　　　　　소유권이전청구권가등기 말소등기청구권 채권자 주식회사 국민행복기금 █████-████████ 　　　서울 중구 ████ 금지사항 양도 기타 일체의 처분행위 금지

자료: 등기부등본

　　가등기 순위번호 2번에 2-1과 2-2가 부기등기로 붙은 것을 보고, 해당 가등기가 단순한 매매 계약이 아닐 것이라고 직감했다. 부동산 처분 행위를 금지하는 부기등기였기 때문이다. 이에 등기부등본을 유심히 살펴보니 소유자 김○○ 씨의 주소와 가등기권자 박○○ 씨의 주소가 동일했다. 순간 필자는 통정허위(상대방과 짜고 한 법률 행위)에 의한 가등기가 아닐까 추정했다. 통정허위가 맞는다면 가등기는 무효이기 때문이다. 하지만 서로 담합했다면 김○○ 씨와 박○○ 씨 사이를 벌려서 통정허위를 밝혀내기란 매우 어렵다.

가등기권자인 박○○ 씨에 관한 정보를 입수하기 위해 가압류권자이자 가처분권자인 채권자들에게 연락을 취해 보았다. 하지만 별다른 소득은 없었다. 이어서 전입일자가 2008년 7월 2일인 임차인과의 면담도 추진했다. 진성 임차인이라면 5,300만 원이나 되는 보증금의 안전을 확보하기 위해 등기부등본을 확인해 보았을 것이고, 전입일자 이전부터 존재한 가등기에 관해 알고 있을 것으로 생각했다.

현장에 방문해서 임차인 김△△ 씨와 면담한 내용은 다음과 같았다. 해당 부동산이 김○○ 씨에게 소유권 이전된 이후 자녀가 사고를 칠까 봐 두려웠던 모친 박○○ 씨가 가등기를 설정했다는 것이었다. 그리고 지금은 소유자와 소유자의 모친 전부 연락이 되지 않는다고 했다.

현행 등기법상 '매매예약 가등기'와 '담보 가등기'가 존재하는데, 예전에는 등기부등본에 일률적으로 매매예약의 형태로만 기재되었다. 일단 가등기에 관한 전략을 세우기에 앞서 가등기가 어떨 때 사용되는지 알아볼 필요가 있다. 실무적으로 어떻게 사용되는지 알아야 가등기를 깨기 위한 전략의 방향을 잡을 수 있기 때문이다.

먼저 매매예약 가등기에 관해 살펴보면 다음과 같다.

매매예약 가등기

뜻	부동산 거래에서 소유권을 즉시 이전할 수 없을 때 매수인의 권리를 보장하기 위한 가등기로, 매매 행위를 통한 순위 보전을 위해 많이 사용
사례 1	계약금을 수령한 이후 연락이 되지 않는 경우
사례 2	거래 당사자의 사정(명의, 세금 등)에 따라 등기 절차 협력에 오랜 시간이 소요될 경우

'사례 1'의 예시로 부동산을 매수하면서 매도인에게 매매 대금의 10퍼센트를 계약금으로 지급했다고 가정해 보자.

계약금을 수령한 이후 매도인에게 연락이 닿지 않는다. 배액배상(거래 파기 시 지불한 금액의 배액을 배상하는 것)은 둘째로 치더라도 매도인이 제삼자에게 부동산을 매각해 버린 뒤 파산하거나 잠적해 버리면 매수인은 매우 곤란해진다. 이럴 때 순위를 보전하기 위해 일방 신청으로 가등기를 설정할 수 있다.

'사례 2'의 예시로는 매수했던 부동산을 보유한 지 2년에 가까워져 매도하게 된 상황을 가정해 보자.

이제 일반 세율로 양도소득세를 신고할 수 있는데, 2년을 몇 개월 남겨 둔 상황에서 매도가 이루어지면 매수인과 협의해서 잔금 지급 기일을 2년이 지난 시점으로 잡을 수 있다. 이때 혹시 모를 상황에 대비해서 안정성을 보장하기 위해 가등기를 설정할 수 있다.

이어서 담보 가등기에 관해 살펴보면 다음과 같다.

담보 가등기

뜻	채무자 소유의 부동산을 채권자에게 담보로 제공하면서, 향후 피담보채권이 변제되지 않을 때 해당 목적물의 소유권 등기를 위해 많이 사용
사례 1	과거 대부 업체에서 (근)저당권 설정 대신 담보 가등기 설정 후 소유권을 취득한 경우
사례 2	목적물 방어를 위해 이해관계인이 담보 가등기 설정을 해서 추후 가압류나 압류 등 채권이 붙는 것을 방지하는 경우

'사례 1'의 예시로 일부 대부 업체들이 근저당권 대신 가등기를 설정하는 경우가 있었다.

지금은 연이율이 20퍼센트지만 과거 대부 업체들의 연이율은 최고 60퍼센트까지였다. 그런데 보통 채권 최고액은 110~150퍼센트 정도이기에 이자 등을 연체해서 채무자의 부동산이 경매에 나와도 배당금으로 전액 배상을 받지 못하는 상황이 종종 발생했다. 게다가 경매가 진행되면 변제까지 시간도 오래 걸렸다. 이를 방지하기 위해 대부 업체에서는 채무자와 협의해서 원금과 이자를 정리하고 잔액을 지급하는 방식으로 부동산 소유권을 이전받는 가등기를 설정했다. 물론 연이율이 과거만큼 높지 않은 요즘에는 이러한 담보 가등기 설정이 드물다.

'사례 2'의 예시로는 부동산 소유자의 이해관계인이 받아야 하는 채무를 일으켜서 가등기를 설정하는 경우가 있다.

부동산 소유자에게 채무가 생겨서 압류 및 가압류 등의 채권이 붙으면 이해관계인의 가등기를 바탕으로 한 본등기로 각종 채권을 직권 말소할 수 있다. 부동산이 채권자에게 넘어가는 것을 방어하기 위한 수단인 셈이다. 추후 채권자들이 이해관계인의 가등기 설정에 모순을 제기해도 실제 금전을 담보로 가등기를 했기에 입증하기가 어렵다는 점을 이용하는 것이다.

이러한 담보 가등기는 말소기준권리가 되기도 한다. 가등기권자가 채권 계산을 하면 경매 절차에서 말소기준권리로 작용하는 것이다. 하지만 가등기권자가 아무런 반응이 없으면 담보 가등기 여부를 알 수 없기에, 경매 절차에서 인수 조건으로 붙여 오롯이 낙찰자의 몫으로 넘긴다.

담보 가등기를 해결하기 위한 방법으로, 가담법(가등기담보 등에 관한 법률)을 근거로 소송을 계획해 볼 수 있다. 관련 법 제15조(담보가등기권리의 소멸)에 따르면, 담보 가등기를 마친 부동산에 강제경매 등이 행해지면 해당 부동산이 매각되면서 그 권리가 소멸한다. 하지만 이보다 쉬운 방법이 있었다. 그것이 무엇인지는 다음 대법원 판례에서 실마리를 찾을 수 있다.

대법원 1991. 3. 12. 선고 90다카27570 판결

[가등기말소등기등][집39(1)민,265;공1991.5.1.(895),1178]

【판시사항】

가. 토지를 매수한 후 소유권이전청구권보전을 위한 가등기를 경료하고 그 토지 상에 타인이 건물 등을 축조하여 점유 사용하는 것을 방지하기 위하여 지상권을 설정한 뒤 가등기에 기한 본등기청구권이 시효의 완성으로 소멸하면 위 지상권도 소멸되는지 여부(적극)

나. 추완항소에 대하여 직권으로 적법여부를 심리 판단할 것인지의 여부(적극)

다. 가등기에 기한 소유권이전등기청구권이 시효의 완성으로 소멸된 경우 그 가등기 이후에 부동산을 취득한 제3자가 그 소유권에 기한 방해배제청구로서 그 가등기 권리자에 대하여 본등기청구권의 소멸시효를 주장하여 그등기의 말소를 구할 수 있는지 여부(적극)

【판결요지】

가. 토지를 매수하여 그 명의로 소유권이전청구권보전을 위한 가등기를 경료하고 그 토지 상에 타인이 건물 등을 축조하여 점유 사용하는 것을 방지하기 위하여 지상권을 설정하였다면 이는 위 가등기에 기한 본등기가 이루어질 경우 그 부동산의 실질적인 이용가치를 유지 확보할 목적으로 전소유자에 의한 이용을 제한하기 위한 것이라고 봄이 상당하다고 할 것이고 그 가등기에 기한 본등기청구권이 시효의 완성으로 소멸하였다면 그 가등기와 함께 경료된 위 지상권 또한 그 목적을 잃어 소멸되었다고 봄이 상당하다.

나. 추완항소에 대하여는 직권으로 그 추완항소의 적법 여부에 대하여 심리판단하여야 한다.

다. 가등기에 기한 소유권이전등기청구권이 시효의 완성으로 소멸되었다면 그 가등기 이후에 그 부동산을 취득한 제3자는 그 소유권에 기한 방해배제청구로서 그 가등기권자에 대하여 본등기청구권의 소멸시효를 주장하여 그 등기의 말소를 구할 수 있다.

대법원 판례의 취지를 설명하자면 이렇다. 가등기 소멸시효가 완성되었다면, 그 가등기 이후 부동산을 취득한 제삼자도 가등기 말소를 청구할 수 있다는 뜻이다. 여기서 소멸시효는 채권의 경우 최장 10년으로 본다. 물권이 아닌 가등기는 채권적 청구권(채권)이기에, 채권이 청구된 날로부터 10년이 지났다면 소멸시효의 완성으로 볼 수 있다.

해당 사건에는 점유개정(목적물을 양도한 이후에도 양도인이 계속해서 점유하고, 양수인은 실제 인도하지 않고도 인도의 효력을 갖는 것) 등의 다른 사정이 없었으므로 쉬운 해결 방법을 선택한 것이다. 필자는 낙찰받고 잔금을 납부한 다음, 곧바로 가등기 말소를 구하는 소송을 제기했다.

기본내용

사건번호	2018가단	사건명	가등기말소
원고	ㅇ	피고	박
재판부	민사12단독		
접수일	2018.12.05	종국결과	2019.05.01 원고승
원고소가	30,244,503	피고소가	
수리구분	제소	병합구분	없음
상소인		상소일	
상소각하일		보존여부	기록보존됨
인지액	원		
송달료,보관금 종결에 따른 잔액조회			
판결도달일	2019.05.13	확정일	2019.05.28

자료: 법원, 나의 사건 검색

소송 당시 필자는 앞서 언급한 대법원 판례를 근거로 들었다. 다음은 해당 소송 내용의 일부다.

법률 효과

1. "가등기가 보전하는 청구권은 채권적 청구권이므로 이는 행사할 수 있는 때인 매매예약 완결일로부터 10년의 시효 완성으로 소멸되며 따라서 선순위 가등기일지라도 가등기 설정 이후 10년이 지났다면 매수인은 소유권에 기한 방해배제청구로서 그 가등기 권리자에 대하여 본등기 청구권의 소멸시효를 주장하여 그 가등기의 말소를 구할 수 있다"라고 규정하고 있는 바

[대법원 1991.3.12 ,선고 90다카27570판결]

가등기에 기한 소유권 이전등기 청구권이 시효의 완성으로 소멸되었다면 그 가등기 이후에 그 부동산을 취득한 제3자는 그 소유권에 기한 방해배제청구로서 그 가등기권자에 대하여 본등기 청구권의 소멸시효를 주장하여 그 등기의 말소를 구할 수 있다.

소송 접수부터 판결까지 6개월의 시간이 걸렸다. 그사이 신속하게 임차인을 명도하고, 채권자들에게 연락해서 가처분을 말소했다.

하지만 부동산을 매매하는 것은 또 다른 문제였다. 아무래도 가등기가 있는 상태로 매매 계약을 맺는 것은 매수인이 꺼릴 만한 일이기 때문이었다. 이에 필자는 말소 소송 판결을 확정받자마자 가등기 말소를 진행한 다음 부동산을 매매했다.

[집합건물] 광주광역시 서구 ▒▒▒▒ ▒▒▒▒▒ ▒▒▒▒▒▒▒ ▒▒▒▒ ▒▒▒▒ ▒▒▒▒▒

순위번호	등 기 목 적	접 수	등 기 원 인	권리자 및 기타사항
14	3번가압류, 6번압류, 7번가압류, 8번가압류, 11번가압류, 12번강제경매개시결정 등기말소	2018년9월20일 제164889호	2018년9월17일 강제경매로 인한 매각	
15	2-1번가처분등기말소	2018년11월7일 제196305호	2018년11월2일 취하	
16	2-2번가처분등기말소	2019년6월11일 제101164호	2019년6월7일 취하	
17	2번가등기말소	2019년6월25일 제110638호	2019년5월1일 확정판결	대위신청인(수익자) 이▒▒▒ 경상북도 포항시 남구 ▒▒▒ ▒▒ ▒▒▒ 대위원인 광주지방법원 2018가단▒▒▒ 확정판결에 의한 가등기말소청구권
18	소유권이전	2019년8월8일 제138270호	2019년7월16일 매매	소유자 곽▒▒ 92▒▒▒-******* 광주광역시 서구 ▒▒▒ ▒▒▒ ▒▒▒▒ 거래가액 금154,000,000원

자료: 등기부등본

　1억 1,188만 3,800원에 매수한 부동산을 1억 5,400만 원에 매매했다. 결과적으로 세전 4,000만 원 이상의 수익을 만들었다.

　이 사건의 쟁점은 인수되는 가등기에 어떻게 접근하는가의 문제였다. 얼핏 복잡해 보이지만 가등기 말소라는 손쉬운 해결책이 있었다. 낙찰 이후 절차대로 권리상의 하자를 치유해서 수월하게 수익을 만든 것이다. '물건의 하자'가 아닌 '물권의 하자'를 치유하는 이 기술은 지금도 실무적으로 널리 쓰인다. 치열한 입찰 경쟁에서 자유로울 수 있는 하나의 방법이다.

10억 원을 안겨 준
62개의 가처분과 37억의 유치권

　공매 사건은 경매 사건과 달리 낙찰가율이 다소 낮다. 공매는 인도명령을 할 수 없어서 명도에 따른 시간 소요가 크고 소송을 해야 할지도 모르는 부담감이 있기 때문이다.

　이런 공매 사건에는 일반적인 공매 외에 신탁공매(신탁과 공매가 합쳐진 말로, 공매해야 하는 물건을 신탁 업자에게 맡겨서 매매하는 것)라는 것이 있다. 신탁공매 물건은 각 신탁 회사 홈페이지 및 온비드에서 찾을 수 있는데, 일반 경·공매 절차와는 확연한 차이가 있다. 신탁공매에는 말소기준권리가 존재하지 않는다. 개인 간의 거래로 이해하면 쉽다. 신탁공매 사건에서는 등기부에 기재된 압류와 가압류를 비롯해 근저당권조차 낙찰자인 매수인에게 인수된다.

　신탁공매의 구조상 담보신탁이 많다 보니, 대출해 준 기관인 수익자는 기한이익이 상실되면 수탁자인 신탁에 담보물의 공매를 요청한다. 그러면 수탁자인 신탁은 신탁회사 홈페이지 및 온비드에 공매 사건을 게재한다. 지금은 온비드로 온라인 입찰을 하는 사람이 대다수지만, 불과 몇 년 전까지만 해도 신탁회사에 직접 가서 현장 입찰하는 경우가 많았다.

　다음 사례는 이처럼 대출 기관인 수익자 측에서 공매를 신청해서 신탁공매로 진행된 사건이다.

신탁부동산공매공고

I. 매각대상 부동산 공매 일자 및 공매 예정가격

(1) 매각대상 부동산 : 강원도 정선군 ▮▮▮▮ ▮▮▮▮ ▮▮▮ ▮▮▮▮▮ 아파트 19세대(일괄매각)

□ 공매일시 및 최저매매가격

(단위 : 원)

구 분	일 시	최저매매가격
1차	2017. 06. 19. 10:00	1,838,000,000
2차	2017. 06. 22. 10:00	1,654,200,000
3차	2017. 06. 26. 10:00	1,488,780,000
4차	2017. 06. 29. 10:00	1,339,902,000
5차	2017. 07. 03. 10:00	1,206,000,000
6차	2017. 07. 06. 10:00	1,085,400,000
7차	2017. 07. 10. 10:00	1,070,000,000

자료: 신탁공매 공고안

    현장 입찰은 온라인 입찰과 달리 한 번에 여러 사건에 입찰할 수 없다 보니 해당 사건만 당일 입찰하게 된다. 자연스레 몇 명의 입찰자가 있는지 확인이 가능했다. 당시 해당 사건은 1회차에 18억 원이 넘는 금액으로 19개 호실이 신탁공매 되었다. 여러 호실이 묶여서 한 번에 나온 데다가 인수되는 선순위 가처분과 유치권 신고가 입찰을 망설이게 했다.

    그런데 여러 차례 유찰이 거듭되면서 매매가는 점점 내려갔고, 잘 해결하면 수익을 만들 수도 있겠다는 생각이 들었다. 6회차 이후로는 유찰되어도 1,000만 원 정도밖에 차이 나지 않기에 전략적으로 6회차에 입찰하기로 마음먹고 5회차 무렵부터 사건의 권리를 하나씩 풀기 시작했다.

□ 공매대상물건 및 최저매매가격

물건번호	평형	동	호	전용면적(m²)	가처분 접수 현황
1	25	101	102	59.9850	- 영월지원 2013카합■ 부동산처분금지가처분[채권자:■■상재㈜] - 영월지원 2014카합■ 부동산처분금지가처분[채권자:㈜■■건설] - 영월지원 2014카합■ 부동산처분금지가처분[채권자:■■건설㈜]
2	25	101	103	59.9850	- 영월지원 2013카합■ 부동산처분금지가처분[채권자:■■상재㈜] - 영월지원 2014카합■ 부동산처분금지가처분[채권자:㈜■■건설] - 영월지원 2014카합■ 부동산처분금지가처분[채권자:■■건설㈜]
3	25	101	203	59.9850	- 영월지원 2013카합■ 부동산처분금지가처분[채권자:■■하우징(주)] - 영월지원 2014카합■ 부동산처분금지가처분[채권자:㈜■■건설]
4	25	101	204	59.9850	- 영월지원 2013카합■ 부동산처분금지가처분[채권자:■■하우징(주)] - 영월지원 2014카합■ 부동산처분금지가처분[채권자:㈜■■건설]
5	25	101	301	59.9850	- 영월지원 2012카합■ 부동산처분금지가처분[채권자:강■] - 영월지원 2013카합■ 부동산처분금지가처분[채권자:■■건설(주)] - 영월지원 2014카합■ 부동산처분금지가처분[채권자:(주)■■건설]
6	25	101	302	59.9850	- 영월지원 2012카합■ 부동산처분금지가처분[채권자:강■] - 영월지원 2013카합■ 부동산처분금지가처분[채권자:■■건설(주)] - 영월지원 2014카합■ 부동산처분금지가처분[채권자:(주)■■건설]
7	25	101	303	59.9850	- 영월지원 2012카합■ 부동산처분금지가처분[채권자:강■] - 영월지원 2013카합■ 부동산처분금지가처분[채권자:■■건설(주)] - 영월지원 2014카합■ 부동산처분금지가처분[채권자:(주)■■건설] - 영월지원 2014카단■ 부동산처분금지가처분[채권자:■■환경(주)]
8	25	101	401	59.9850	- 영월지원 2012카합■ 부동산처분금지가처분[채권자:강■] - 영월지원 2013카합■ 부동산처분금지가처분[채권자:■■건설(주)] - 영월지원 2014카합■ 부동산처분금지가처분[채권자:(주)■■건설] - 영월지원 2014카단■ 부동산처분금지가처분[채권자:■■환경(주)]
9	25	101	402	59.9850	- 영월지원 2012카합■ 부동산처분금지가처분[채권자:강■] - 영월지원 2014카단■ 부동산처분금지가처분[채권자:■■환경(주)] - 영월지원 2014카합■ 부동산처분금지가처분[채권자:(주)■■건설] - 영월지원 2014카합■ 부동산처분금지가처분[채권자:■■건설㈜]
10	25	101	404	59.9850	- 영월지원 2013카합■ 부동산처분금지가처분[채권자:■■건설(주)] - 영월지원 2014카합■ 부동산처분금지가처분[채권자:(주)■■건설] - 영월지원 2014카단■ 부동산처분금지가처분[채권자:■■환경(주)]
11	25	101	501	59.9850	- 영월지원 2012카합■ 부동산처분금지가처분[채권자:강■] - 영월지원 2013카합■ 부동산처분금지가처분[채권자:■■건설(주)] - 영월지원 2014카합■ 부동산처분금지가처분[채권자:(주)■■건설] - 영월지원 2014카단■ 부동산처분금지가처분[채권자:■■환경(주)]
12	25	101	504	59.9850	- 영월지원 2013카합■ 부동산처분금지가처분[채권자:■■상재㈜] - 영월지원 2014카단■ 부동산처분금지가처분[채권자:■■환경(주)] - 영월지원 2014카합■ 부동산처분금지가처분[채권자:(주)■■건설] - 영월지원 2014카합■ 부동산처분금지가처분[채권자:■■건설㈜]
13	25	101	601	59.9850	- 영월지원 2013카합■ 부동산처분금지가처분[채권자:■■건설(주)] - 영월지원 2014카합■ 부동산처분금지가처분[채권자:(주)■■건설] - 영월지원 2014카단■ 부동산처분금지가처분[채권자:■■환경(주)]
14	25	101	702	59.9850	- 영월지원 2013카합■ 부동산처분금지가처분[채권자:■■상재㈜] - 영월지원 2014카단■ 부동산처분금지가처분[채권자:■■환경(주)] - 영월지원 2014카합■ 부동산처분금지가처분[채권자:(주)■■건설] - 영월지원 2014카합■ 부동산처분금지가처분[채권자:■■건설㈜]

15	32	103	1005	84.9410	- 영월지원 2014카단█ █ 부동산처분금지가처분[채권자:█ █환경(주)] - 영월지원 2014카합█ 부동산처분금지가처분[채권자:(주)█ █건설] - 안산지원 2014카단█ █ 부동산처분금지가처분[채권자:전█ █]
16	32	103	1105	84.9410	- 부천지원 2014카합█ 부동산처분금지가처분[채권자:김█ █] - 영월지원 2014카합█ 부동산처분금지가처분[채권자:(주)█ █건설]
17	32	104	802	84.9410	- 영월지원 2013카합█ 부동산처분금지가처분[채권자:█ █하우징(주)] - 영월지원 2014카단█ 부동산처분금지가처분[채권자:█ █환경(주)] - 영월지원 2014카합█ 부동산처분금지가처분[채권자:(주)█ █건설] - 안산지원 2014카단█ █ 부동산처분금지가처분[채권자:전█ █]
18	32	104	804	84.9410	- 영월지원 2013카합█ 부동산처분금지가처분[채권자:█ █하우징(주)] - 영월지원 2014카단█ 부동산처분금지가처분[채권자:█ █환경(주)] - 영월지원 2014카합█ 부동산처분금지가처분[채권자:(주)█ █건설] - 안산지원 2014카단█ █ 부동산처분금지가처분[채권자:전█ █]
19	32	104	1104	84.9410	- 영월지원 2013카합█ 부동산처분금지가처분[채권자:(주)█ █산업] - 영월지원 2014카단█ 부동산처분금지가처분[채권자:█ █환경(주)] - 영월지원 2014카합█ 부동산처분금지가처분[채권자:(주)█ █건설]

자료: 신탁공매 공고안

□ 본건 부동산 관련 특이사항

※ 당사에 접수된 유치권신청 내역은 아래와 같습니다. 이 내역은 당사에 접수된 유치권을 단순 공고하는 것이므로 반드시 매수자 책임으로 확인하시기 바라며, 유치권 해소 책임은 매수인에게 있습니다.

채권자	채무자	유치권 청구금액	당사송달일자
█ █건설(주)	█ █종합건설(주)	531,333,940	2012.09.12
(주)█ █산업	█ █종합건설(주)	310,000,000	2012.09.12
█ █하우징(주)	█ █종합건설(주)	402,729,300	2012.09.12
김█ (█ █공사)	█ █종합건설(주)	43,307,500	2012.09.12
전█ (█ █개발)	█ █종합건설(주)	37,500,000	2012.09.12
(주)█ █화학	█ █종합건설(주)	220,000,000	2012.09.17
█ █개발	█ █종합건설(주)	350,000,000	2012.10.17
█ █건업	█ █종합건설(주)	314,302,000	2012.10.17
█ █조명(주)	█ █종합건설(주)	380,000,000	2012.10.16
█ █상재	█ █종합건설(주)	493,298,520	2012.10.16
█ █기업	█ █종합건설(주)	144,000,000	2013.01.04
서 █	█ █종합건설(주)	14,366,000	2013.02.01
█ █테크	█ █종합건설(주)	148,200,000	2013.02.19
(주)█ █이엔씨	█ █종합건설(주)	390,000,000	2013.03.19
합 계		3,779,037,260	

자료: 신탁공매 공고안

19개의 호실(84타입 5개, 59타입 14개)에 세대당 적게는 두 개, 많게는 네 개의 가처분이 기재되어 있었다. 총 가처분은 62개였으며, 그중 7개의 가처분이 반복적으로 기재된 것을 확인했다. 즉, 7명의 채권자가 여러 호실을 가처분 신청했다는 뜻이다. 해당 가처분의 내용은 모두 부동산처분금지 가처분이었다.

또한 유치권도 신고되어 있었다. 총 14개 업체가 유치권 신고를 했고, 청구 금액의 합은 37억 원이 넘었다. 그중 10개 업체는 가처분을 신청한 채권자들이기도 했다. 다시 말해, 유치권자들이 유치권을 행사하기 위해 부동산을 처분할 수 없게 가처분을 신청한 것이다. 따라서 해당 부동산을 점유하고 있을 가능성이 컸다.

유치권을 신고한 업체가 여러 곳이었기에 그중 한 업체만 점유하고 있어도 추후 부담이 될 수 있었다. 필자의 경험상 유치권자끼리 유대를 형성해서 점유한 적 없는 업체들까지 점유를 위임했다고 할 가능성이 매우 컸기 때문이다.

그러나 신탁공매가 진행된 당시는 2017년 7월 무렵이었다. 유치권 신고 일자와 가처분이 기재된 시기를 놓고 봤을 때, 해당 부동산이 방치되었을 가능성도 배제할 수 없었다.

그런데 해당 부동산에 관한 정보를 모으던 중 인터넷 기사 하나가 눈에 띄었다.

부동산
입주 가능, 에코·힐링아파트 강원도 정선 '■■■■아파트'

입력 2013-07-11 12 10:03

강원도 정선군 남면에 위치한 힐링아파트 '정선 ■■■■' 아파트 잔여물량(전용 84㎡)을 특별분양 중이다. 이 아파트는 지하 1층~지상 12층 4개동, 207가구가 지장천과 민둥산의 천혜조건과 어울려 '힐링' 아파트로 거듭났다.

유치권자가 가처분 접수까지 하고 점유한 아파트라면 분양하기 어려울 것이다. 그런데 버젓이 해당 아파트의 분양이 진행되었다는 내용의 인터넷 기사를 발견했다. 필자는 곧바로 해당 아파트의 관리 사무실과 인근의 공인중개사 사무소에 연락했다. 전화 통화 결과 유치권을 주장하는 사람들이 누구인지 모르겠고, 예전에는 시끌벅적했는데 지금은 조용하다는 말을 듣게 되었다. 이 얘기를 듣고 '해결해 볼 수 있겠는데?' 하는 생각이 들었다.

필자는 직접 강원도로 가서 현장을 확인해 보기로 했다. 해당 아파트는 207세대로 구성되었으며, 강원도 산자락에 위치해 절경을 이루고 있었다.

자료: 신탁공매 감정평가서 물건 사진

유치권 신고된 세대별로 확인 작업을 시작했다. 어디에서도 유치권 표식은 찾을 수 없었다. 관리 사무실에도 직접 찾아갔다. 관리 사무실 직원은 전임자로부터 유치권 때문에 한동안 시끄러웠지만 위치가 위치인 만큼 이내 하나둘 안 보이기 시작했다는 말을 들었다고 했다. 한때 분양했음을 알 수 있는 작은 현수막 하나가 눈에 띄기도 했다.

해당 아파트를 둘러본 후 이 사건의 유치권을 해결할 수 있을 것이라는 확신이 들었다.

다음으로 확인해야 할 것은 가처분이었다. 가처분은 보전처분의 일종이기에 어떻게 접근할지 신중하게 판단해야 했다. 첫 번째로 가처분권자의 동의를 얻어서 해제하는 방법이 있다. 하지만 가처분권자가 예전의 유치권자이므로 당연히 해 줄 리가 없었다. 틀림없이 금전을 요구할 것이기에 이 방법은 우선 배제했다.

두 번째로 '본안의 제소명령'을 이용해서 접근하는 방법이 있다. 이는 민사집행법 규정 중 하나다.

민사집행법 제287조(본안의 제소명령)

① 가압류법원은 채무자의 신청에 따라 변론 없이 채권자에게 상당한 기간 이내에 본안의 소를 제기하여 이를 증명하는 서류를 제출하거나 이미 소를 제기하였으면 소송계속사실을 증명하는 서류를 제출하도록 명하여야 한다.

② 제1항의 기간은 2주 이상으로 정하여야 한다.

③ 채권자가 제1항의 기간 이내에 제1항의 서류를 제출하지 아니한 때에는 법원은 채무자의 신청에 따라 결정으로 가압류를 취소하여야 한다.

④ 제1항의 서류를 제출한 뒤에 본안의 소가 취하되거나 각하된 경우에는 그 서류를 제출하지 아니한 것으로 본다.

⑤ 제3항의 신청에 관한 결정에 대하여는 즉시항고를 할 수 있다. 이 경우 민사소송법 제447조의 규정은 준용하지 아니한다.

자료: 대법원 종합법률정보

채권자에게 본안의 소를 제기할 수 있게 시간을 주었는데 제기하지 않으면 가처분을 취소할 수 있다. 하지만 이 방법을 선택하기에도 부담이 있다. 절차상 소송을 제기할 시간을 주는 위험이 따를 뿐만 아니라, 포기하고 있었던 채권자들을 다시 똘똘 뭉치게 만들어 주는 계기가 될 수 있기 때문이다.

결국 필자는 또 다른 방법을 선택했다. 이 역시 민사집행법 규정에 있다.

제288조(사정변경 등에 따른 가압류취소)

① 채무자는 다음 각호의 어느 하나에 해당하는 사유가 있는 경우에는 가압류가 인가된 뒤에도 그 취소를 신청할 수 있다. 제3호에 해당하는 경우에는 이해관계인도 신청할 수 있다.

1. 가압류 이유가 소멸되거나 그 밖에 사정이 바뀐 때

2. 법원이 정한 담보를 제공한 때

3. 가압류가 집행된 뒤에 3년간 본안의 소를 제기하지 아니한 때

② 제1항의 규정에 의한 신청에 대한 재판은 가압류를 명한 법원이 한다. 다만, 본안이 이

미 계속된 때에는 본안법원이 한다.

③ 제1항의 규 신청에 대한 재판에는 제286조 제1항 내지 제4항·제6항 및 제7항을 준용한다.

자료: 대법원 종합법률정보

가처분 절차는 가압류 절차에 관한 규정을 준용하므로, 가압류를 가처분으로 바꾸어 해석할 수 있다. 따라서 가처분이 집행된 뒤 3년간 본안의 소를 제기하지 않았다면 가처분을 취소할 수 있다. 이 사건에서 가처분이 집행된 시기는 등기부등본에 접수된 일자였기에 그로부터 3년이 지났는지 확인해야 한다. 가처분 접수는 대체로 2013년에 이루어졌고 신탁공매 입찰 시기는 2017년이므로 충분히 3년이 지났을 것으로 짐작되었다.

유치권 해결에는 자신이 있었고, 가처분 또한 취소 신청 절차를 밟으면 되기에 입찰을 결심했다. 6회차에 입찰하러 갔는데 응찰자가 아무도 없어서 최저가인 10억 8,000여만 원에 19개 호실을 낙찰받았다.

이후 한 가지 문제에 봉착했는데, 유치권은 둘째 치더라도 등기부등본에 기재된 가처분 때문에 대출이 불가능했다. 당시 대출을 받기 위해 '대출 협조문'까지 만들어서 금융 관계자들을 모아 가처분 말소 방향을 브리핑하고 유치권 또한 부동산 인도로 정상화하겠다는 의지를 보였지만, 오히려 필자를 이상하게 보던 시선이 아직도 생생하다.

결국 대출 없이 어렵게 자금을 만들었다. 그리고 나서 등기를 하려다 보니, 대출도 받지 않은 사건인데 몇백만 원이나 되는 법무 비용을 들일 필요가 있을까 싶었다(대출받는 경우 금융기관은 낙찰자에게 직접 대출금을 입금하지 않으므로 법무사나 변호사 등 신뢰 있는 자격자를 선임해서 등기 업무를 해야 한다). 그렇게 19개 호실을 셀프등기하고 가처분 취소 절차를 진행한 다음, 19개 호실 중 두 곳을 점유한 이들을 상대로 소를 제기했다.

기본내용

사건번호	2017카단▊▊	사건명	[전자] 가처분취소
신청인	엠제이옥션 주식회사	피신청인	▊▊▊▊▊ 주식회사
제3채무자		청구금액	0원
재판부	21단독 (전화:033-▊▊-▊▊)	담보내용	0원
접수일	2017.10.10 ➡	종국결과	2017.12.18 인용
수리구분	제소	병합구분	없음
기록보존인계일			
항고인		항고일	
항고신청결과		해제내용	
송달료,보관금 종결에 따른 잔액조회			
결정문송달일	2017.12.21	확정일	2017.12.29

자료: 법원, 나의 사건 검색

2017년 10월 10일 자로 가처분 취소를 신청했다. 심문의 쟁점은 '가처분권자는 소송을 제기했는가?'였다. 소송을 제기한 적 없는 가처분권자의 이의신청 및 답변서는 묵살당했다. 가처분 등기 후 3년간 소를 제기하지 않았기에 가처분권자의 저항에도 당연히 말소될 수밖에 없었다. 곧바로 가처분 취소가 결정되었다. 7곳의 가처분권자를 상대로 취소를 진행했고, 총 62개의 가처분을 전부 말소할 수 있었다.

가처분이 말소될 즈음 점유자를 상대로 명도 소송을 시작했다. 부당이득금 청구 소송을 병합해서 제기했기 때문에 원고인 필자 측의 관할에서도 소송이 가능했다. 이에 따라 부동산 관할인 강원도가 아닌, 부산으로 소송을 가져올 수 있었다.

일자	내용	결과	공시문
2017.10.10	신청서접수		
2017.10.16	신청인 엠제이옥션 주식회사 일부취하서 제출		
2017.10.16	피신청인1 ▨▨ 주식회사에게 신청서부본 발송	2017.10.20 도달	
2017.10.24	피신청인 ▨▨▨ 주식회사 가처분취소신청에 대한 이의신청(답변서) 제출		
2017.11.03	신청인1 엠제이옥션 주식회사에게 답변서부본 발송	2017.11.06 도달	
2017.11.03	신청인 엠제이옥션 주식회사에게 심문기일소환장 발송	2017.11.08 도달	
2017.11.03	피신청인 ▨▨▨ 주식회사에게 심문기일소환장 발송	2017.11.08 도달	
2017.12.05	신청인 엠제이옥션 주식회사 소송대리허가신청 및 위임장 제출		
2017.12.11	심문기일(조정실 15:05)	심문종결	
2017.12.18	결정		
2017.12.19	신청인 엠제이옥션 주식회사에게 결정정본 발송	2017.12.21 도달	
2017.12.19	피신청인 ▨▨▨ 주식회사에게 결정정본 발송	2017.12.21 도달	
2018.01.02	신청인 엠제이옥션 주식회사 송달증명	2018.01.02 발급	
2018.01.05	신청인 엠제이옥션 주식회사 가처분집행해제신청서 제출		

자료: 법원, 나의 사건 검색

기본내용

사건번호	2017가단▨▨	사건명	[전자] 부당이득금반환 및 부동산명도
원고	엠제이옥션 주식회사	피고	김▨
재판부	민사 제8단독		
접수일	2017.10.10	종국결과	2018.09.07 소취하
원고소가	11,827,895	피고소가	
수리구분	제소	병합구분	없음
상소인		상소일	
상소각하일		보존여부	
인지액			
송달료,보관금 종결에 따른 잔액조회			
판결도달일		확정일	2018.09.07

자료: 법원, 나의 사건 검색

10억 원을 안겨 준 62개의 가처분과 37억의 유치권

상대측인 피고는 법률 대리인을 내세워서 관할 법원에 관해 강력하게 따졌다. 하지만 필자는 다음과 같은 근거를 들어서 피고의 주장에 차근차근 대응했다.

1. 관할 이송에 관하여

원고가 주장하는 부동산 명도에 대하여 피고와 다투기 전 관할 법원이 부산지방법원이어야 하는 근거는 부당이득금원은 지참채무이며 원고 소재지 관할이 선택적으로 가능하며 나아가 피고가 주장하는 유치권이 설령 성립이 되더라도 부당이득금에 대한 면책이 되지 않는 바입니다.

근거로는 [대법원 2009.9.24. 선고 2009다 40684판결]

판결 요지: 유치권자가 유치물의 보존에 필요한 사용을 한 경우에도 특별한 사정이 없는 한 차임에 상당한 이득을 소유자에게 반환할 의무가 있다.

따라서 피고의 주장은 이유 없다 할 것입니다.

필자의 사무실 바로 앞이 법원이었기에, 부산으로 소송을 가져온 필자는 시간적으로도 여유가 있었고 교통비를 들일 필요도 없었다. 결국 피고 측은 오랜 시간이 지난 유치권을 입증하지 못했고, 공공연하게 분양하게 된 이유에 관해서도 방어하지 못했다.

2017.10.10	소장접수	
2017.10.12	피고 김██에게 소장부본/소송안내서/답변서요약표 송달	2017.10.16 도달
2017.11.09	피고 김██ 답변서 제출	
2017.11.09	원고 엠제이옥션 주식회사에게 답변서부본(17.11.09.자) 송달	2017.11.13 도달
2017.11.27	원고 엠제이옥션 주식회사 소송대리허가신청 및 위임장 제출	
2017.11.27	원고 엠제이옥션 주식회사 준비서면 제출	
2017.11.28	피고 김██에게 준비서면부본(17.11.27.자) 송달	2017.11.30 도달
2017.11.30	원고 엠제이옥션 주식회사에게 변론기일통지서 송달	2017.12.04 도달
2017.11.30	피고 김██에게 변론기일통지서 송달	2017.12.04 도달
2017.12.29	피고 김██ 준비서면 제출	
2017.12.29	원고 엠제이옥션 주식회사에게 준비서면부본(17.12.29.자) 송달	2018.01.02 도달
2018.01.15	원고 엠제이옥션 주식회사 답변서 제출	
2018.01.16	피고 김██에게 답변서부본(18.01.15.자) 송달	2018.01.18 도달
2018.01.23	변론기일(법정 제208호 11:10)	속행
2018.03.13	변론기일(법정 제208호 15:00)	속행
2018.04.30	피고 김██ 준비서면 제출	
2018.04.30	원고 엠제이옥션 주식회사에게 준비서면부본(18.04.30.자) 송달	2018.05.03 도달
2018.05.02	기일변경명령	
2018.05.02	원고 엠제이옥션 주식회사에게 변경기일통지서 송달	2018.05.08 도달
2018.05.02	피고 김██에게 변경기일통지서 송달	2018.05.08 도달
2018.05.15	변론기일(법정 제208호 15:00)	기일변경
2018.05.24	원고 엠제이옥션 주식회사 감정신청서 제출	
2018.05.24	원고 엠제이옥션 주식회사 증인신청서 제출	
2018.05.24	원고 엠제이옥션 주식회사 증인신청서 제출	
2018.05.24	원고 엠제이옥션 주식회사 증인신청서 제출	
2018.05.24	원고 엠제이옥션 주식회사 증인신청서 제출	
2018.05.24	원고 엠제이옥션 주식회사 답변서 제출	
2018.05.25	피고 김██에게 답변서부본(18.05.24.자) 송달	2018.05.30 도달
2018.05.30	감정인(통역인)지정결정	
2018.05.31	기일변경명령	
2018.05.31	원고 엠제이옥션 주식회사에게 변경기일통지서 송달	2018.06.04 도달
2018.05.31	피고 김██에게 변경기일통지서 송달	2018.06.05 도달
2018.06.05	원고 엠제이옥션 주식회사에게 감정인지정결정문 송달	2018.06.11 도달
2018.06.05	피고 김██에게 감정인지정결정문 송달	2018.06.11 도달

10억 원을 안겨 준 62개의 가처분과 37억의 유치권

2018.06.05	감정인 OOO에게 감정인지정결정문 송달	2018.06.15 페문부재
2018.06.05	감정인 OOO에게 감정촉탁서 송달	2018.06.15 페문부재
2018.06.11	원고 엠제이옥션 주식회사에게 변론기일통지서 송달	2018.06.14 도달
2018.06.11	피고 김▒▒에게 변론기일통지서 송달	2018.06.15 도달
2018.06.12	피고 김▒▒ 탄원서(진정서등) 제출	
2018.06.12	피고 김▒▒ 증인신청서 제출	
2018.06.20	감정평가사 OOO에게 감정인(통역인)지정결정등본/감정촉탁서 송달	2018.06.25 도달
2018.07.10	변론기일(법정 제208호 15:20) 추정기일(추정사유·재배당을 위하여)	기일변경
2018.07.13	감정인 박▒▒ 감정평가회보 제출	
2018.07.14	원고 엠제이옥션 주식회사에게 감정평가회보(18.07.13.자) 송달	2018.07.18 도달
2018.07.14	피고 김▒▒에게 감정평가회보(18.07.13.자) 송달	2018.07.18 도달
2018.08.09	변론기일(법정 206호 10:10)	쌍불
2018.08.09	원고 엠제이옥션 주식회사에게 변론기일통지서 송달	2018.08.13 도달
2018.08.09	피고 김▒▒에게 변론기일통지서 송달	2018.08.13 도달
2018.08.20	원고 엠제이옥션 주식회사 소취하서 제출	

자료: 법원, 나의 사건 검색

이후 상대측이 탄원서를 제출하는 상황까지 이어졌다. 처음 조사한 대로 유치권자들은 이미 대부분 현장을 떠났는데, 그중 ○○건설의 현장소장인 피고는 오래 점유하다 보니 해당 부동산에 정이 들어서 계속 살고 있던 것이었다. 결국 자신이 점유한 호실을 시세보다 저렴하게 매매해 달라는 내용으로 협상을 제시했다. 이에 응하면서 유치권 사건도 막을 내렸다.

가처분을 말소하면서 현장 보수를 통해 양성 작업을 했다. 유치권 사건이 종결되니 인기 있는 타입과 높은 층수의 호실은 금세 팔렸다. 나머지는 일부 보유하는 방향으로 가닥을 잡았다. 19개 호실을 10억 8,000여만 원에 매수했으니 세대당 약 5,700만 원으로 매수한 셈이었다. 그중 84타입은 1억 1,000만 원에 매도해서 세전 5,000만 원의 수익을 남겼다.

순위번호	등기목적	접수	등기원인	권리자 및 기타사항
6	소유권이전	2017년9월20일 제8854호	2017년7월13일 매매	소유자 엠제이옥션주식회사 ▓▓▓-▓▓▓▓ 부산광역시 연제구 ▓▓▓▓ ▓ ▓▓▓ ▓ ▓▓▓▓▓▓ ▓▓▓▓ 매매목록 제2017-379호
	2번 신탁등기말소		신탁재산의처분	
7	4번가처분등기말소	2018년1월9일 제235호	2017년12월18일 취소결정	
8	3번가처분등기말소	2018년1월11일 제303호	2017년12월19일 취소결정	
9	5번가처분등기말소	2018년2월21일 제1353호	2017년12월20일 취소결정	
10	소유권이전	2018년3월13일 제1911호	2018년2월27일 매매	소유자 염▓▓ 75▓▓▓-******* 강원도 정선군 ▓▓▓▓▓▓▓▓-▓ ▓▓▓▓▓▓▓▓▓▓ 거래가액 금111,000,000원

자료: 등기부등본

이 사건에서는 가처분과 유치권 신고가 오히려 수익을 만들어 주었다. 가처분은 3년의 제척기간(어떤 권리에 관해 법률이 정한 존속기간)으로 소멸시킬 수 있고, 유치권은 이미 점유가 깨져 버린 터였기에 어렵지 않게 접근할 수 있었다.

신탁공매 사건은 인수되는 부담이 있어서 많은 사람이 조사 단계에서부터 꺼리는 게 사실이다. 하지만 조금만 세심히 들여다보면 법률가나 전문가가 아니더라도 누구나 진입할 수 있는 물건이 의외로 많다.

실효성 없는 가처분과
토지 별도등기는 무시가 답

　다음 사건은 토지 별도등기와 선순위 가처분 등기가 되어 있었다. 신건의 감정가가 매매되기에 충분한 시세였음에도 1회 유찰되었다. 이에 필자는 별문제 없어 보이는 가처분과 토지 별도등기를 들여다보았다.

2020타경

소 재 지	부산광역시 영도구 　　　　　　　　　　　　2층 208호						
새 주 소	부산광역시 영도구 　　　　　　　　　2층 208호						
물건종별	아파트	감 정 가	85,000,000원	오늘조회: 1 2주누적: 1 2주평균: 0			
				구분	매각기일	최저매각가격	결과
대 지 권	36.56㎡(11.06평)	최 저 가	(80%) 68,000,000원	1차	2021-04-30	85,000,000원	유찰
건물면적	53.64㎡(16.23평)	보 증 금	(10%) 6,800,000원	2차	2021-06-04	**68,000,000원**	
매각물건	토지·건물 일괄매각 (별도등기 인수조건)	소 유 자	채○○				
개시결정	2020-07-20	채 무 자	채○○				
사 건 명	임의경매	채 권 자	최○○				

자료: 옥션원

임차인현황 (말소기준권리 : 2020.04.17 / 배당요구종기일 : 2020.10.05)

===== 조사된 임차내역 없음 =====

기타사항	☞ 폐문부재하여 안내문을 우편함에 넣어 두었으나 연락이 없어 점유 및 임대차관계 알 수 없었음.
	☞ 전입세대 열람 내역에 김◼◼◼(소유자) 세대가 전입되어 있음.

등기부현황 (채권액합계 : 76,155,648원)

No	접수	권리종류	권리자	채권금액	비고	소멸여부
1(갑1)	1989.10.07	소유권보존	◼◼,◼◼◼,◼여객사원주택조합			
2(갑2)	1989.11.15	가처분	김○○		부산지방법원 89카 ◼ ◼◼	인수
3(갑3)	1990.08.17	소유권이전(매매)	김○○			
4(갑4)	2010.05.10	소유권이전(상속)	김○○		협의분할에의한 상속	
5(을3)	2020.04.17	근저당	최○○	60,000,000원	말소기준등기	소멸
6(갑5)	2020.07.23	임의경매	최○○	청구금액: 40,000,000원	2020타경 ◼◼ ◼◼	소멸
7(갑6)	2020.08.14	가압류	롯데캐피탈(주)	16,155,648원	2020카단 ◼◼◼◼	소멸
8(갑7)	2020.11.23	파산선고			2020년11월20일 부산지방법원의 파산선고 (2020하단 ◼◼)	소멸
주의사항	▶ 매각허가에 의하여 소멸되지 아니하는 것-1989.11.15. 가처분(위 가처분권리자와 이 사건 건물의 전소유자는 동일인임) '대지권의 목적인 토지의 표시란에 기재된 별도등기'는 매각으로 말소되는 권리에 포함되지 아니함					

자료: 옥션원

부산 영도 소재의 5층짜리 아파트 중 2층 물건이었다. 이 경우 엘리베이터가 없다면 2~3층이 임대 또는 매매에 유리하다. 조사하기 전에 인근 공인중개사 사무소로부터 해당 층수의 아파트 구매를 원하는 손님이 더러 있다는 좋은 정보도 얻었다. 인수되는 내용만 해결하고 일반물건처럼 명도하면 수월하게 매매까지 이어질 수 있을 듯했다.

먼저 가처분을 살펴보았다. 매각물건명세서 주의 사항을 보니 이 사건 건물의 전 소유자인 김○○ 씨가 가처분자였다. 등기부등본 요약에도 1989년 10월 7일에 보존등기한 ○○, ○○, ○○여객사원주택조합이 최초 소유자로 등재되고 난 다음 1개월여 뒤인 1989년 11월 15일 자로 김○○ 씨의 가처분이 접수되었다.

【 갑 　 구 】	（ 소유권에 관한 사항 ）			
순위번호	등 기 목 적	접 　 수	등 기 원 인	권 리 자 및 기 타 사 항
1 (전 1)	소유권보존	1989년10월7일 제883호		소유자 ■■,■■,■여객사원주택조합 부산 영도구 ■■■ ■■
2 (전 2)	가처분	1989년11월15일 제4496호	1989년11월15일 부산지방 법원의 가처분결정(89 카■■호)	권리자 김■■ 부산 영도구 ■■■ ■■-■■ ■■ ■■ ■■■ ■■ 208호 금지사항 매매,양도,임차권,저당권, 전세권의 설정등 일체의 처분행위의 금지

자료: 등기부등본

　가처분은 채권적 형태이기에 목적을 암시할 만한 문구를 등기부등본에서 찾을 수 있다. 1989년에 설정된 가처분은 부동산 처분금지가처분이었다. 그렇다면 김○○ 씨는 왜 가처분을 설정했을까? 아마 해당 호실의 이해관계인이었을 것으로 짐작했다. 이후 가처분권자의 소유권 이전 매매가 이루어졌기 때문이다.

[집합건물] 부산광역시 영도구 ■■■ ■■-■■ ■■ ■■ ■■ ■■■

순위번호	등 기 목 적	접 　 수	등 기 원 인	권 리 자 및 기 타 사 항
3 (전 3)	소유권이전	1990년8월17일 제3329호	1987년7월4일 매매	소유자 김■■ 31■■ ■-******* 부산 영도구 ■■■ ■■-■■ ■■ ■■■ ■■ 208호
				부동산등기법 제177조의 6 제1항의 규정에 의하여 1번 내지 3번 등기를 1999년 05월 27일 전산이기

자료: 등기부등본

　유추해 보면, 최초 소유권 보존등기를 한 주택조합이 바로 김○○ 씨에게 이전등기할 수 있는 상황이 아니었을 것이다. 그로 인해 실제 매매를 진행했던 김○○ 씨는 불안했을 것이고, 부동산처분금지 가처분으로 혹시 모를 위험을 방어하려고 했던 것으로 보였다. 보존등기 이후 1년여 시간이 지난 뒤 비로써 김○○ 씨에게 소유권이 이전되었다. 등기부등본상 가처분과는 별개로 해당 부동산이 김○○ 씨 소유임에는 변함이 없었기에 그대로 방치한 것이었다.

당시 대출이라도 받았다면 금융기관에서 말소를 요구했을 테지만, 그 부분을 지적하는 사람이 없었기에 굳이 말소 절차를 밟지 않고 그대로 방치한 것으로 보였다. 이후 2010년 5월 10일 자로 김△△ 씨에게 상속되었고, 개인에게 빌린 돈으로 인해 임의경매가 되었다. 가처분권자인 김○○ 씨는 이미 사망했기 때문에 상속받은 김△△ 씨에게 실효성 없는 가처분 말소를 요구하면 되는 일이었다. 그게 아니라면 가처분 취소를 통해서 말소하면 되기에 가처분은 더 이상 신경 쓰지 않았다.

다음으로 토지 별도등기 인수 조건을 들여다보았다. 건물 등기부등본상 1989년 10월 7일 자로 토지에 관한 별도등기가 기재되어 있었다.

(대지권의 목적인 토지의 표시)				
표시번호	소 재 지 번	지 목	면 적	등기원인 및 기타사항
1 (전 1)	1. 부산광역시 영도구 ▨▨▨▨ ▨▨▨ ▨▨▨ 2. 부산광역시 영도구 ▨▨▨▨ ▨▨° ▨▨▨	대 대	2677㎡ 1433㎡	1989년10월7일
2 (전 2)				1, 2 토지에 관하여 별도등기 있음 1989년10월7일 부동산등기법 제177조의 6 제1항의 규정에 의하여 1번 내지 2번 등기를 1999년 05월 27일 전산이기

자료: 등기부등본

해당 일자는 건물이 소유권 보존등기가 된 시점이다. 보존등기 당시 토지의 권리관계가 정리되어 있지 않으면 자연스럽게 집합건물에 대해 별도등기가 따라붙는다. 즉, 토지등기부에 근저당권이 설정된 채로 건물이 소유권 보존등기가 되었기 때문에 별도등기가 붙은 것이다.

【 을 구 】 (소유권 이외의 권리에 관한 사항)				
순위번호	등 기 목 적	접 수	등 기 원 인	권리자 및 기타사항
1 (전 11)	근저당권설정	1986년6월20일 제4129호	1986년6월19일 설정계약	채권최고액 금1,120,000,000원 채무자 ▨▨ ▨▨ ▨▨여객사원주택조합 부산 영도구 ▨▨▨ ▨▨-▨ 근저당권자 부산직할시 공동담보 ▨▨동 ▨▨-▨▨, ▨▨-▨ 외토지

토지 소유자는 PF 대출을 위해 신탁을 활용하는 대신 부산시에서 대출받아 사업을 완성했다. 건물 소유권 보존등기 당시 토지 근저당권을 전부 해결했다면, 토지등기부는 각 건물에 대해 '대지권의 목적인 토지의 표시'와 '대지권 비율 등기'로 존재한 뒤 폐쇄등기를 했을 것이다. 하지만 해결되지 않고 남는 바람에 별도등기가 되었고, 이를 불안하게 느낀 김○○ 씨가 가처분을 설정했으리라 추정했다.

근저당권이 남은 상태로 소유권 보전이 되었으니, 최초 분양받는 소유자들은 자신의 호실 지분에 관한 근저당권 해지 수순을 거쳐야 한다, 추후 누군가가 나서서 해당 아파트에 대한 대지권 비율 등기 작업에 따른 동의와 토지 폐쇄등기 작업을 진행해야 하는 것이다.

토지 등기부등본에서 전 소유자에 관한 토지 지분 근저당권 포기를 찾아야 하는데, 어렵지 않게 발견했다.

[토지] 부산광역시 영도구 ▨▨▨ ▨▨-▨▨

순위번호	등 기 목 적	접 수	등 기 원 인	권리자 및 기타사항
1-47	1번근저당권변경	2000년11월3일 제41116호	2000년11월3일 208호 김▨▨ 대지권 지분 4110000분의 36555에 대한 지분포기	목적 소유권 일부(4110000분의 2548121)근저당권설정

자료: 등기부등본

　　인수되는 가처분과 토지 별도등기는 둘 다 실효성이 없기에 문제없다는 결론이 나왔다. 권리분석에 문제없는 물건은 더 이상 특수물건이 아닌, 일반물건으로 볼 수 있다. 인근 공인중개사 사무소에서 해당 부동산을 찾는 매수인이 더러 있다는 얘기를 듣고 입찰을 결심했고, 어렵지 않게 단독으로 낙찰받았다.

2020타경▨▨▨▨

소 재 지	부산광역시 영도구 ▨▨▨ ▨▨▨ ▨▨▨ ▨▨▨ 2층 208호					
새 주 소	부산광역시 영도구 ▨▨▨ ▨▨▨ ▨▨▨ 2층 208호					
물건종별	아파트	감정가	85,000,000원	오늘조회: 1 2주누적: 1 2주평균: 0		
대 지 권	36.56㎡(11.06평)	최 저 가	(80%) 68,000,000원	구분	매각기일	최저매각가격	결과
건물면적	53.64㎡(16.23평)	보증금	(10%) 6,800,000원	1차	2021-04-30	85,000,000원	유찰
매각물건	토지·건물 일괄매각 (별도등기 인수조건)	소유자	채○○	2차	2021-06-04	68,000,000원	
				매각: 69,188,380원 (81.4%)		
				(입찰1명,매수인:경기도동두천시 주○○)		
개시결정	2020-07-20	채무자	채○○	매각결정기일: 2021.06.11 - 매각허가결정		
사 건 명	임의경매	채권자	최○○	대금지급기한: 2021.07.19		
				대금납부 2021.06.24 / 배당기일 2021.08.18		
				배당종결 2021.08.18		

자료: 옥션원

　　토지 별도등기는 실제로 문제가 되지 않기에 신경 쓰지 않았고, 가처분은 김△△ 씨에게 말소 동의를 요구했다. 하지만 사기 대출로 인해 파산선고 후 회생 절차를 밟고 있던 김△△ 씨는 인감증명서가 포함된 말소 동의에 응하지 않았다. 결국 가처분 취소를 진행했다.

기본내용

사건번호	2021카단	사건명	가처분취소
신청인	주식회사	피신청인	김
제3채무자		청구금액	0원
재판부	54단독	담보내용	0원
접수일	2021.07.15	종국결과	2021.10.22 인용
수리구분	제소	병합구분	없음
기록보존인계일	2021.11.17		
항고인		항고일	
항고신청결과		해제내용	
보존여부	기록보존됨		
송달료,보관금 종결에 따른 잔액조회			
결정문송달일	2021.10.29	확정일	2021.11.06

자료: 법원, 나의 사건 검색

가처분 취소 절차와 동시에 명도를 진행한 다음, 공인중개사를 통해 매매했다. 가처분이 있는 상태로는 매수를 꺼리는 것이 일반적이기에, 가처분 취소 소송 중인 사실을 밝히고 책임지고 말소한다는 조건을 걸었다. 가처분 취소가 결정되자마자 등기부등본에서 말소한 뒤 곧바로 매매를 진행했다.

부동산 매매 당시 가처분이 말소된 상태였다면 다른 공인중개사 사무소를 통해 더 높은 금액을 받을 수도 있었다. 하지만 단기 매매로 목표를 잡았기에 크게 욕심내지 않고 매매했다. 결국 4개월여 만에 세전 약 1,100만 원의 수익을 만들 수 있었다.

이 사건에서 기억해야 할 점은 실효성 없는 가처분과 토지 별도 인수 조건 등은 일반물건이나 마찬가지이므로 어렵지 않게 누구나 접근할 수 있다는 사실이다.

[집합건물] 부산광역시 영도구 ░░░ ░░░░░ ░░ ░░░░░ ░░ ░░ 제208호

순위번호	등 기 목 적	접 수	등 기 원 인	권리자 및 기타사항
8	소유권이전	2021년6월28일 제76839호	2021년6월24일 임의경매로 인한 매각	소유자 주식회사░░░ ░░░ ░-░░░░░ 경기도 동두천시 ░░░ ░░ ░░ ░░░░ ░░░░, ░░░░░
9	5번임의경매개시결 정, 6번가압류, 7번파산선고등기말 소	2021년6월28일 제76839호	2021년6월24일 임의경매로 인한 매각	
10	2번가처분등기말소	2021년11월8일 제143681호	2021년10월22일 가처분취소결정 (부산지방법원 2021카단░░░)	
11	소유권이전	2021년11월16일 제147485호	2021년8월19일 매매	소유자 김░░ 68░░░-******* 부산광역시 영도구 ░░░░ ░ ░░░░░ 거래가액 금80,000,000원

자료: 등기부등본

실효성 없는 가처분과 토지 별도등기는 무시가 답

343

사용승인 받지 않은 건물에 인수된
가처분의 실상

물건을 검색하다 보면 건물 한 동이 통으로 경매 나올 때가 있다. 개별로 경매에 나오면 상대적으로 매수자를 찾기 쉬운데, 건물이 통으로 나오면 아무래도 자금력이 담보되어야 입찰할 수 있기에 매수자가 잘 나타나지 않는다. 하지만 만약 자금력이 뒷받침된다면, 괜찮은 물건을 헐값에 살 수 있는 기회가 다반사로 생긴다.

이번 사례는 제주도 서귀포의 신축 빌라 통매각 사건이었다. 신축이다 보니 추가 수리비 및 보수비 지출이 적은 장점이 있었다.

7층 건물 전체, 총 12개 호실의 매각이 진행되었다. 공부상 2층과 3층은 오피스텔이었고, 4층부터 7층까지는 다세대주택으로 기재되어 있었다. 1층은 필로티였다. 하지만 실제로는 2층부터 7층까지 25평형 아파트와 마찬가지로 방 3개, 욕실 2개의 구조로 이용 중이었다. 공부상 기록은 건축 당시 주차장을 넣을 만한 면적이 충분하지 않아서 오피스텔로 허가받았기 때문이었다.

12개 호실 전체 감정가는 약 28억 원으로, 세대별로 약 2억 3,000만 원이었다. 건물을 다 지어 놓고 막바지에 경매 나온 것을 보면, 높은 분양 가격 때문에 매수인들의 외면을 받았으리라 짐작했다. 게다가 코로나19라는 천재지변도 한몫했을 것이다.

2021타경■■■■

소재지	제주특별자치도 서귀포시 ■■■ ■■■ 퀸즈빌 2층 201호외11개호		

물건종별	다세대(빌라)	감정가	2,808,000,000원
대지권	미등기감정가격포함	최저가	(49%) 1,375,920,000원
건물면적	807.08㎡(244.14평)	보증금	(10%) 137,592,000원
매각물건	토지·건물 일괄매각	소유자	(주)■■건설
개시결정	2021-02-23	채무자	(주)■■건설
사건명	강제경매	채권자	노○○

오늘조회: 1 2주누적: 3 2주평균: 0 조회동향

구분	매각기일	최저매각가격	결과
1차	2021-11-22	2,808,000,000원	유찰
2차	2021-12-27	1,965,600,000원	유찰
3차	2022-02-15	**1,375,920,000원**	

등기부현황 (채권액합계 : 2,658,190,000원)

No	접수	권리종류	권리자	채권금액	비고	소멸여부
1(갑1)	2018.12.13	소유권보존	(주)■■건설		가처분 등기의 촉탁으로 인하여, 상호변경전:■■종합건설주식회사	
2(갑2)	2018.12.13	가처분	노○○	근저당권설정등기 청구권, 부산지방법원 2018카합■■ 서귀검색		인수
3(갑3)	2019.01.07	가압류	이디움대부(주)	2,600,000,000원	말소기준등기 2018카단■■	소멸
4(갑4)	2020.08.11	가압류	강○○	36,190,000원	2020카단 ■■	소멸
5(갑5)	2020.12.04	가압류	대명산업(주)	22,000,000원	2020카단■■	소멸
6(갑6)	2021.02.23	강제경매	노○○	청구금액: 85,884,731원	2021타경■■	소멸
7(갑7)	2021.03.10	압류	제주특별자치도			소멸

참고사항	* 대지권 미등기
	* ■■■리 ■■ 대 439㎡
	* 집합건물 1~12) 건축법상 사용승인 받지 않은 건물임
	▶ ■층 ■■호) 법원공고상(59.16㎡)과, 건축물대장상(62.44㎡) 면적이 상이하므로, 입찰시 참고하시기 바랍니다.

자료: 옥션원

사용승인 받지 않은 건물에 인수된 가처분의 실상

1회 유찰되면서부터 시세를 알아보기 시작했다. 호실당 2억 원 정도로는 너끈히 매매할 수 있다는 정보를 접했다. 이후 한 차례 더 유찰되어 최저가격이 13억 7,500여만 원이 되었다. 곧바로 사건 분석을 하고 전략을 세워 보기로 했다.

먼저 대지권 미등기를 검토했다. 경매에 나온 물건이 건물 한 동과 그 부속 토지이기에, 추후 낙찰받고 대지권 등기 작업만 하면 신경 쓸 일이 없었다.

그다음으로 '건축법상 사용승인 받지 않은 건물임'이라는 문구를 살펴보았다.

[집합건물] 제주특별자치도 서귀포시 █████ █████ ████ ██ ██████

【 표 제 부 】 (1동의 건물의 표시)				
표시번호	접 수	소재지번,건물명칭 및 번호	건 물 내 역	등기원인 및 기타사항
1		제주특별자치도 서귀포시 █████ ████ ████	철근콘크리트조 지상 7층 근생 및 오피스텔, 다세대주택 1층 20.6㎡ 2층 184.84㎡ 3층 184.84㎡ 4층 147.30㎡ 5층 147.30㎡ 6층 147.30㎡ 7층 147.30㎡	2018년 12월 13일 등기
2				건축법상 사용승인 받지 않은 건물임

자료: 등기부등본

2018년 12월 13일 자 소유권 보존등기는 보전처분(가처분)으로 인한 대위등기였다. 정상적으로 보존등기가 이루어지지 않은 것이다. 하지만 각각의 부동산마다 건축물대장이 생성되어 있었다. 건축물대장이 생성되려면 사용승인을 받아야 한다. 가처분으로 인한 보존등기가 이루어진 2018년 12월 13일에는 건축법상 사용승인을 받지 않았지만, 이후 사용승인을 받으면서 건축물대장이 생성된 것이다.

집합건축물대장(전유부, 갑)

고유번호					명칭			호명칭	
							퀸즈빌		
대지위치		제주특별자치도 서귀포시		지번	1366-1	도로명주소	제주특별자치도 서귀포시		

	전유부분				소유자 현황				
구분	층별	※구조	용도	면적(㎡)	성명(명칭) (주민(법인)등록번호 (부동산등기용등록번호)	주소	소유권 지분	변동일자	
								변동원인	
주	2층	철근콘크리트구조	사무소	83.17	주식회사 ▨▨건설	제주특별자치도 제주시 ▨▨	1/1	2020.8.19.	
		- 이하여백 -			▨▨▨-▨******			소유자등록	

	공용부분				- 이하여백 -				
구분	층별	구조	용도	면적(㎡)	※ 이 건축물대장은 현소유자만 표시한 것입니다.				
주	2층	철근콘크리트구조	계단실, EV, 통신실	12.23					

따라서 '건축법상 사용승인 받지 않은 건물임'이라는 문구 또한 신경 쓸 필요가 없었다.

마지막으로 인수되는 가처분의 내용을 들여다보았다. 가처분 목적은 노○○ 씨의 근저당권 설정 등기청구권이다. 쉽게 말해, 토지에는 이미 다른 근저당권자가 있기에 건물에 선순위 근저당권을 설정받기로 했던 모양이었다. 근저당권 설정 등기청구권은 채권자 노○○ 씨와 채무자 ○○건설 사이에 존재하는 채권 형태였다. 가처분권자인 노○○ 씨가 경매를 신청한 채권자였기에, 가처분은 여러 방도로 말소할 수 있었다.

결국 하자로 보이는 권리는 전부 말소 또는 양성화가 가능했다. 낙찰 이후 매매만 신경 쓰면 되는 상황이었다. 호실당 목표 매매가를 2억 원으로만 산정해도 12개 호실이니, 24억 원의 수익을 전망할 수 있었다.

2021타경 ▓▓▓

소 재 지	제주특별자치도 서귀포시 ▓▓▓▓ ▓▓▓ 퀸즈빌 2층 201호외11개호						

물건종별	다세대(빌라)	감 정 가	2,808,000,000원	오늘조회: 1 2주누적: 3 2주평균: 0 조회동향			

				구분	매각기일	최저매각가격	결과
대 지 권	미등기감정가격포함	최 저 가	(49%) 1,375,920,000원	1차	2021-11-22	2,808,000,000원	유찰
				2차	2021-12-27	1,965,600,000원	유찰
건물면적	807.08㎡(244.14평)	보 증 금	(10%) 137,592,000원	3차	2022-02-15	1,375,920,000원	

매각 : 1,458,838,000원 (51.95%)

(입찰1명,매수인:장○○)

매각물건	토지·건물 일괄매각	소 유 자	(주)▓▓건설	매각결정기일 : 2022.02.22 - 매각허가결정
개시결정	2021-02-23	채 무 자	(주)▓▓건설	대금지급기한 : 2022.04.04
				대금납부 2022.04.04 / 배당기일 2022.05.13
사 건 명	강제경매	채 권 자	노○○	배당종결 2022.05.13

자료: 옥션원

앞서 언급했듯이 통매각 사건은 금액대가 크고 법리적 하자 부분이 뚜렷하기 때문에 필자 측은 단독으로 낙찰받을 수 있었다.

이후 12개 호실의 개별적 대지권 등기 절차를 진행했다. 건물 사용승인이 선행되었음을 알았기에 '건축법상 사용승인 받지 않은 건물임'이라는 문구를 등기부등본에서 지우는 일은 매우 간단했다.

남은 문제는 노○○ 씨의 가처분 말소였는데, 통화 당시 무조건 법의 절차대로만 하겠다고 주장하는 바람에 별수 없이 가처분 취소를 진행해야 했다. 당시 입수한 정보에 따르면, 가처분 접수 이후 근저당권 설정등기 등을 다투지 않고 3년의 시기가 지났음이 명백했다.

기본내용

사건번호	2022카합███	사건명	[전자] 가처분취소
신청인	장██	피신청인	노██
제3채무자		청구금액	0원
재판부	제 14 민사부(다)	담보내용	0원
접수일	2022.05.12	종국결과	2022.06.13 신청취하
수리구분	제소	병합구분	없음
기록보존인계일	2022.06.23		
항고인		항고일	
항고신청결과		해제내용	
보존여부	기록보존됨		
송달료,보관금 종결에 따른 잔액조회			
결정문송달일		확정일	

자료: 법원, 나의 사건 검색

불가피하게 가처분 취소 소송을 제기했다. 그제야 묵묵부답이었던 노○○ 씨 측이 연락해서 이렇게까지 할 필요가 있냐며 직접 가처분을 말소할 테니 소송을 취하해 달라고 했다. 이후 어렵지 않게 가처분은 말소되었다. 결론적으로 법리적 하자가 모두 치유된 셈이었다.

낙찰 잔금을 납부한 후에는 등기부등본에서 '건축법상 사용승인 받지 않은 건물임'이라는 문구를 말소하고, 세대별로 대지권 등기 작업을 했다. 신축이었기에 손볼 것도 별로 없었다. 이때 직원 중 한 명이 한 필지 위의 건물 전부를 가지고 있으니 빌라 명칭을 바꾸는 어떠냐고 제안했다. 이에 '엠제이캐슬'로 건물 명칭까지 바꾸게 되었다.

【 표 제 부 】 (1동의 건물의 표시)				
표시번호	접 수	소재지번,건물명칭 및 번호	건 물 내 역	등기원인 및 기타사항
~~1~~		~~제주특별자치도 서귀포시~~ ▓▓▓ ▓▓▓ ▓▓▓	~~철근콘크리트조 지상 7층 근생 및 오피스텔, 다세대주택 1층 20.6㎡ 2층 184.84㎡ 3층 184.84㎡ 4층 147.30㎡ 5층 147.30㎡ 6층 147.30㎡ 7층 147.30㎡~~	~~2018년12월13일 등기~~
2				건축법상 사용승인 받지 않은 건물임
3	2022년4월20일			2020년8월19일 사용승인으로 인하여 2번등기 말소
4		제주특별자치도 서귀포시 ▓▓▓ ▓▓▓ 엠제이캐슬 [도로명주소] 제주특별자치도 서귀포시 ▓▓▓	철근콘크리트조 슬래브지붕 7층 공동주택 1층 20.6㎡ 2층 184.84㎡ 3층 184.84㎡ 4층 147.30㎡ 5층 147.30㎡ 6층 147.30㎡ 7층 147.30㎡	도로명주소 2022년5월30일 등기

(대지권의 목적인 토지의 표시)				
표시번호	소 재 지 번	지 목	면 적	등기원인 및 기타사항
1	1. 제주특별자치도 서귀포시 ▓▓▓ ▓▓▓	대	439㎡	2022년4월20일 등기

【 표 제 부 】 (전유부분의 건물의 표시)				
표시번호	접 수	건 물 번 호	건 물 내 역	등기원인 및 기타사항
1		제 층 제 호	철근콘크리트구조 62.44㎡	2018년12월13일 등기

(대지권의 표시)		
표시번호	대지권종류	대지권비율	등기원인 및 기타사항
1	1 소유권대지권	439분의 33.96	2022년4월4일 대지권 2022년4월20일 등기

자료: 등기부등본

통매각을 추진하려다가 개별 호실로 매각하는 것이 낫겠다고 판단했다. 차근차근 하나씩 매각하거나 임대했는데, 그중 먼저 한 호실을 2억 4,600만 원에 매각했다.

[집합건물] 제주특별자치도 서귀포시 ▓▓▓ ▓ ▓▓▓ 엠제이캐슬 ▓▓▓ ▓▓▓ ▓

순위번호	등 기 목 적	접 수	등 기 원 인	권리자 및 기타사항
10	소유권이전	2022년5월30일 제23444호	2022년4월17일 매매	소유자 김▓▓ 75▓▓▓-******* 제주특별자치도 서귀포시 ▓▓▓▓ 거래가액 금246,000,000원

자료: 등기부등본

매각 금액은 호실당 평균 2억 원 정도로 예상했다. 12개 호실이면 24억 원인데, 약 14억 5,000만 원에 매수했기에 호실당 평균 1억 2,000만 원 정도로 매수한 셈이었다. 우선 제일 먼저 매각한 호실로 세전 1억 2,000여만 원의 수익을 만들어 낸 것이다.

이 사건을 돌이켜보면 법리적으로 복잡하게 꼬여 있는 물건이 아니었다. 충분히 조사하고 전략만 잘 잡으면 누구나 수익 실현이 가능한 사건이었다.

수익 실현 사례로 보는 부동산 특수물건 경매의 기술

부동산 경매 특수물건의 기적

초판 1쇄 인쇄 2025년 2월 12일
초판 1쇄 발행 2025년 2월 20일

지은이 박쌤(박대원)

펴낸이 김연홍
펴낸곳 아라크네

출판등록 1999년 10월 12일 제2-2945호
주소 서울시 마포구 성미산로 187 아라크네빌딩 5층(연남동)
전화 02-334-3887   팩스 02-334-2068

ISBN 979-11-5774-773-3 03320